Manfred Bönsch

Erfolgreicheres Lernen durch Differenzierung im Unterricht

westermann

Wegen der besseren Lesbarkeit wird im Buch ohne diskriminierende Absicht bei Schülerinnen und Schülern, sowie Lehrerinnen und Lehrern die männliche Form gewählt.

© 2009 Bildungshaus Schulbuchverlage
Westermann Schroedel Diesterweg Schöningh Winklers GmbH, Braunschweig
www.westermann.de

Druck A^2/Jahr 2011

Lektorat: Michael Schmidt & Uschi Pein-Schmidt, Sickte
Titelillustration: Dieter Tonn
Herstellung und Satz: PER Medien+Marketing GmbH, Braunschweig
Druck und Bindung: westermann druck GmbH, Braunschweig

ISBN 978-3-14-**162126**-6

Inhalt

Gegen die Rigidität der Organisation schulischen Lernens

1

Zur Einführung

Das Thema „Differenzierung" ist im Kern sehr viel mehr als eine unterrichtsmethodische und -technische Frage. Es zielt auf die Frage, in welcher Weise Schule eigentlich den einzelnen Schüler im Blick hat, wenn sie sich anschickt, die Erfüllung der Schulpflicht für nachwachsende Generationen zu sichern. Dies ist gewissermaßen eine Endlosaufgabe mit der Gefahr, dass Routinen, Problemreduktionen, die Präferenz der Lehrerperspektive (statt der Schülerperspektive), Bequemlichkeiten (die Klientel ist durch gesetzliche Schulpflicht gesichert, man braucht nicht um sie zu werben) eine **Konstruktionslogik** bevorzugen, die die Schule schließlich nicht mehr zur Schülerschule macht, sondern zu einer administrativ gehandhabten Einrichtung, die wie das Ordnungs- oder Finanzamt nicht zu umgehen ist, im Grunde aber ungeliebt ist.

Konstruktionslogik

Die Schule besetzt aber Lebenszeit von Schülern, die nie zurückzugeben ist. Die Verantwortung, die sich daraus ergibt, ist gar nicht hoch genug anzusetzen. Wer einem anderen Menschen Lebenszeit wegnehmen wollte, ohne dass der Betroffene daraus Gewinn ziehen kann, käme wohl schnell in Begründungsschwierigkeiten. Die Perspektive muss daher eine andere sein. Sie ist mit einer curricularen Fabel zu verdeutlichen.

Eine curriculare Fabel oder:
Das Konzept individueller Unterschiede

Eine curriculare Fabel

Es gab einmal eine Zeit, da hatten die Tiere eine Schule. Das Lernen bestand aus Rennen, Klettern, Fliegen und Schwimmen, und alle Tiere wurden in allen Fächern unterrichtet.

Die Ente war gut im Schwimmen; besser sogar als der Lehrer. Im Fliegen war sie durchschnittlich, aber im Rennen war sie ein besonders hoffnungsloser Fall. Da sie in diesem Fach so schlechte Noten hatte, musste sie nachsitzen und den Schwimmunterricht ausfallen lassen, um das Rennen zu üben. Das tat sie so lange, bis sie auch im Schwimmen nur noch durchschnittlich war. Durchschnittsnoten aber waren akzeptabel, darum machte sich niemand Gedanken darum, außer der Ente.

Der Adler wurde als Problemschüler angesehen und unnachsichtig und streng gemaßregelt, da er – obwohl er in der Kletterklasse alle anderen darin schlug, als Erster den Wipfel eines Baumes zu erreichen – aber darauf bestand, seine eigene Methode anzuwenden.

Das Kaninchen war anfänglich im Laufen an der Spitze der Klasse, aber es bekam einen Nervenzusammenbruch und musste, wegen des vielen Nachhilfeunterrichts im Schwimmen, von der Schule abgehen.

Das Eichhörnchen war Klassenbester im Klettern, aber sein Fluglehrer ließ es seine Flugstunden am Boden beginnen, anstatt vom Baumwipfel herunter. Es bekam Muskelkater durch Überanstrengung bei den Startübungen und immer mehr „Dreien" im Klettern und „Fünfen" im Rennen.

Die mit Sinn fürs Praktische begabten Präriehunde gaben ihre Jungen zum Dachs in die Lehre, als die Schulbehörde es ablehnte, Buddeln in das Curriculum aufzunehmen.

Am Ende des Jahres hielt ein anormaler Aal, der gut schwimmen, etwas rennen, klettern und fliegen konnte, als Schulbester die Schlussansprache.

Die „Moral" der Fabel

Was sagt die Fabel?
- Jede Gruppe (Klasse) von Lernenden bringt unterschiedliche Voraussetzungen und Fähigkeiten mit.
- Könnte man diese pflegen, wäre die Heterogenität groß. Der eine wäre mit Mathematik schnell fertig, bräuchte aber viel Lernhilfen evtl. in der Fremdsprache. Der andere wäre im Schwimmen gut, dafür vielleicht in der Holzbearbeitung ein zunächst schwacher Lerner.
- Das Problem aber potenziert sich, wenn eine Gruppe unterschiedlich Lernender, mit unterschiedlichen Dispositionen versehener Lerner auf ein Curriculum verpflichtet wird, verpflichtet werden muss, bei dem gleichmäßiges Vorgehen und der Durchschnitt der Leistungen maßgeblich sind, unterschiedliche Bearbeitungstempi und Leistungsprofile nicht vorgesehen sind.

Die Unterschiedlichkeit der Lerner

Damit haben wir das Ausgangsproblem

In jeder Klasse (Lerngruppe) sind Lerner mit unterschiedlichen Fähigkeiten. Unsere Art der Unterrichtung orientiert sich an einem anonymen Durchschnittslerner und gleichzeitig an einem verbindlichen Curriculum, das in seiner Gänze kein Lehrender selbst repräsentiert, das aber für ein Abschlusszertifikat gleichwohl verbindlich ist. Man muss in allen Fächern mindestens ausreichende Leistungen erbringen,

8

um das Abschlusszertifikat zu erreichen. Wenn man Unterricht als die Initiierung, Steuerung und Kontrolle von Lernprozessen definiert, kann das noch nicht die ganze Antwort sein.

Man kann zugespitzt sagen: Die **herkömmliche Art der Unterrichtung** ist ein mehr oder weniger **archaisches Muster** der Gestaltung von Lernprozessen.

Darüber hinaus aber ist zu fragen, wie historisch und aktuell die institutionellen Strukturen der Schule zu begründen sind, um die herrschende Konstruktionslogik bejahen oder verändern zu können. Es ist daher sinnvoll, mit einem Kapitel über die Theorie der Schule zu beginnen, ehe das Thema im eigentlichen Sinn ausgefaltet wird.

1.1 Differenzierung – Selektionsstrategie oder Pendant zu sozialer Integration? – eine schultheoretische Betrachtung

Der Bau des gegliederten Schulwesens kann als eine Pädagogik der Problemreduktion betrachtet werden. Ausgangspunkt sind Schülerpopulationen mit einer großen Heterogenität in Bezug auf soziale Herkunft, Lernvoraussetzungen, Begabung und Intelligenz, Lebenserfahrung und Weltverständnis. Dies macht den Reichtum nachwachsender Generationen aus. Die Schule nimmt diesen nicht als Chance, sondern als überforderndes Problem.

Pädagogik der Problemreduktion

Im Grunde verfolgt die Schule eine mehrstufige Problemreduktion. Die Grundschule könnte als eine Schule für alle Kinder betrachtet werden. Sie ist es bei näherem Zusehen nicht. Als nicht schulfähig / schulreif definierte Kinder werden zurückgestellt oder in den Schulkindergarten als Reservat des Schulreifwerdens gegeben. Behinderte Kinder werden sofort gesondert. Wer den Anforderungen in den ersten vier Schuljahren nicht entspricht, wird in die Sonderschule für Lernbehinderte überwiesen. Das Prinzip der Jahrgangsklasse bedeutet eine weitere Problemreduktion durch die Annahme, Jahrgangsklassen bedeuteten (relative) Homogenität in Bezug auf Alter und Leistungsvermögen. Mit dem siebengliedrigen Sekundarbereich (Förder-, Haupt-, Realschule, Gymnasium, integrierte und kooperative Gesamtschule, verbundene Haupt- und Realschule (mit zum Teil neuer Benennung)) wird dann endgültig nach einem angenommenen Leistungsvermögen selektiert, definiert nach von den Schularten wahrgenommenen Leistungsniveaus und den damit zusammenhängenden Abschlüssen. Dabei werden Korrekturen durch Selektion nach unten ständig vorgenommen. Wer sich in diesem Selektionsraster nicht irgendwo festhalten kann, verlässt unter Umständen nach 9 bis 10 Schuljahren die Schule ohne jeden Abschluss. In Niedersachsen sind dies z. B. etwa 8 % der Schüler.

Die Unbarmherzigkeit solcher Selektion besteht darin, dass Menschen nach einem kognitiv orientierten, sich vor allem über Sprache dokumentierenden Leistungsanspruch selektiert / differenziert werden, der ihre Menschlichkeit, ihre Ganzheitlichkeit in kognitiver, sozialer, emotionaler und psychomotorischer Hinsicht nicht beachtet. Mitmenschlichkeit ist kein Leistungskriterium, musische und handwerkliche Kompetenzen sind es auch nicht. Die massive Selektionsstrategie, mit der die zunächst ungeschiedene Schülerpopulation in immermehr Teilgruppen differenziert wird, erscheint gegenüber dem Einzelnen übermächtig und erteilt ihm mit ungebrochenem Selbstverständnis sehr unterschiedliche Lebens- und Berufschancen.

Schule als Sortierungsmaschinerie

Schule stellt sich so gesehen als große **Sortierungsmaschinerie** dar. Sie reproduziert die gesellschaftlich vorgegebene soziale Schichtung. Verschärfend wirkt, dass sie aus ihrem Selbstverständnis heraus meint, ihren Auftrag so am besten zu erfüllen. Die administrativen Tendenzen der Organisation der Beschulung von Schülerzahlen verstärken die Pädagogik der Problemreduktion auf Kosten der Schüler. So erscheint z. B. eine Integration behinderter Kinder und Jugendlicher vielerorts als nicht realisierbar, weil dadurch die Probleme zu groß würden. Ein integratives Schulsystem (integrierte Gesamtschule) wird als zu kompliziert und damit leistungsmindernd angesehen – wenn nicht schon von vornherein soziale Integration als falsches Anliegen bezeichnet wird. Die Gruppierung von Schülern in altersheterogenen Gruppen (Jenaplan, Montessoripädagogik) bleibt randständig, weil in letzter Konsequenz nur durch Problemreduktion der Unterricht als realisierbar angesehen wird. Dies geht so weit, dass die Konstruktionselemente
• Fächerkanon,
• 45-Minuten-Stunden,
• altershomogene Klassen,
• leistungshomogene Teilpopulationen (nach Schularten sortiert)
die alles bestimmenden sind und Lehrer meinen, nur so mit ihrer Ausbildung angemessen unterrichten zu können. Der Schüler mit seiner Ganzheitlichkeit ist damit längst nicht mehr im Blick. Die Institution

„Schule" organisiert sich nach ihren eigenen Bedürfnissen, die auf Problemreduktion angelegt sind.

Man muss sich einmal klarmachen, wie dadurch gleichsam ein **Rüttelsieb** entsteht, das den Schüler ständig zu reaktiven Verhaltensstrategien zwingt, die zwangsläufig zum Ziel haben müssen, sich irgendwo festzuhalten, um nicht ganz durchzufallen. Eltern müssen sich aufgrund der einseitigen Wertigkeit von Schulabschlüssen (nur das Abitur gilt!) fast zwangsläufig darum bemühen, für ihre Kinder Haltestangen möglichst weit oben zu finden (deshalb der große Zulauf zu den Gymnasien).

Die Hierarchie der Fächer bewirkt ein weiteres: Deutsch, Mathematik, Fremdsprachen und Naturwissenschaften sind allein wichtig. Was für einen Wert haben schon Musik, Religion, Sport, handwerkliches Können?

Gesellschaftlich ist dies alles sanktioniert: Sozialer Status wird allein über Abschlüsse, damit zusammenhängende Berufschancen und Einkommensmöglichkeiten definiert. So ist Differenzierung als Sortierung das scheinbar logische Organisationsprinzip der Schule. Ein anderer Gedankengang wäre möglich!

In einer demokratischen Gesellschaft sind alle Menschen gleich an Würde, Rechten, Pflichten, Chancen. Das Gemeinsame ist wichtiger als das Trennende. Gemeinsames Leben und Lernen sind höher einzuschätzen als trennendes Leistungsvermögen. Und wenn jeder in seiner Ganzheitlichkeit optimal gefördert wird, kann er seine individuelle und soziale Identität finden, ist er am Leben mit dem Anderen bei gleichzeitiger Selbstvergewisserung orientiert. Gemeinsamkeit und Gemeinsinn haben Priorität. Und erst danach wird wichtig, dass es selbstverständlich Unterschiedlichkeiten im allgemeinen Leistungsvermögen wie in speziellen Schwerpunkten gibt. Aber jeder hat irgendwo seine positiven Leistungsmöglichkeiten. Heterogenität wird als Reichtum und nicht als Belastung angesehen. In den Unterschiedlichkeiten liegen Anregung und Herausforderung. Homogenität ist ein verarmter Biotop!

Heterogenität als bereichernder Biotop

Wenn diese Prämissen gelten könnten, bekommt das Prinzip der Differenzierung eine ganz andere schultheoretische Bedeutung. Es wechselt dann seine Inhaltlichkeit: von der Selektionsstrategie zum Pendant der sozialen Integration. Und dies bedeutet, dass es innerhalb einer immer gegebenen und gewollten Heterogenität den Unterschiedlichkeiten helfen will, zu ihrem Recht zu kommen. Es will dann Besonderheiten stärken (Interessen, Bedürfnisse, subjektive Wichtigkeiten), und es will spezifische Lernlagen unterstützen und zu ihrem

Differenzierung als Äquivalent

Optimum bringen. Wie immer **Heterogenitäten** definiert sind – in Schularten, Schulstufen, Lerngruppen: Differenzierende Maßnahmen wollen dazu verhelfen, sinnvolle Leistung zu ihrem Optimum zu bringen, individuelle Schwerpunkte zu stärken und ggf. durch Differenzierung von Zielsetzungen für Lernvorgänge, gemeinsames Tun und individuelle Förderung zu ermöglichen. Differenzierung in diesem Sinn ist dann ein unerlässliches Prinzip schulischer und unterrichtlicher Gestaltung, orientiert sie sich doch am Individuum und an Gruppen, gleichzeitig im Sinne optimaler Förderung und Entfaltung. Insofern ist es für eine demokratische Schule unaufgebbar und muss so einfallsreich wie möglich realisiert werden.

Klar ist, dass noch auf lange Zeit hin die Ausgangspunkte von Differenzierungsmaßnahmen sehr unterschiedlich sein werden. Der Weitestgehende, der in der integrierten Gesamtschule besteht, wird noch längere Zeit der Seltenere sein. Aber auch das Gymnasium mit einer zunehmend heterogeneren Schülerschaft braucht Differenzierungskonzepte, wenn es seine Probleme nicht sehr schnell über Selektion lösen will. Jede Klasse / Lerngruppe ist als heterogener Lernverband, in welcher Schule auch immer, zu verstehen, sodass Differenzierungskonzepte überall wichtig sind. Lernprozesse werden erst dann zu ihrem Optimum kommen, wenn der Unterricht auf sie eingeht, und dies bedeutet Differenzierung!

Didaktik der Differenzierung

2

Zur Einführung

Für den weiteren Gang der Überlegungen ist nun zuerst einmal wichtig, Grundinformationen bereitzustellen. Dies erfolgt in zwei Abschnitten.

Zunächst wird das Feld abgesteckt, das für Differenzierungsprozesse zur Verfügung steht. Je nach den zugrunde liegenden Differenzierungskriterien kann das Schulwesen insgesamt aufgebaut werden. Wenn Leistungskriterien die dominante Rolle spielen, spricht vieles sehr schnell für eine Ausdifferenzierung nach verschiedenen Leistungslevels (im Sekundarbereich dann Gymnasium, Realschule, Hauptschule, Förderschule). Man könnte aber Leistungsdifferenzierung auch sehr effektiv innerhalb von Gesamtschulen praktizieren und könnte dabei ein zweites konstituierendes Prinzip wirksam werden lassen: das der sozialen Integration. Schule aber darf sich nicht nur vom Leistungskriterium her differenzieren. Das Prinzip der Interessendifferenzierung wird für die Schule wichtig. Dieses liegt daran, dass Schüler nicht nur an gesellschaftlichen Erwartungen (Leistung, Qualifikation, Kompetenz) gemessen und entsprechend sortiert werden, sondern auch wichtig ist, dass sich bei Heranwachsenden Interessen, Selbstständigkeiten entwickeln.

Entsprechend dem diesem Buch zugrunde liegenden Interesse, nämlich individuellen und kooperativen Lernprozessen möglichst viele Chancen zu eröffnen, gibt das nächste Kapitel einen Grundriss der Binnendifferenzierung. Unabhängig von der Schulart und ihrer Organisation ist dies das entscheidende Moment: Wie kann Unterricht so organisiert werden, dass er bei hoher Homogenität oder Heterogenität der Lerngruppen (Klassen) genügend Lernpfade anbietet, die für möglichst viele Schüler erfolgreiches Lernen unter den Gesichtspunkten der Leistung und des Interesses ermöglichen?

Erfolgreiche Lernpfade

2.1 Differenzierungsformen

Ausgang

Lernende können einzeln oder in Gruppen unterrichtet werden. In beiden Fällen liegt es nahe, über kurz oder lang mit Differenzierungsmaßnahmen zu beginnen.

Der Einzellerner bedarf differenzierter Vermittlung und im Angebot und Anspruch variierender Lernangebote, um interessiert und aktiv zu lernen.

Beim Lernen in Gruppen (Klassen) ist die Situation sehr viel komplizierter. Sowohl die Lerninteressen wie die Leistungsmöglichkeiten wie auch die sozialen Beziehungen schaffen ein vielschichtiges Gefüge, dem mit pauschalen, also undifferenzierten Maßnahmen kaum entsprochen werden kann. So ergibt sich das Problem der Differenzierung.

Könnte diese Notwendigkeit noch ganz aus der Perspektive des Lehrenden begründet werden, ergibt sich aus einem Unterrichtsverständnis – das Unterricht als Interaktion potenziell handlungsfähiger Subjekte (Schüler und Lehrer) versteht – noch stärker Veranlassung, beim Lehren und Lernen zu differenzieren. Dieses ist notwendig, da nicht nur die Lernmöglichkeiten optimiert werden sollten, sondern auch den ernstzunehmenden Lerninteressen und -bedürfnissen der Lernenden entsprochen werden muss. Diese werden verschieden sein.

Definition

Definition Differenzierung

Unter **Differenzierung** wird einmal das variierende Vorgehen in der Darbietung und Bearbeitung von Lerninhalten verstanden, zum anderen die Einteilung bzw. Zugehörigkeit von Lernenden zu Lerngruppen nach bestimmten Kriterien. Es geht um die Einlösung des Anspruchs, jedem Lernenden auf optimale Weise Lernchancen zu bieten, dabei die Ansprüche und Standards in fachlicher, institutioneller und gesellschaftlicher Hinsicht zu sichern und gleichzeitig lernorientiert aufzubereiten.

Differenzierung stellt sich für die Organisation von Lernprozessen als Bündel von Maßnahmen dar, Lernen in fachlicher, organisatorischer, institutioneller wie individueller und sozialer Hinsicht zu optimieren.

Differenzierungskriterien

Differenzierungskriterien lassen sich in vielfältiger Weise denken. Ein und derselbe Lerninhalt kann in methodischer und medialer Hinsicht differenziert angeboten werden (Bönsch 1976). Im Umfang wie im Anspruch (quantitativ – qualitativ) wie im Bearbeitungsmodus (Papier-Bleistift-Lernen, Zuhörer-Lernen, experimentelles Lernen, mediengestütztes Lernen, handlungsorientiertes Lernen) können Lernprozesse zu einem Ziel hin außerordentliche Unterschiede aufweisen. Eine zugelassene Zielvariation würde zusätzlich differenzieren.

Das Alter von Lernenden, ihr Geschlecht, ihre Religionszugehörigkeit können Differenzierungskriterien sein. Sie haben den Vorteil, leicht erkennbar und fehlerfrei messbar zu sein (Hopf 1976). Während sie in der Vergangenheit eine z. T. nicht unbedeutende Rolle gespielt haben, ist mindestens das Differenzierungskriterium „Geschlecht" heute nicht mehr so häufig gefragt, zum Teil wieder gefragt.

Leistung, Begabung, Neigung und Interesse sind dagegen Differenzierungskriterien, die als wichtig angesehen werden. Leistung kann im Schulsystem der Bundesrepublik Deutschland als das Differenzierungskriterium par excellence gelten.

Differenzierungskriterien

Leistungsdifferenzierung

Leistung kann als allgemeine Schulleistung (danach ergibt sich die Verteilung auf Förder-, Haupt-, Real-, Oberschule) oder als fachspezifische Leistung verstanden werden. Sie meint dann die Art und Weise und das Ergebnis der Bemühungen von Schülern, auf die schulischen Forderungen, die meist als gesellschaftlich notwendig bezeichnet werden, zu reagieren. Die Leistungsanforderungen werden in der Regel durch Lehr- / Lernziele markiert. In diesen knappen Bestimmungen stecken viele Probleme, auf die hier nicht näher eingegangen werden kann: Schul- / fachliche Leistungen sind häufig nicht eindeutig definiert, sie variieren von Schule zu Schule, ihre Messung ist voller Probleme, nicht-schulische Faktoren (Lebensbedingungen der Schüler z. B.), Personal- und Ausstattungsfragen der Schule, psychologische Faktoren (Motivation, Lehrstil u. a. m.) bestimmen Leistung als höchst komplexen Sachverhalt.

Leistungsdifferenzierung

Wenn **Leistungsdifferenzierung** praktiziert wird, handelt es sich in der Regel um Gruppierungsmaßnahmen, die aufgrund gemessener oder angenommener allgemeiner Leistungsentsprechungen kurz-, mittel- oder längerfristig vorgenommen werden. Die meist globalen Kriterien folgende Leistungsdifferenzierung
• auf der Schulsystemebene: Förder-, Haupt-, Real-, Gymnasium,
• auf der Schuldifferenzierungsebene: fachübergreifende Niveaugruppen (streaming),
• auf der Ebene der Fachunterrichtsdifferenzierung: fachspezifische Kurse (setting) oder flexible Differenzierung,

vernachlässigt den Sachverhalt, dass es in den einzelnen Fächern Leistungsdimensionen gibt, die sich voneinander unterscheiden und auf die Leistungsdifferenzierung eigentlich bezogen sein müsste (Roeder / Treumann 1974).

Interessendifferenzierung

Interessen-differenzierung
Wenn man der Prämisse folgt, dass der Mensch sich selbst und sein Handeln eigenständig definieren kann, dass sein personales Selbstverständnis von den anderen respektiert wird, dass sich solch ein Selbstkonzept darin zeigt, dass der Mensch sich im Lauf seiner Entwicklung Sach- und Sinnzusammenhänge, Bedeutungssysteme, Verhaltensfelder, Sachkompetenz erarbeitet, kann man Interesse als Such- und Ortungstendenz verstehen, mit der sich ein Mensch intentional und reflexiv auf je gegebene Wirklichkeitsbereiche einlässt (Schiefele 1978 und 1981).

Dies hat für Lehr- und Lernprozesse dann zur Konsequenz, dass Möglichkeiten planmäßig eröffnet werden müssen, Interessen entwickeln zu können.

Unter **Interessendifferenzierung** werden die Arrangements verstanden, die einem Lernenden statt Vermittlung und Erarbeitungspflicht die Chance geben, in freier Entscheidung sich auf Inhalte, Handlungen einzulassen, um ein latentes oder manifestes Interesse zu identifizieren, zu entwickeln oder zu verstärken. In der Literatur wird häufig von Wahldifferenzierung gesprochen, um damit dem Bündel unterschiedlicher Intentionen (Zufall, persönliche Erziehung, Neigung, Interesse) besser gerecht zu werden (Bönsch / Schittko 1981). Gelegentlich ist auch von Neigungsdifferenzierung die Rede. Die Grundintention ist, Differenzierung eher Zielen wie Selbstbestimmung, selbstständiges Lernen, Engagement von Schülern folgen zu lassen und weniger institutioneller Verfügung (Haußer 1981).

Interesse
Interesse wird hier als eine überdauernde Beziehung zwischen einem Subjekt und einem Gegenstand verstanden. Ein Interesse ist dann vorhanden, wenn die Unverbindlichkeit des Verhältnisses zwischen individueller Subjektivität und objektivem Bereich der Umwelt in einer vom Individuum ausgehenden Strukturierung aufgehoben wird (Sauer, 1976). Diese Beziehung wird nicht unwesentlich durch soziale Interaktionen bestimmt, da Gegenstände (Kurzgeschichten, Blumen, physikalische Gesetze, Probleme der Dritten Welt u. a. m.) dem Individuum über Personen bedeutsam werden, die sich damit befassen oder seine Neigungen positiv einschätzen und damit verstärken.

Interesse manifestiert sich in Tätigkeiten, in Handlungen mit einem Gegenstand. Das Subjekt erhält dabei Informationen, über die tätige Auseinandersetzung mit Gegenständen ist es an deren Konstituierung oder Verwendung in sozialen Situationen beteiligt (Schneider, Haußer, Schiefele 1979).

Differenzierungstheoretisch ist wichtig,
- dass im Rahmen von zu wählenden Lernangeboten die Gegenstände der Wahl nicht zu eingeengt sind (Was steht zur Wahl?),
- dass Zufallsentscheidungen möglich sein müssen, um überhaupt Interessen entstehen zu lassen,
- dass Präferenzen – als Wahl des kleineren Übels – im Alltag eine positive Vorstufe zur Wahl nach Interesse darstellen,
- dass Wahlen aufgrund persönlicher Beziehungen der Interessenbildung hilfreich sind, da beteiligte Personen einen Aspekt des Interessengegenstandes ausmachen (Schlömerkemper 1974).

Für eine entsprechende Differenzierungsrealität gilt, dass je oberflächlicher und rascher ein Lerngegenstand behandelt wird, um so aussichtsloser die Entstehung von Interessen ist, da ein langsames und langfristiges Entstehen von Subjekt–Objekt-Beziehungen dann nicht möglich ist.

2.2 Differenzierungsebenen

Je nach Größe der Grundgesamtheit werden im Schulsystem die drei Ebenen der **Schulsystemdifferenzierung**, der **Schuldifferenzierung** und der **Unterrichtsdifferenzierung** unterschieden. Maßnahmen der erstgenannten bestimmen z. T. die nachfolgenden.

Differenzierungsebenen

Schuldifferenzierung

Die vier Schulformen Hauptschule, Förderschule, Realschule und Gymnasium unterscheiden sich voneinander bezüglich ihrer Adressatengruppen, ihrer Bildungsaufträge und der ihnen zugrunde liegenden Vorstellungen von Bildsamkeit und Begabung. Das berufliche Schulwesen ist in sich außerordentlich stark nach Berufsgruppen und Ausbildungszielen differenziert.

Schuldifferenzierung

Innerhalb der einzelnen Schulformen gibt es z. T. viele Varianten (Schuldifferenzierung). Man unterscheidet das altsprachliche, das neusprachliche, das wirtschaftswissenschaftliche, das sozialwissenschaftliche, das technische, das musische Gymnasium. Innerhalb der Realschule werden unterschiedliche Zweige (z. B. kaufmännischer, technisch-gewerblicher, sozialer Zweig) angeboten. In der Hauptschule werden Profilbildungen durch bestimmte Fächergruppierungen ermöglicht (Aurin 1978).

Schulsystemdifferenzierung

Schulsystem-
differenzierung

Als Alternativmodell zur Schulsystemdifferenzierung wird seit Ende der 1960er Jahre die Gesamtschule erprobt. Sie verfolgt die Verbesserung des Lernens aller Schüler in einer Synthese mit sozialem Lernen.

Unterrichtsdifferenzierung

Unterrichts-
differenzierung

Unterrichtsdifferenzierung beginnt bei Maßnahmen der Schuldifferenzierung, weil durch sie sehr konkrete Lehrplanentscheidungen wirksam werden (Sprachenfolge, Stundenanteil von Fächern u. a. m.), meint im engeren Sinn aber die differenzierenden Maßnahmen, die nach Vorabklärung bestimmter Differenzierungskriterien (Alter, allgemeine Begabung usw.) den Unterricht in einem Fach / in einer Fächergruppe betreffen.
Ein verbreitetes Gliederungsschema ist folgendes:

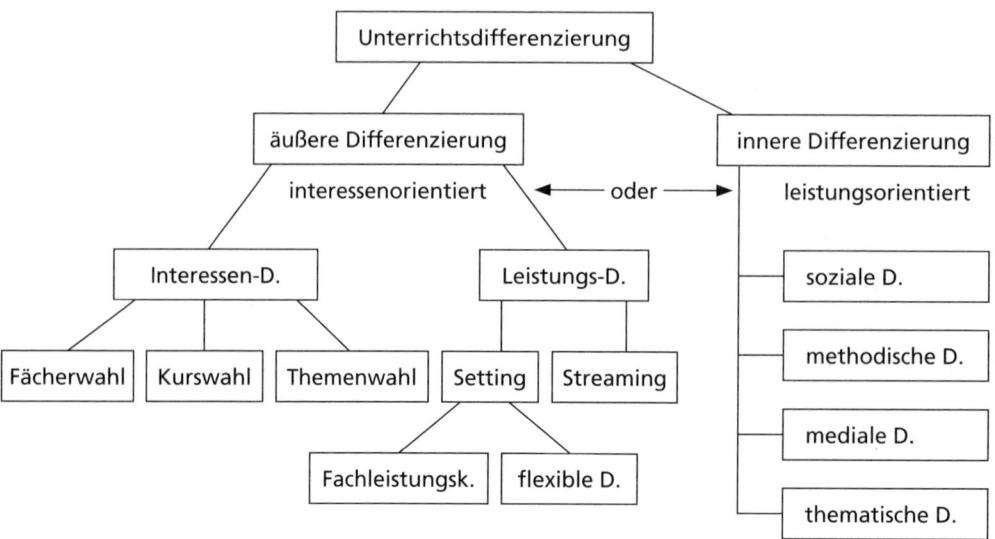

Abb. 1: Gliederungsschema zur Unterrichtsdifferenzierung

Wenn für eine Lerngruppe Unterricht in einem bestimmten Fach / in einer bestimmten Fachgruppe angeboten werden soll, sind mit dem Terminus „**innere Differenzierung**" Maßnahmen gemeint,
- die, verschiedenen Kriterien folgend, zeitweise unterschiedliche Untergruppierungen (Gruppen-, Partnerarbeit) ermöglichen,
- die mit methodischen Varianzen operieren (das Maß der Erläuterungen oder das Lern- und Arbeitstempo variiert),
- die mit unterschiedlichen medialen Hilfen (Programm, Arbeitsbogen, bildhafte Darstellung u. a. m.) helfen werden,
- die mit Differenzierungen im stofflichen Umfang, in den Anwendungsaufgaben, im Zielanspruch, in den Schwierigkeiten arbeiten.

Dies kann primär der Erfüllung von Leistungsansprüchen dienen, dies kann aber auch primär interessenorientiert erfolgen.

Der Terminus „**äußere Differenzierung**" meint Maßnahmen, die lerngruppenübergreifend (klassenübergreifend) Unterricht differenziert organisieren.

2.3 Modelle der Leistungsdifferenzierung

Streaming (fachübergreifende Leistungsdifferenzierung)

Zu Beginn des 20. Jahrhunderts hatte Sickinger in der Volksschule die sogenannten Mannheimer Leistungsklassen eingerichtet, in die die Schüler nach ihrer allgemeinen Leistungsfähigkeit eingeteilt wurden (Hauptklassen für die normal leistungsfähigen Schüler; Förderklassen für normal schwache Schüler; Hilfsklassen für die abnorm schwachen Schüler) (Sickinger in Fischer/Michael 1973). Das war ein Vorläufermodell für die später in englischen Comprehensive Schools praktizierte streaming-Differenzierung.

Streaming

Sie gruppierte Schüler nach dem Kriterium allgemeiner Leistungsfähigkeit in (vermeintlich) homogene Gruppen, um damit optimale Lehr- / Lernmöglichkeiten zu schaffen. In der Bundesrepublik Deutschland hat das „streaming" in den hessischen Förderstufenversuchen eine größere Rolle gespielt. Dort wurden die Schüler allerdings nur in den traditionellen Hauptfächern Englisch und Mathematik, teilweise Deutsch, zu streams gruppiert, in den anderen Fächern bleiben sie in heterogenen Lerngruppen (Geißler/Krenzer/Rang 1969).

Setting (fachspezifische Leistungsdifferenzierung)

Setting Am bekanntesten sind hier das FEGA- und das ABC-Modell. Am FEGA-Modell können die charakteristischen Merkmale beschrieben werden:

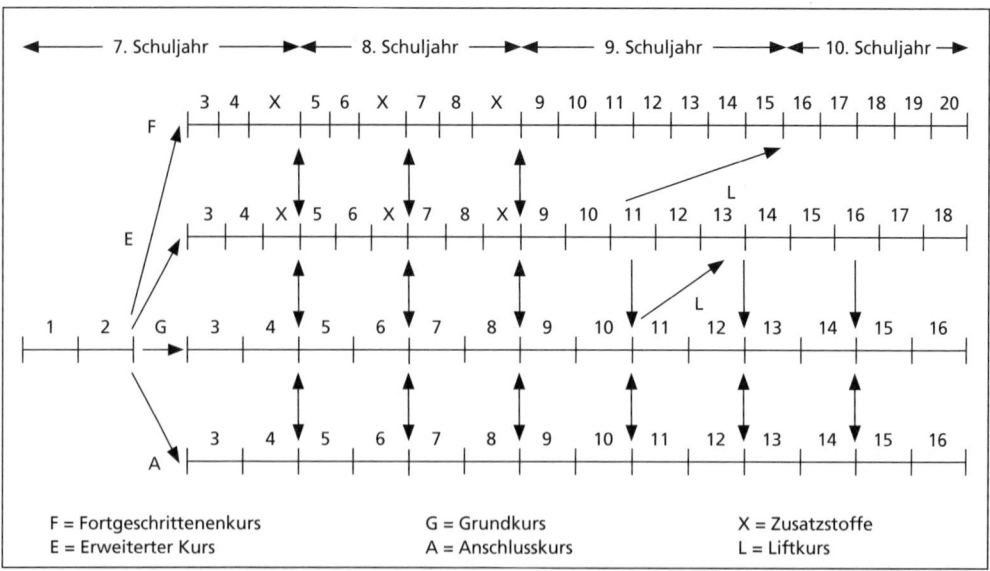

Abb 2: Das FEGA-Modell

Liftkurse Nach einer gemeinsamen Unterrichtsphase werden die Schüler auf vier Niveaus verteilt, um die Lerngruppen zu homogenisieren und damit die Unterrichtung zu erleichtern – wie auch das Lerntempo in etwa angemessen gestalten zu können. Die Kurszuweisungen erfolgen halbjährlich, ein Wechsel nach „oben und unten" ist dann möglich. In der Annahme, dass die Schüler in den oberen Niveaus schneller lernen, werden Zusatzstoffe bereitgehalten (x) und schließlich weitere Abschnitte des Lehrplans (Fundamentum) angeboten (Abschnitte 17–20). In den beiden unteren Niveaus wird dies für den Abschluss notwendige Fundamentum angeboten. **Liftkurse** sollen den Aufstieg zu bestimmten Zeiten erleichtern. Der Anschluss- oder Aufbaukurs wird mit geringerer Schülerzahl und/oder höherer Wochenstundenzahl ausgestattet, um den langsamer oder schwerer lernenden Schülern mehr Hilfen zu geben (Flößner 1976).

Während das Streaming sehr schnell als eine selektierende und negativ fixierende Leistungsdifferenzierung erkannt wurde, stand das Setting besonders in der Gesamtschuldiskussion lange Zeit im Vordergrund. Es zeigten sich aber auch für dieses Modell eine Reihe gravierender Probleme:

- Die Einweisung in Niveaustufen erfolgt prognostisch aufgrund zurückliegender und nicht aufgrund aktueller Lernleistungen.
- Die Bildung stabiler Leistungskurse führt zur Desintegration der Schüler mit der Gefahr der Reproduzierung sozialer Schichten.
- Die inhaltliche Definition der Niveaustufen zielt auf eine Reproduktion des herkömmlichen Schulsystems, das zu überwinden in der Orientierungsstufe und in der Gesamtschule gerade Ziel war.
- Die Annahme des Vorteils homogener Gruppen ist doppelt problematisch: Einmal geht Homogenität offensichtlich schnell verloren, zweitens ist ganz allgemein der Leistungsvorteil homogener gegenüber leistungsheterogenen Gruppen nicht gesichert.
- Die erhoffte Durchlässigkeit zwischen den Niveaus ließ sich nicht in dem gewünschten Maß erhalten, sodass faktisch eine frühe Niveaufixierung erfolgt, die mit einer schichtspezifischen Auslese korrespondiert.
- In den Leistungsniveaus besteht die Gefahr, einen Leistungsstand zu stabilisieren und damit den bekannten self-fulfilling-prophecy-Effekt zu erzeugen. Die Kurseinteilung bestimmt das Selbstbild der Schüler und ihre Leistungsentwicklung.

Flexible Differenzierung (fachspezifische Leistungsdifferenzierung)

Eine Alternative zu den Leistungskurssystemen ist die sogenannte flexible Differenzierung:

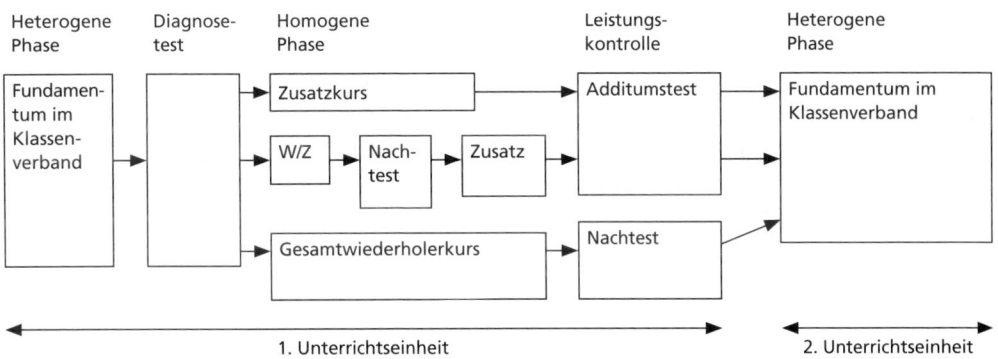

Abb 3: Die flexible Differenzierung

21

Flexible
Differenzierung

Bei flexibler Differenzierung wechseln heterogene und homogene Leistungsgruppen einander ab. In der heterogenen Phase werden die Grundlernziele einer Unterrichtseinheit angestrebt. Nach einem für alle Schüler identischen Diagnosetest werden Lernlücken ermittelt. Danach bestehen drei Angebote:

- Ein Zusatzkurs für die, die alle Grundlernziele erreicht haben. Zusatzlernziele werden erarbeitet (Additum).
- Ein Wiederholer/Zusatzkurs für die, die ein oder zwei Grundlernziele nicht erreicht haben. Nach der Wiederholung und bestandenem Nachtest werden Zusatzlernziele verfolgt.
- Ein Gesamtwiederholungskurs erfasst die Schüler, die kein Grundlernziel erreicht haben. Es erfolgt eine Gesamtwiederholung mit anderen Methoden und Medien (Morawietz 1980).

Die Vorteile dieses Modells sind eine gezielte Förderung nach genauer Lerndiagnose, Verwirklichung zielerreichenden Lernens, hohe Kursdurchlässigkeit, nur geringe schichtenspezifische Auslese, kurze Kurszugehörigkeit. Nachteile werden in der ständigen Fluktuation, dem damit behinderten sozialen Lernen, in der auf Dauer auch nicht zu verhindernden Kursstabilisierung, im hohen Arbeitsaufwand für die Lehrer und in einem hohen Organisationsaufwand in der Schule gesehen.

Gleitende Differenzierung

Gleitende
Differenzierung

Schon früh war – z. B. in der Entwicklung der integrierten Orientierungsstufe (Schuljahre 5/6) – das Modell der gleitenden Differenzierung entwickelt worden, das dann auch von integrierten Gesamtschulen übernommen worden ist. Es ist in aller Kürze so zu beschreiben:

- Die grundständige Formation z.B. für den Unterricht in Englisch und Mathematik bleibt der Klassenverband.
- Nimmt man als Beispiel, dass insgesamt 5 Stunden pro Woche für ein Fach zur Verfügung stehen, werden im Zuge der Differenzierung drei Stunden für den Unterricht im Klassenverband genommen. Zwei Stunden werden so genutzt, dass die „lernstärkeren Schüler" (etwa ein Drittel einer Klasse) in einen Kurs überwiesen werden, der höhere Anforderungen stellt. Zu ihm gehören Schüler aus 3 Parallelklassen.
- Alle anderen bleiben in diesen 2 Stunden in ihrer Klasse bei ihrem Fachlehrer. Die Klassen sind in diesen 2 Stunden kleiner, der Lehrer kann also stärker auf einzelne Schüler eingehen (faktischer Zugewinn an Lernzeit).

- Wenn diese 2 Stunden im A-Kurs (Additivkurs) und im Klassenverband zeitgleich stattfinden und die Absprachen der unterrichtenden Lehrer im Team erfolgen, kann die Umstufung jederzeit ohne größeren organisatorischen Aufwand erfolgen. Es gibt für den einzelnen Schüler keine Festschreibungen. Wenn man bedenkt, dass es in jedem Fach unterschiedliche Leistungsbereiche gibt (in Englisch z. B. Kommunikation, Grammatik, Vokabelschatz, Zuhören, Lesen, Landeskunde u. a. m.), kann man im Prinzip für die unterschiedlichen Leistungsbereiche variabel gruppieren, je nach den Stärken und Schwächen einzelner Schüler. Das **Gleiten** meint das Hin und Her je nach Inhalt, Anforderung und Entsprechung. Es handelt sich also um eine Form der äußeren Differenzierung, die im Lauf des Schuljahres mit wechselnden Gruppierungen und Zuordnungen hantiert, je nach den aktuellen Erfordernissen. **Das Gleiten**
- Variationen sind in der Weise möglich, dass stärker auf Hilfen für die „lernschwächeren" Schüler abgestellt wird, dass also z. B. aus zwei Klassen (Stammgruppen) drei Lerngruppen gebildet werden, wobei der Kern der Klasse (ca. 75 %) als A-Kurs erhalten bleibt und die restlichen (je ca. 25 %) gemeinsam den B-Kurs bilden. Die B-Klasse sollen so klein wie möglich gehalten werden und damit eine intensive Betreuung gewährleisten, trotz der unterschiedlichen Kursbenotung sollte die curriculare Einheit der Fach- und Lerninhalte bis mindestens Ende des 9. Schuljahres aufrechterhalten werden.

Die Idee bei dieser Variante der gleitenden Differenzierung ist, nicht von vornherein auf erhöhte Anforderungen im B-Kurs zu verzichten, sondern mit besonders lernfördernden Maßnahmen in kleineren Lerngruppen andere Lernqualitäten (Tempo, Umfang Hilfe, Anspruch) zu gewährleisten, während die Schüler des A-Kurses durch einen höheren Grad an Selbstständigkeit, höheres Lerntempo, vertiefte Bearbeitung auch in größeren Lerngruppen den Anforderungen entsprechen können.

Gleitende Differenzierung ist also im Grunde ein Differenzierungsmodell, dass in Zeit, Anspruch, Lehrerabsprache, Zuwendungsintensität, Leistungsbereiche sehr flexibel auf eine jeweils definierte Schülerpopulation (2 oder 3 Klassen) reagieren will, ohne schnelle Festschreibungen vornehmen zu müssen. Gegenüber dem dargestellten Modell der flexiblen Differenzierung ist die gleitende Differenzierung, wenn die **Teamarbeit** der Lehrer funktioniert, organisatorisch weniger aufwendig. **Teamarbeit**

Individualisierung durch Medienverbundsysteme

Eine gezielt flexible Differenzierung ist über ein anderes Modell realisierbar: das **Modell konsequenter Individualisierung**.

Individualisierung

Am Beispiel des schwedischen IMU-Projekts (individualisierender Mathematikunterricht) sei dies kurz skizziert (Abb. 4):

Beim IMU-System sind im Fach Mathematik 75–80 Schüler zu einer Großgruppe zusammengefasst. Die Schüler arbeiten einzeln nach Maßgabe ihrer Lerngeschwindigkeit die programmierten Arbeitsstoffe durch. Sie werden in einem Großgruppenraum von zwei Lehrern und einem Assistenten betreut. Der gesamte Unterrichtsstoff für die Schuljahre 7–9 ist in neun Abschnitte aufgeteilt. Jeder Abschnitt besteht aus drei Arbeitsheften A, B und C. Das Arbeitsheft A liegt in zwei, die Arbeitshefte B und C liegen in je vier Versionen vor, die sich bei gleicher Thematik vor allem im Schwierigkeitsgrad und in der Zahl der Aufgaben erheblich unterscheiden. Alle Versionen eines Arbeitsheftes enthalten das Fundamentum.

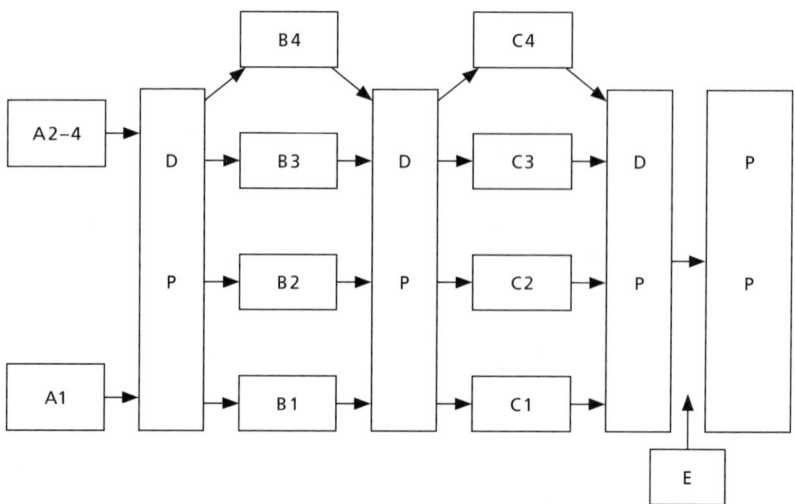

Abb 4: Das IMU-System

Diagnostische Tests

Das Additum ist in den Versionen dem Umfang nach gestaffelt und reicht von der Version 1 ohne Additum bis zu Version 4 mit einem sehr großen Additum. Die diagnostisch-prognostischen Tests (DP), die zur Einweisung in die Versionen der Arbeitshefte verwendet werden, messen den Lernerfolg im jeweils abgeschlossenen Arbeitsheft und überprüfen die Beherrschung der Voraussetzungen für das folgende Arbeitsheft. Der umfangreiche Abschlusstest (PP) ermittelt die Lernleistungen im gesamten Abschnitt. Außerdem gibt es für jeden Abschnitt ein Gruppenarbeitsheft (E), das in Gruppen- oder Frontalunterrichtsphasen zur Wiederholung eingesetzt wird (Morawietz 1980).

Während die Vorteile solch eines Systems in der größtmöglichen Anpassung an Lernwege und Lerntempo des einzelnen Schülers, im Konzept zielerreichenden Lernens, in für viele Schüler kürzeren Lernzeiten liegt, sind die Nachteile in der Überbetonung des kognitiven Lernens, in der Verhinderung sozialen Lernens und in der aufwendigen Konstruktion der notwendigen Lernmaterialien (Lernprogramme und audio-visuelle Medien) zu sehen.

Auf weitere Modelle wie die Fachlehrer-Kette (Bönsch 1976), das Team-Teaching, das Team-Kleingruppen-Modell sei hingewiesen.

2.4 Arrangements für eine Interessendifferenzierung

Wahlfreier Bereich

Zur Gesamtheit eines institutionellen Lernangebots gehört hier neben dem Pflichtbereich auch ein Wahlbereich, aus dem beliebig viele oder quantitativ begrenzte Angebote für eine bestimmte Zeit gewählt werden können. Das Angebot kann dabei in einer Reihe von Arbeitsgemeinschaften / kurzen Seminaren bestehen, die eine Erweiterung des Pflichtbereichs darstellen oder außerhalb dieses Pflichtbereichs liegen (z. B. Segelflug in der allgemeinbildenden Schule). Das Angebot kann innerhalb sogenannter freier Arbeitszeiten darin bestehen, dass in einer lernanregenden, material- und ideenreichen Umwelt Angebote gemacht werden. Verschiedene Materialien, Spiele, Bücher, Geräte, Gebrauchsgegenstände bieten sich zum Spielen, Lesen, Arbeiten, Experimentieren, kreativem Tun an (Bönsch 1978).

Interessendifferenzierung

Wahlpflichtbereich

Neben dem Pflichtbereich und einem evtl. Wahlbereich gibt es den sogenannten Wahlpflichtbereich, innerhalb dessen nach bestimmten Vorgaben gewählt werden muss. So werden z. B. unterschiedliche Fächer oder Fachkurse oder Schwerpunktmöglichkeiten in Bezug auf zwei oder mehrere gekoppelte Fächer (Wahl von Grundkurs /

25

Intensivkurs) zur Wahl gestellt. Dieses kann Wahl und Abwahl von Fächern mit erheblichen Konsequenzen bedeuten (siehe reformierte Oberstufe) und dann zu einer faktischen Leistungsdifferenzierung führen.

Pflichtbereich

Verfolgt man Interessenförderung konsequent, kann man auch im Pflichtbereich Wahlmöglichkeiten anbieten. Dabei kann man zwischen alternativen Kursen bei gemeinsamem Rahmenthema in einem Fach (z. B. Rahmenthema „Deutschland nach 1945", Alternativangebote: Die Spaltung Deutschlands, die BRD als demokratischer und sozialer Rechtsstaat, die DDR, die Wiedervereinigungsproblematik u. a. m.) und zwischen alternativen Angeboten innerhalb einer Unterrichtseinheit (Wahldifferenzierter Unterricht) unterscheiden (Bönsch/Schittko 1981).

Zu verweisen ist auch auf das vor einigen Jahren entwickelte **UDIS-Konzept** (Unterrichtsdifferenzierung in der Sekundarstufe). Dieses hatte zum Inhalt, in einer zweistufigen Strategie zuerst Lernpräferenzen zu entwickeln und dieses dann behutsam durch entsprechende Projekte zu Interessen / Interessenansätzen weiterzuentwickeln (Rauschenberger 1974).

Wahldifferenzierter Unterricht

Wahldifferenzierter Unterricht

Das Konzept des wahldifferenzierten Unterrichts kann als eine auch im nüchternen Alltag realisierbare Möglichkeit angesehen werden, in recht engem Rahmen Interessen fördernden Unterricht zu realisieren (Abb. 5):

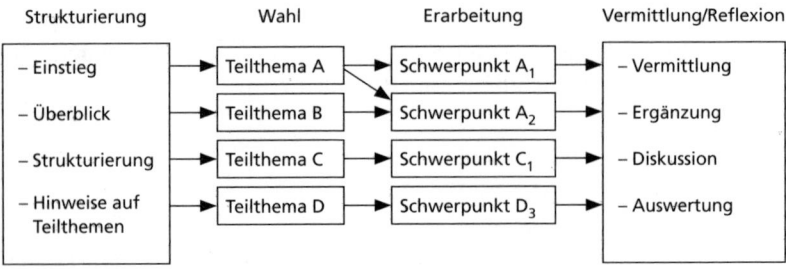

Abb 5: Konzept des wahldifferenzierten Unterrichts

Im Rahmen einer thematischen Einheit (z. B. Jugendarbeitslosigkeit) werden verschiedene Teilthemen bzw. Arbeitsschwerpunkte angeboten, aus denen die Schüler frei wählen und nach Verabredung bearbeiten können. In der Vermittlung und Reflexionsphase werden dann Ergebnisse und Erfahrungen ausgetauscht. Die häufigere Realisierung solchen Unterrichts folgt der Erwartung, dass sich Lernende ihrer Lernintentionen und -inhalte bewusster werden und damit Interessen entwickeln.

2.5 Differenzierungsprobleme

Die zentralen Differenzierungsprobleme haben ihre Ursache in der Tatsache, dass im Schulsystem Massenlernprozesse so organisiert werden, dass das Erreichen oder Verfehlen von Lernzielen als Leistung bzw. als Versagen definiert und zur Grundlage für die Verleihung oder Verweigerung von Berechtigungen gemacht wird (Fend 1980).

Differenzierungsprobleme

Von daher steht prinzipiell in Frage, ob Differenzierungsrealitäten ernsthaft auf die Erweiterung von Handlungs- und Erlebnismöglichkeiten, auf Chancen zur Bedürfnisbefriedigung und Selbsterfahrung gegenüber neuen Lernmöglichkeiten abgestellt werden können. Neigungs- und Interessendifferenzierung hat im Schulwesen einen untergeordneten Stellenwert. Dies korrespondiert mit der verbreiteten Auffassung, dass institutionalisiertes Lehren Wissen vermitteln soll und nicht selbst finden lassen kann. In Bildungsinstitutionen unserer historischen Entfaltungsstufe steht ein Wert im Vordergrund: die Leistung (Fend 1980).

Spezielle Probleme der Leistungsdifferenzierung

Trotz anfänglicher formaler Gleichheit der Lernenden erfolgt sehr bald eine Differenzierung nach dem Motto „Hauptachse Leistung". Dies wirft folgende zentrale Fragen auf:
• Wie schnell fixieren die als „objektiv" betrachteten schulischen Leistungsanforderungen den einzelnen Lerner auf einem bestimmten Leistungsniveau?
• Werden Differenzierungsmaßnahmen zur Verstärkung oder Milderung von Leistungsfixierungen eingeleitet?

Leistungsfixierungen

• Ist die Relation Leistungsanspruch – Leistungsentsprechung überhaupt der Ausgangspunkt von evtl. Differenzierungsmaßnahmen? Müsste nicht auf soziokulturelle Determinanten individuellen Lernens viel stärker geachtet werden?
• Mit jeder Lerngruppenkonstituierung kommt ein Prozess der Fremdeinschätzung und damit korrespondierend der Selbsteinschätzung in

27

Gang. Individuelle Motivationsstrukturen wie soziale Bewertungen sind eminent wichtige Folgen von Differenzierungsmaßnahmen. Können sie im konkreten Fall kalkuliert und bei negativer Ausprägung verhindert werden?

Integration

- Je nach schulpolitischen und erziehungswissenschaftlichen Grundeinstellungen wird dem Prinzip der Differenzierung das Prinzip der Integration zur Seite gestellt oder vernachlässigt (Schittko 1974). Wenn Fragen der sozialen Integration (Angehörige aller Schichten sollen miteinander lernen) und des sozialen Lernens im weiteren Sinne (es kommt beim Lernen nicht nur auf kognitives Lernen im Sinne von Wissensspeicherung an) eine größere Rolle spielen sollen, erhebt sich die Frage, ob Lernzuweisungen oder Schulzugehörigkeit nicht eine hierarchische Etikettierung von Lernenden mit sich bringen, die man dringend vermeiden müsste. Forcierte Leistungsdifferenzierung dient eher der Selektion und damit ggf. der Legitimation sozialer Ungleichheit, als dass Förderung, Annäherung an Chancengleichheit, soziales Lernen mit ihr verbunden wären (Brophy/Good 1976).
- Verfügte und sich schnell verfestigende Lerngruppenbildung folgt einem Begabungsbegriff, der eher statisch ist. Die schulpädagogische Umsetzung eines progressiven Begabungsbegriffs würde ihr Augenmerk mehr auf Konzepte legen, die dem Lernenden optimale Hilfen zur Zielerreichung (genügend Zeit, eigenes Lerntempo, alternative Methoden und Materialien, das notwendige Maß an Zuspruch und Belohnung) geben, statt sie in ihrer Lernkarriere frühzeitig festzulegen (Bönsch 1976).

Die Vielzahl von Differenzierungsstudien, in ihren Ergebnissen durchaus heterogen (Yates 1966, Robinsohn/Thomas 1968, Teschner 1971), machen deutlich, dass über die Differenzierungsfrage viele Aspekte einer Theorie der Schule angesprochen werden. Differenzierung ist weit mehr als eine organisatorisch-methodische Frage, sie spiegelt in ihrer Realisierung das jeweilig vorliegende Grundverständnis von institutionellem Lernen wider.

Spezielle Probleme der Interessendifferenzierung

Die Probleme sind in folgenden Punkten zu formulieren:
- Verbreitet ist die Auffassung, nach der man es Lernenden nicht überlassen kann, nach ihren Interessen zu lernen. Es wird dabei nichts herauskommen, ist die dahinter stehende Befürchtung.

- Das amtlich verordnete Curriculum ist so umfangreich, dass Freiräume wohl auch nur als „Spielwiesen" angesehen werden können. **Spielwiesen**
- Die allgemeine Didaktik als Wissenschaft vom Unterricht hat ihr Augenmerk immer stärker auf Vermittlung als auf Anregung und Beratung gelenkt. So fehlen bis heute überzeugende Hilfen für die Gestaltung offener Curricula und die Lernberatung.
- Schulen sind in der Regel zu einfallslos eingerichtet, als dass sie lernanregend, interessenfördernd wirken könnten. Sie sind Lernzwanganstalten mit wenig Anregungspotenzial und verhindern geradezu Interessenentwicklung.
- Lernen wird produktorientiert betrachtet. Wichtig ist die Frage nach dem Lernergebnis, weniger wichtig sind prozessorientierte Fragen:
  - Wie lernt jemand?
  - Was lernt er?
  - Warum lernt er das?
  - Was hat er für Interessen?
- Freies Lernen im Sinne selbstbestimmten Lernens wird mehr als **Freies Lernen** Freizeittätigkeit betrachtet. Ihm fehle der „Ernst der Leistung".
- Die gesellschaftlichen Erwartungen an das Bildungssystem sind auf Effizienz, Leistung, Selektion ausgerichtet. Kreativität, Einfallsreichtum, Interesse, Spontaneität, Selbstbestimmtheit sind nicht wirklich gefragt. Die Leistungsgesellschaft fordert ihre Entsprechungen in Schule und Unterricht.

So sind schulische Modelle wie Glocksee und Summerhill gern betrachtete, aber eben doch exotische Blüten in der Bildungslandschaft.

Quellen

Aurin, K.: Sekundarschulwesen, Stuttgart-Berlin-Köln-Mainz, 1978

Bönsch, M./Schittko, K.: Das Modell eines wahldifferenzierten Unterrichts und Probleme seiner Umsetzung im Schulalltag. in: Haußer, K. (Hrsg.): Modelle schulischer Differenzierung. München/Wien/Baltimore 1981

Bönsch, M.: Differenzierung des Unterrichts. München 1976

Bönsch, M.: Ideen zu einer emanzipatorischen Didaktik. München 1978

Brophy, J. E./Good, Th. G.: Die Lehrer-Schüler-Interaktion. München 1976

Fend, H.: Theorie der Schule. München-Wien-Baltimore 1980

Fischer, M./Michael, B. (Hrsg.): Differenzierung im Schulunterricht. Weinheim/Basel 1973

Flößner, W.: Ansatz, Entwicklung und Ergebnisse der Fachleistungsdifferenzierung an der Walter-Gropius-Schule in Berlin/Britz-Buckow-Rudow. In: Keim, W. (Hrsg.): Gesamtschule. Hamburg 1976

Geißler, E. E./Krenzer, R. Ph./Rang, A.: Fördern und Auslesen. Frankfurt/M. 1969

Haußer, K. (Hrsg.): Modelle schulischer Differenzierung. München/Wien/Baltimore 1981

Hopf, D.: Differenzierung in der Schule. Stuttgart 1976

Morawietz, H.: Unterrichtsdifferenzierung. Weinheim 1980

Rauschenberger, H.: Lehren und Lernen nach dem UDIS-Konzept. Ravensburg 1974

Robinsohn, S. B./Thomas, H.: Differenzierung im Sekundarschulwesen. Stuttgart 1968

Roeder, P. M./Treumann, K.: Dimensionen der Schulleistung, 2 Bde. Stuttgart 1974

Sauer, K.: Interesse, Motivation. In: Roth, L. (Hrsg.): Handlexikon zur Erziehungswissenschaft. München 1976

Schiefele, H.: Interesse. In: Schiefele, H./Krapp, A. (Hrsg.): Handlexikon zur Pädagogischen Psychologie. München 1981

Schittko, K.: Integration und Differenzierung in der integrierten Gesamtschule. In: Kieslich, R./ Klages, H. (Hrsg): Gesamtschule in Niedersachsen I. Hannover 1974

Schlömerkemper, J.: Lernen im wahldifferenzierten Unterricht. Frankfurt/M. 1974

Schneider, G./Haußer, K./Schiefele, H.: Bestimmungsstücke und Probleme einer pädagogischen Theorie des Interesses. In: Zeitschrift für Pädagogik 25 (1979), S. 43–60

Teschner, W. P. (Hrsg.): Differenzierung und Individualisierung des Unterrichts. Göttingen 1971

Yates, A. (Hrsg.): Lerngruppen und Differenzierung. Weilheim 1966/1972

Literatur

Meister, H.: Differenzierung von A-Z. Stuttgart 2000

Ziegenspeck, J.: Handbuch Orientierungsstufe, Bad Heilbrunn 2000

Binnendifferenzierung –
Innere Differenzierung

3

Die Schule hat durch die Kollektivierung des Unterrichts Rationalisierungsvorteile gewonnen (Unterricht in Jahresklassen), doch nur um den Preis der Normierung des Individuums. Die Zusammenfassung von Lernenden zu Lerngruppen (Klassen, Kurse) ist an die Setzung eines (oder mehrerer) organisierenden Merkmals als Gruppennorm gebunden. Dies kann zum Nachteil des Individuums mit seinen spezifischen Lernbedürfnissen werden, da die Orientierung des Unterrichts an einer Durchschnitterwartung u. U. vielen Individuen nicht gerecht wird. Um die Nachteile des Kollektivunterrichts zu mildern, Möglichkeiten des sozialen Lernens zu erhalten und den Lernbedürfnissen des Individuums möglichst gerecht zu werden, bietet sich die gruppeninterne Differenzierung (Binnendifferenzierung) an (Michael 1973).

3.1 Definition

Unter Binnendifferenzierung (innere Differenzierung) wird eine gruppeninterne Differenzierung verstanden. Die zugrunde liegenden Differenzierungskriterien können unterschiedlich sein:

**Binnen-
differenzierung**

• Lerngeschwindigkeit
• Arbeitsmenge
• Leistungshöhe
• Lernschwierigkeiten
• Arbeitsweisen
• Kooperation
• Interessen usw.

Die Gruppe kann unterschiedlich groß sein: Klasse, Großgruppe (60 und mehr Mitglieder), Kleingruppe. Die Binnendifferenzierung strebt keine Dauerlösungen an, sie bleibt in der Regel situations- und lernzielgebunden. Im Extremfall bedeutet Binnendifferenzierung Individualisierung (Odenbach 1963).

3.2 Modellvorstellungen für Binnendifferenzierung

Da sich gerade bei der Binnendifferenzierung die Differenzierungskriterien kombinieren und deshalb die Eindeutigkeit der Intentionen verloren gehen kann, werden im folgenden nicht einzelne Differenzierungskriterien und -möglichkeiten erläutert, sondern anhand einer Kriterienskala Modellstellungen „geortet" und dann kurz beschrieben (Abb. 6):

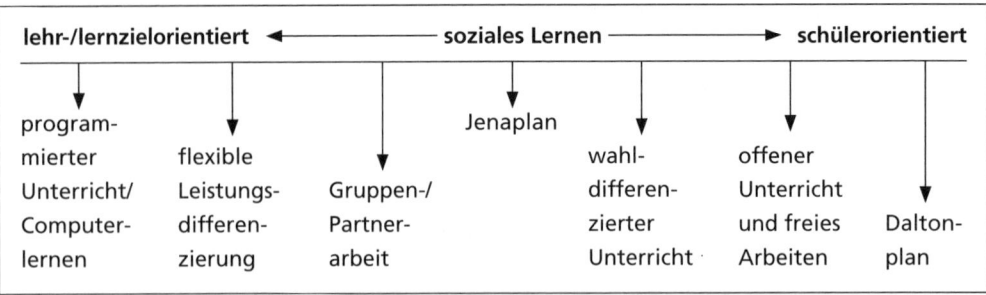

Abb. 6: Modellvorstellungen für Binnendifferenzierung

Programmierter Unterricht / Computerlernen

Program-mierter Unterricht

Der Prototyp lernzielorientierten und soziales Lernen stark vernachlässigenden Unterrichts ist der programmierte Unterricht. Mit dem Mittel des Lernprogrammes werden dabei Lernziele und -inhalte in eine strenge Folge immer wiederkehrender Schritte (Information – Frage – Antwort – Kontrolle der Antwort) gebracht und zumeist in gedruckter Form (als Buch oder Heft) oder heute Computersoftware angeboten. Die Lernschritte werden so klein gehalten, dass der Lernende mit großer Wahrscheinlichkeit die richtige Antwort findet. Fehler werden sofort festgestellt und korrigiert. Der Wissenserwerb erfolgt also stark gesteuert, zielstrebig, individualisiert. Der Lernende kann sein Lerntempo bestimmen, er bekommt beim verzweigten Programm die für ihn notwendigen Hilfen, er kann die gesetzten Ziele erreichen. Vernachlässigt werden das Lernen mit anderen, der Austausch, wechselseitige Hilfe.

Zielerreichendes Lernen in wechselnden Gruppen

Eine andere Modellierung von Lernsituationen unter der Zielvorstellung „zielerreichendes Lernen" (alle Lernenden sollen die Lernziele /

-inhalte eines Fundamentum erreichen) besteht in der sogenannten flexiblen Leistungsdifferenzierung. Nach der Erstvermittlung in der heterogenen Gruppe wird nach den durch Diagnoseinstrumente zu identifizierenden Lernständen, -schwierigkeiten, -möglichkeiten didaktisch flexibel durch verschiedene Gruppierungen, variierende Instruktionen, gestaffelte Lernhilfen auf die aktuellen Erfordernisse reagiert. Dabei bleibt das Lernen in (wenn auch wechselnden) Gruppen erhalten. Je nach den in der Planung antizipierten Lernschwierigkeiten kann auf (fast) alle Situationen mit „passenden" Lernhilfen reagiert werden (Preibusch 1969, Schmidt 1976).

Partner- und Gruppenarbeit

Wahrscheinlich sind die verbreitetsten Formen einer Binnendifferenzierung Partner- und Gruppenarbeit. Der Schwerpunkt liegt dabei auf Kooperation, der Förderung zu sozialem Lernen. Partner- und Gruppenarbeit kann kurzzeitig und mit relativ wenig Aufwand realisiert werden. Die Intentionen sind häufig ambivalent: Einerseits können Lernende zu zweien oder mehreren den gestellten Aufgaben gemeinsam zu entsprechen versuchen. Andererseits werden diese kleineren Lerngruppen auch funktional benutzt, d.h. sie dienen der Effektuierung zielerreichenden Unterrichts. Besonders arbeitsgleiche Gruppenarbeit dient eher der letztgenannten Intention. Arbeitsteilige Gruppenarbeit gibt eher die Chance zu mehr schülerorientiertem Lernen, wenn Schüler die Einteilung der Gruppen und die Wahl der Aufgaben beeinflussen können (Meyer 1975).

Wahldifferenzierter Unterricht

Weiterentwicklungen der Gruppenarbeit finden sich in verschiedenen Konzepten:

Schüler-orientierung

- Selbstbestimmtes soziales Lernen in Kleingruppen (Fuhr u.a.1977),
- Selbstorganisierter Unterricht mit integrierter Gruppenarbeit (Vettiger 1977),
- Wahldifferenzierter Unterricht (Bönsch / Schittko 1980).

Die Grundgedanken dieser Konzepte sind, Lernenden zu ermöglichen, zwischen verschiedenen Lernangeboten begründet zu wählen oder eigene Lernintentionen zu verfolgen und ihr Lernen weitgehend selbst zu steuern (d.h. Ziele, Methoden, Medien selbst zu bestimmen), dies aber kooperativ zu realisieren, also in kleinen Gruppen.

Schülerorientierung und soziales Lernen spielen damit hier eine sehr viel größere Rolle als die Orientierung an vorgegebenen Lehrplänen/Richtlinien, wenngleich diese natürlich die Rahmenvorgaben für die Freiräume schülerorientierten Lernens bestimmen. Diese in der Regel kurzzeitig realisierten Konzepte bedürfen der Überprüfung bezüglich des Langzeiteinsatzes und der Langzeitwirkungen.

Der Jena-Plan

Jena-Plan Ein schon historisches, aber immer noch bestehendes Beispiel ausgeprägter Binnendifferenzierung (und auch äußerer Differenzierung) stellt der Jena-Plan dar (Petersen 1972). Die Grundgruppierungen sind die sogenannten Stammgruppen, die jahrgangsübergreifend die Schüler dreier bzw. zweier Jahrgänge umfassen. In der bewussten Nutzung des Alters- und Kompetenzgefälles soll soziales Lernen dominant sein (Gruppenarbeit, Patenschaften, Schulwohnstube, Gesprächskreis, Spiel, Arbeit, Feier). Neben freier und selbstständiger Arbeit in den Stammgruppen gibt es stoffbetonte und zielgebundene Kurse.

Im Jena-Plan sind die sozial orientierten Formen schulischen Lernens als Dauerform gedacht. Die entsprechende Gestaltung der Lernumwelt wie der Lernmittel ist dafür eine wichtige Voraussetzung.

Offener Unterricht

Offener Unterricht Die Rezeption – vor allem angelsächsischer Modelle einer „open education" (Belser/Roeder/Thomas 1972) – haben zur Diskussion und Entwicklung offener Curricula und offenen Unterrichts geführt. Die wichtigsten Prämissen offenen Unterrichts sind:
Kinder sind von Natur aus neugierig und wollen ihre Umwelt erforschen (entdeckendes Lernen). Sie sind in der Lage, wichtige Entscheidungen über ihr Lernen selbst zu treffen. Interessen erwachsen aus dem aktiven Umgang mit problemhaltigem Material. Wer etwas für ihn Wichtiges lernt, hat das Bedürfnis, andere daran teilhaben zu lassen bzw. mit anderen gemeinsam zu lernen. Demzufolge seien Lernumwelt, Zeitplan, Lernmaterialien, Lehrerberatung, Gruppenbildung auf diese Prämissen abzustellen. Lernen hat dann weniger fordernde, als vielmehr anregende Charakteristika. Organisatorisch ist eine Vielfalt von Lernaktivitäten und -bedürfnissen zu erwarten.

Der Dalton-Plan

Die Prinzipien der Freiheit, der Individualisierung und begrenzt auch des sozialen Lernens führten Helen Parkhurst Anfang des 20. Jahrhunderts zu einer Auflösung der Kollektivunterrichtung. An die Stelle der „recitation method" setzte sie die „individualized instruction". Sie verwandelte die für den Frontalunterricht eingerichteten Räume in Laboratorien und Fachräume (Subject rooms). Experimentieren und Erfahren in anregender Lernumwelt ersetzen die Lehre. Jeder Schüler bekam genau ausgeführte Anleitungen für seine Studien, die er in bestimmten Zeitabschnitten zu erledigen hatte, wozu er sich per Unterschrift (contract job) auch verpflichten musste. Der Schüler war innerhalb des gesetzten Pflichtrahmens frei in der Zeiteinteilung, in der Wahl der Unterrichtsgegenstände, in der Nutzung der Räume. Zum Lernprogramm gab es Ergänzungs- und Vertiefungsprogramme. In Übersichtskarten waren die erledigten Arbeiten einzutragen. In den leistungsmäßig weniger wichtigen Fächern wurde stärker gemeinsam gelernt (Besuden o. J.).

Dalton-Plan

3.3 Die wichtigsten Probleme

Die Modellvorstellungen machen deutlich, dass sich Binnendifferenzierung auf sehr vielfältige Weise realisieren lässt. Die wichtigsten Probleme sind:
- Lehrplanorientierung und Schülerorientierung stehen in einem Spannungsverhältnis,
- Individualisierung und soziales Lernen ebenfalls.
- Das „Bild" vom Lernenden wirkt maßgeblich auf binnendifferenzierende Maßnahmen, das Problem liegt dabei in dem, was man Lernenden zutraut.
- Je komplexer die Intentionen bei Binnendifferenzierung sind, umso eher können einzelne Differenzierungskriterien vernachlässigt bzw. in den Dienst anderer gestellt werden.
- Die Voraussetzungen für Binnendifferenzierung (bei Lehrern, in den Schulen) sind nicht günstig. Deshalb wird Frontalunterricht wohl auch immer wieder bevorzugt.
- Über Langzeiteffekte der Binnendifferenzierung besteht bis heute große Unsicherheit.

3.4 Die Differenziertheit der Lernprozesse und die Differenzierung des Unterrichts

Unterricht und Lernen

Die Differenzierung des Unterrichts ist nach wie vor ein insgesamt gesehen ungelöstes Problem. Die große Zahl von Unterrichtsstunden folgt eher dem **Konstruktionsprinzip der Linearität**. Das heißt, dass vom Lehrer ein Unterrichtsverlauf geplant und realisiert mit der Hoffnung wird, dass mit ihm 25 Lernprozesse (bei z. B. 25 Schüler in einer Klasse) synchron mitgezogen werden können. Dies ist sicher eine der größten schulpädagogischen Illusionen, soweit wir überhaupt etwas über tatsächlich realisierte Lernprozesse wissen: Sie werden eher unstet verlaufen, ein Stück mit dem Unterricht mitlaufen, dann abbrechen, abgebrochen bleiben oder nach einer Zeit wieder einsetzen, evtl. lange nach Unterrichtsbeginn erst starten, unter Umständen aber auch nicht lange laufen. So ist ständig praktizierter linear verlaufender lehrerorientierter Unterricht allein aus diesen verlaufstypischen Merkmalen heraus häufig ineffektiv.

Differenzierungskriterien für Lernprozesse

Differenzierungskriterien

Viel wichtiger aber ist, dass die Lernprozesse der Schüler eigenen Differenzierungskriterien unterliegen, die eine lineare Gestaltung von Unterrichtsprozessen problematisch macht. Man kann mindestens sieben Kriterien konstatieren:

1. Die **Auffassungsgabe** von Schüler ist unterschiedlich. Dies meint das Verhalten gegenüber neuen Lerninhalten. Bei einigen ist die Fähigkeit gut entwickelt, neue Lerninhalte bei einigermaßen guter Vermittlung schnell zu verstehen und zu speichern. Bei anderen gibt es die sogenannte **Begriffsstutzigkeiten**, die ein schnelles und sofortiges Verstehen vereiteln. Bekommen sie Erklärungen und Vermittlungen nicht ihnen adäquat präsentiert, sind schon die Anfänge ihrer Lernprozesse blockiert. Bald ergeben sich Rückstände gegenüber dem fortschreitenden Unterricht, die zu massiven Misserfolgen führen können.

2. Das **Lerntempo** generell variiert von Schüler zu Schüler. Brauchen die einen tatsächlich nur die vorgesehene Unterrichtszeit, um erfolgreich zu verstehen, zu speichern, zu trainieren, benötigen andere vielleicht statt einer vier oder fünf Zeiteinheiten. Bekommen sie diese zugestanden, lernen sie auch erfolgreich, bekommen sie sie nicht, ist der Lernprozess schnell misserfolgsorientiert. Da der Unterricht im allgemeinen diese unterschiedlichen Zeitressourcen

nicht geben kann, zieht sich das Lernfeld einer Klasse schnell auseinander.

3. Die **Lernkapazität**, also das Erlernen bestimmter Lerninhaltsmengen, ist unterschiedlich. Kann der eine Schüler quasi beliebige Mengen von Unterrichtsstoffen aufnehmen, kann ein anderer Schüler eventuell nur sehr geringe Mengen speichern. Seine Lernkapazität erschöpft sich schnell. Würde er nur auf sogenannte Basisinformationen verpflichtet werden, wäre das kein größeres Problem. Rieseln Unterrichtsstoffe aber end- und pausenlos, kann es schnell zu **Lernblockaden** kommen, die aber nicht generell als mangelhafte Lernfähigkeit angesehen werden dürfen, sondern Folgen ungünstiger Lernumstände sind (schlechter Unterricht für den Betreffenden).

4. Das **Anspruchsniveau** der Aufnahme- und Verarbeitungskompetenzen ist bei Schülern unterschiedlich. Hier ist die Subkompetenz des Lernvermögens gemeint, die die Eingangskanäle und Aufnahmemuster kennzeichnet. Sie ist im günstigen Fall im Sinne der piaget'schen Stufen intellektueller und psychomotorischer Entwicklung schon früh im Stadium der formal-theoretischen Reproduktions- und Produktionsfähigkeit. Kognitive Ansprüche werden dann mit Neugier und Interesse gesehen. Ist ein Schüler aber noch auf einer anschaulich-handlungsorientierten Stufe, braucht er sehr viel mehr Beispiel, Anschauung, konkrete Handlung bei zunächst gemindertem kognitivem Anspruchsniveau. Dieser Ansatz braucht letztendlich nicht die Erreichung anspruchsvoller Ziele zu verhindern. Die Wege gestalten sich aber anders.

5. Das **Sprachniveau** hängt eng mit dem eben beschriebenen Anspruchsniveau zusammen. Differenzierte kognitive Strukturen entwickeln sich wesentlich auf der Basis differenzierter Sprache. Wortschatz, Syntax, ein reflexiver Sprachduktus bilden wesentlich die kognitiven operativen Schemata aus. Ist das Sprach- und Sprechniveau zunächst auf einem niedrigen Level, kann auch das Denken nicht seinen von der Begabung und Intelligenz her möglichen Ausbau erfahren. Wichtig ist hier wohl, dass Befunde nicht statisch gesehen werden, sondern entwicklungs- und lernbedingt, also in einem Prozess befindlich.

6. Die **Motiviertheit** zum Lernen (Bejahung des Lernens, Neugier, Interesse) ist wohl ein weiteres wichtiges Kriterium. Fehlt so etwas wie eine überdauernde Motivation (Gestimmtheit zum Lernen), helfen kurzfristig benutzte Lernmotive, die sich in einem interessanten Unterricht ergeben, auch immer nur von Fall zu Fall weiter. Die Motiviertheit zum Lernen hängt von den allgemeinen Lebensumständen (Getragensein von erfreulichen Lebensweltbezügen)

und speziell vom planmäßigen Aufbau und der Weiterentwicklung von Neugier und Interesse ab. Erschreckend ist daher immer wieder, dass nach Untersuchungen Freude am Lernen mit jedem Schuljahr mehr abnimmt.

7. **Selbstorganisation** und **Selbststeuerung** markieren schließlich ein siebentes Kriterium. Dieses wird häufig unterschätzt oder gar negiert. Gemeint ist die Fähigkeit eines Schülers, sich und die eigene Lernarbeit organisieren und verantwortlich wahrnehmen zu können. Dies beginnt bei äußerlichen Dingen wie Ordnung am Arbeitsplatz, im Tornister und setzt sich fort damit, Planungsfähigkeit und Zeitmanagement im Umgang mit sich selbst praktizieren zu können. Da Lernen immer ein Prozess ist, der von Unterricht nur angeregt, befördert und kontrolliert werden kann, ist diese Fähigkeit ein wichtiges Differenzierungskriterium bei der Einschätzung von Lernprozessen.

Konsequenzen für den Unterricht

Wird Unterricht wirklich als eine Veranstaltung verstanden, die dienende Funktion für das Lernen von Schüler/Schülerinnen hat, ergeben sich so einige Konsequenzen, die im folgenden erörtert werden.

Das Positiv-Modell
Bei einigermaßen guter Vermittlung lernen Schüler, die den meisten Kriterien positiv entsprechen, ohne größere Probleme mit dem Unterricht mit. Die Frage ist, wie viele das jeweils sind. Bei großer Zahl in einer Klasse könnte man die Förderung nach differenzierendem Unterricht vernachlässigen.

Das realistischere Modell
Bei einigermaßen guter Vermittlung haben Schüler, bei denen einige oder gar viele der entwickelten Kriterien mittel bis schwach entwickelt sind, schnell Schwierigkeiten mit den Forderungen des Unterrichts. Das wird der viel häufigere Fall, vielleicht der Alltagsfall sein. Hier nun greift die Frage, in welcher Weise und mit welcher Konsequenz der Unterricht den Lernmöglichkeiten entsprechende Differenzierungen vornehmen kann:

Erstens: Negative Differenzierung

Negative Differenzierung Zunächst kann man zwei sogenannte negative Differenzierungspraktiken identifizieren, die im Schulalltag so selten offensichtlich nicht sind.

Die institutionelle Differenzierung
Schüler, die den Erwartungen einer Schulart nicht entsprechen, werden aussortiert. Das Gymnasium verweist an die Realschule, die Realschule an die Hauptschule, die Hauptschule an die Schule für Lernhilfe. Differenzierung als Aussonderung ist nicht besonders einfallsreich und pädagogisch gesehen problematisch. Sie wird überall da realisiert, wo das gegliederte Schulwesen ausgeprägt ist und Schullaufbahnen nicht mit Ruhe und Stetigkeit entwickelt und gefördert werden. Das Rückläuferproblem ist konkreter Ausdruck dieser Praxis.

Die negative didaktische Differenzierung
Nicht wenige Schulen berichten, dass sie angesichts einer problematischer werdenden Schülerschaft über drei sogenannte Minderungsstrategien der Realität Rechnung zu tragen versuchen:
• Die Reduktion der Ansprüche,
• die Vereinfachung der Inhalte und
• die Verlangsamung der Behandlung der Inhalte.
Diese Differenzierungspraxis wird negativ klassifiziert, weil die bildungspolitischen Preise hoch sind. Gesetzte Ziele werden nicht mehr erreicht, das Leistungsniveau sinkt und als Begleiteffekt wird eine nicht so kleine Gruppe von Schüler unterfordert.

Zweitens: Positive Differenzierung
So kommen alle die, die für Unterricht verantwortlich sind, also die Lehrer, um eine Differenzierung des Unterrichts nicht herum, wenn sie an der möglichst optimalen Förderung ihrer Schüler interessiert sind. Die Möglichkeiten der sogenannten äußeren Differenzierung werden hier außer acht gelassen, da sie auf die genannten Differenzierungskriterien der Lernprozesse nicht angemessen genug reagierende Konstrukte sind. Sie operieren ja nur mit globalen Zuweisungskriterien und stehen immer in der Gefahr, self-fulfilling-prophecy zu fördern. Bleiben die Ansätze der sogenannten inneren Differenzierung, die in aller Kürze folgendermaßen beschrieben werden:
• **Variable Er- und Bearbeitungswege** zur differenzierten Erreichung gleichbleibender Ziele.
• **Temporäre Selbstlernphasen** zur differenzierten Vervollständigung von Lernprozessen.
• **Individuelle Förderprogramme** als Antwort auf lerndiagnostisch identifizierte „Abholstationen".
• **Zieldifferenzierte Differenzierung**, also Aufgabe gleich bleibender Ziele, um Lernerfolge in engerem begrenzterem Rahmen zu ermöglichen.

Positive Differenzierung

Zusammenfassung

Abholstationen

Einige der vorn beschriebenen Differenzierungskriterien für Lernprozesse verlangen zwingend nach Überlegungen, die Frage variabler Er- und Bearbeitungswege genauer zu prüfen, um Lernarten und -typen früh gerecht zu werden. **Temporäre Selbstlernphasen** sind unerlässlich, weil nur so Schüler das Vermittelte auf ihre Weise und mit ihren Möglichkeiten zum gesicherten Lernbesitz machen können. Das didaktisch-methodische Repertoire dafür liegt ausgearbeitet vor (Wochenplanarbeit, Freie Arbeit, Wahldifferenzierter Unterricht, Stationenlernen, Lernen mit dem Computer, Projektarbeit). Wenn die diagnostischen Fähigkeiten ausgeprägter vorhanden wären, läge ein ganz wichtiger Ansatz in immer wieder erneut konzipierten individuellen Förderprogrammen auf der Basis genauer identifizierter sogenannter **„Abholstationen"**, also der Punkte, an denen der allgemein fortschreitende Unterricht keine Lernhilfe mehr bedeutet und genauer auf schwach ausgeprägte Lernfähigkeiten bzw. Lerninsuffizienzen reagiert werden muss. Für bestimmte Schülergruppen wird auch eine Modifikation der gesetzten Ziele wichtig sein, ohne dass dies gleich zum Schulwechsel generell immer führen muss. Wenn der faktischen Differenziertheit der Lernprozesse der Unterricht mit einer kongruenten eigenen Differenzierung entsprechen könnte, wäre dies ein wahrer Fortschritt.

Quellen

Belser, H./Roeder, P. M./Thomas, H. (Hrsg.): Plowden-Report. Berlin 1972

Besuden, H.: Der Dalton-Plan Helen Parkhurstes. In Besuden, H. u. a.: Pädagogische Pläne des 20. Jahrhunderts. Bochum o. J.

Fuhr, R. u. a.: Soziales Lernen, innere Differenzierung, Kleingruppenunterricht. Braunschweig 1977

Meyer, E.: Gruppenunterricht – Grundlegung und Beispiel. Oberursel 1975

Michael, B.: Innere Differenzierung. In: Nicklis, W.S. (Hrsg.): Handwörterbuch der Schulpädagogik. Bad Heilbrunn 1973

Odenbach, K.: „Der individualisierende Unterricht" und „Die Einzelarbeit". In: Studien zur Didaktik der Gegenwart. Braunschweig 1963

Petersen, P.: Der kleine Jena-Plan. Weinheim/ Basel 1972

Preibusch, W.: Unterrichtsbezogene Differenzierung. Berlin 1969

Schmidt, O.: Bedingungen flexibler Differenzierung. In: Keim, W. (Hrsg.): Gesamtschule. Hamburg 1976

Vettiger, H.: Gruppenunterricht. Düsseldorf 1977

Literatur

Bönsch, M.: Intelligente Unterrichtsstrukturen. Baltmannsweiler 2008

Paradies, L./Linser, H.J.: Differenzieren im Unterricht. Berlin 2001

40

Didaktik und Methodik der inneren Differenzierung

4

Variable Lernwege

Nun kommt es darauf an, die Differenzierung des Unterrichts genauer darzustellen. Der Weg dafür wird so gewählt, dass in einem ersten Darstellungsteil die sogenannten konventionellen Möglichkeiten aufgezeigt werden. Dabei ist die Rede von den konventionellen Möglichkeiten eventuell gewagt, weil diese die Unterrichtspraxis wahrhaftig nicht bei der derzeitig offensichtlich noch verbreiteten Realität abholen, sondern darüber hinausgehen. Das Wort „konventionell" soll hier als Abgrenzung zu den späteren Abschnitten verwendet werden, in denen die progressive Differenzierung unter der Chiffre „Offener Unterricht" mit seinen Subkonzepten genauer beschrieben wird.

Konventionelle Differenzierung heißt hier also, die Möglichkeiten zu erfassen, die Lehrer bei der Gestaltung ihres Unterrichts in der Hand haben. Und diese beginnen nun einmal bei der Unterrichtsmethodik. Sie kann nur eindimensionale Lernwege zulassen – immer orientiert am Prinzip gleichmäßigen Fortschreitens von Lerngruppen (Klassen) – im Sinne des Geleitzugprinzips. Sie kann aber auch durch ihre Differenziertheit von vornherein sehr variable Lernwege initiieren, die eine größere Vielfalt von Lernchancen und -möglichkeiten sowohl unter dem Gesichtspunkt der Leistung als auch unter dem Gesichtspunkt der Interessenentwicklung geben.

Konventionelle Differenzierung

Ohne jemanden in seinem täglichen Engagement kritisieren zu wollen, kann man insgesamt aufgrund von Erhebungen feststellen, dass häufig eine Monokultur in der methodischen Gestaltung des Unterrichts vorherrscht. Diese ist sicher immer wieder bedingt durch vorgegebene Strukturen (45-Minuten-Rhythmus, ständig wechselnde Fächer, häufig wechselnde Lehrer vor allem in den Sekundarstufen I und II). Es ginge natürlich aber anders, wenn man z. B. mit einfallsreich gestalteten Zeitstrukturen und -rhythmisierungen operieren könnte.

4.1 Differenzierte Unterrichtsmethodik (= variable Lernwege)

Das Problem

Variable Lernwege

Viele tausend Unterrichtsstunden, die Jahr für Jahr in den Schulen „erteilt" werden, geben einerseits eine große Chance, schaffen andererseits ein großes Problem. Die Chance besteht darin, die Welt in ihrer Komplexität aufzuschlüsseln und Lernen zu einem andauernden Abenteuer zu machen, – man entdeckt Neues, Neugierde könnte endlos in die sogenannten Objektivationen der Menschheit führen (Wissensbereiche, Fächer, Schlüsselprobleme, Kompetenzen, Verfügungen u. a. m.). Das Problem besteht darin, dass Lernen häufig recht eindimensional als Speicherung abgelagerten Wissens verstanden wird, das auf Abruf (Leistungskontrollen) reproduzierbar sein muss und mit dem Leben der Schüler nicht viel zu tun hat. Lernen mutiert mit jedem Schuljahr mehr zu einer ungeliebten Pflicht, die durch einfallslosen Unterricht nur noch unbeliebter wird. Und wenn dann Lernen überhaupt keinen Spaß mehr macht, ist das Gegenteil von dem erreicht, was die Schule eigentlich will, wollen müsste, nämlich das Lernen mit Spaß und Freude besetzt und vor allem auch das Lernen gelehrt und eingeübt zu haben.

Einer der entscheidenden Ansätze dafür ist zweifellos eine *differenzierte Unterrichtsmethodik*, die variable Lernwege ermöglicht. Unterricht ist eine Veranstaltung, die bei Lernenden Lernen bewirken will. Jeder kann lernen, jeder lernt auf seine Weise und so kann das Repertoire nicht variabel genug sein, um interessante Lernangebote zu machen.

4.2 Das Methodenrepertoire

Zunächst ist es sicher gut, einen Überblick zu geben. Das zur Verfügung stehende Repertoire ist vielfältig. Es lässt sich in folgender Weise in eine informative Struktur bringen. Drei Grundgruppen sind zu unterscheiden:

Da ist einmal das klassische *Lehr(Vermittlungs-)-konzept*, das durch die Trias „Vortragen – Vormachen – Vorführen" bestimmt wird. In den letzten zwei Jahrzehnten ist es oft negiert oder zumindest vernachlässigt worden, da es vermeintlich Auffassungen eines schülerorientierten

Unterrichts nicht standhält. Trotzdem ist es in der Praxis der Schulen immer dominant geblieben (Hage 1985).

Varianten hat es in dem sogenannten *erarbeitenden Unterricht* und in dem sogenannten *Impulsunterricht* erfahren. Der erarbeitende Unterricht (Frage – Antwort – Methode) steht unter der fragwürdigen Vorstellung, dass etwas „herausgefragt" werden kann, was ja eigentlich erst „hinein" soll. Wenn sich jemand über einen Sachverhalt äußern kann, ergibt sich die berechtigte Frage, was er dann noch lernt. Der Impulsunterricht folgt dem Konstruktionsmuster, mehr über sogenannte Sachimpulse (Texte, Medien, Beispiele, Materialien) hinreichend Information wie gleichzeitig Lernanreiz zu geben, um damit günstige Lernsituationen zu modellieren. In jedem Fall ist diese erste Grundgruppe dadurch charakterisiert, dass die Dominanz eines Lehrers gegeben ist, das Lehren als Vermittlung, mindestens als zentrale Steuerungstätigkeit verstanden wird, Lernprozesse im jeweils gedachten positiven Fall sich aus dieser Lehrerdominanz (am deutlichsten im Frontalunterricht) ergeben. Über die mitzudenkenden Irrtümer braucht hier nicht berichtet zu werden.

Das klassische Lehrkonzept

Ebenso deutlich und ehrlich aber sollte man sagen, dass die Schule ohne dieses von mir sogenannte „klassische Lehrkonzept" nicht auskommt. Die gute Lehre (etwas gut und verständlich darstellen können, etwas gut erklären können, etwas kompetent vormachen können, etwas gut zeigen können) ist für das Lernen fundamental wichtig. Und längst steht schulpädagogisch gesehen das Thema auf der Tagesordnung, was eine gut erklärende und vermittelnde Lehrperson ausmacht.

Klassisches Lehrkonzept

Organisation des Lernens

Die zweite Grundgruppe von Methodenansätzen rubriziere ich unter der Überschrift „Organisation des Lernens". Sie umfasst alle Ansätze, die über *Lernarrangements* oder über die offene oder geschlossene *Programmierung* Lernprozesse initiieren, gestalten und zu einem Ergebnis bringen wollen.

Dabei heben die *Arrangementvarianten* stärker auf Konstellationen ab, die Schüler zu aktivem, mit-/selbstbestimmterem und kooperativerem Lernen bringen: Handlungsorientiertes Lernen, problemorientiertes Lernen, entdeckendes/forschendes Lernen, situatives Lernen,

Arrangements

43

simulatives Lernen sind die Subvarianten, auf die später noch eingegangen werden wird.

Die *Programmierungsvarianten* sind eher darauf aus, über konstruierte und materialisierte Lernangebote Lernen differenziert, vielfältig und adaptiv zu führen.

Allen vier Varianten (Lernprogramme, computergesteuertes Lernen, Arbeitsmittelsysteme, Medienverbund) kann es im glücklichen Fall gelingen, dem Lernenden mit differenzierten Angeboten immer genau dort zu helfen, wo er steht, ihm so variabel Informations- und Bearbeitungshilfen anzubieten, dass er das ihn Interessierende und seinen Lernprozess, obwohl er insgesamt in Thema und Intentionen vorgegeben ist, in die eigene Hand zu nehmen.

Kommunikatives und offenes Lernen

Kommunikatives und offenes Lernen

Die dritte Grundgruppe „kommunikatives und offenes Lernen" bestimmt zur Zeit die schulpädagogische Diskussion und zielt auf Unterrichts(teil-)konzepte, die es Schüler in immer stärkerem Maße erlauben, selbstständig und kooperativ zu lernen, dabei aber Sachansprüche und abschlussrelevante Kompetenzen nicht zu vernachlässigen. Das gelegentlich noch zu beobachtende Missverständnis, es würde sich bei offenem Unterricht um ein Laisser-faire, um lernirrelevante „Spielwiesen" handeln, geht an diesem Ansatz völlig vorbei. Das Königsziel allen Lehrens wäre erreicht, wenn Unterricht zunehmend zu selbstbestimmtem und -organisiertem Lernen führen könnte. Genau dieser Intention folgen die Teilkonzepte offenen Unterrichts.

Die folgende Übersicht fasst die einzelnen Ansätze noch einmal zusammen und führt unter drittens Methodenelemente auf, die in unterschiedlichen Lehr-/Lernstrukturen unterschiedliche Bedeutung und unterschiedlichen Umfang bekommen.

4.3 Frontalunterricht –
Varianten des Vermittelns und
gemeinsamen Erarbeitens

Nach allem, was wir über die alltägliche Unterrichtspraxis wissen, ist der Frontalunterricht die häufigste Sozial- und Organisationsform des Unterrichts. Er ist dadurch charakterisiert, dass ein Lehrer eine Lern-

1. Definition: Unterricht ist eine Veranstaltung, die bei Lernenden Lernen bewirken soll.

2. Die Grundsätze
Organisation des Lernens

Das klassische Lehrkonzept	*Organisation des Lernens*		*Kommunikatives und offenes Lernen*
1. Vortragen → Sprache 2. Vormachen → Fertigkeiten 3. Vorführen → Gegenstände → Prozesse 4. Gemeinsames Erarbeiten 5. Impulsunterricht: Texte Medien, Beispiele, Aufgaben sind der Ausgang für die Erarbeitung	1. Arrangements – Handlungsorientiertes Lernen – Problemorientiertes Lernen – Entdeckendes/forschendes Lernen – Situatives Lernen – Simulatives Lernen	2. Programmierung – Gedruckte Lernprogramme – Computergesteuertes Lernen – Arbeitsmittelsysteme (Lernkarteien) – Medienverbund	1. Wochenplanarbeit 2. Freie Arbeit 3. Wahldifferenzierter Unterricht 4. Projektarbeit 5. Schüler helfen Schülern

3. Methodenelemente (Intention und Umfang)
– Sozialformen: Frontalunterricht – Kreis – Gruppe – Partnerarbeit – Einzelarbeit
– Artikulationsschema: Phasen des Lernprozesses: Motivation – Schwierigkeiten – Lösung – Üben/Festigung/Anwendung
– Führungsstil der Lehrer
– Lehraktivitäten – Lernaktivitäten
– Inhaltsorientierung – Lernorientierung
– Medien – Mittel

Tab. 1: Grundstruktur der Unterrichtsmethoden

45

gruppe (Klasse: 20–30 oder mehr Schüler) unterrichtet, d.h. für wichtig gehaltene Unterrichtsinhalte vermittelt, mit der Klasse erarbeitet oder bearbeitet. Diese Unterrichtsform ist damit zu begründen, dass einer relativ alters- und begabungshomogenen Schülergruppe in relativ gleichmäßigem Fortschreiten gleiche Lernprozesse zugemutet werden können.

Die Probleme sind dabei nicht unerheblich. Lernende haben unterschiedliche Lerntempi, Lernweisen und Lernkapazitäten, sodass die Gefahr besteht, dass man mit dem gleichmäßigen Voranschreiten einer Reihe von Schülern nicht optimale Lernmöglichkeiten anbieten kann. Der Unterricht für eine Klasse wird häufig 20–30 Lernprozesse nicht synchron „mitziehen" können. Lehrende können auch gar nicht sicher genug erkennen, wann Lernprozesse beginnen, wann sie stocken, wann sie abbrechen, wann welche Hilfen für einzelne nötig wären, um Lernprozessen über kritische Stellen hinwegzuhelfen. 24 gläubige Augenpaare z.B. signalisieren zu wenig von den tatsächlichen Lernlagen. Größere Schwierigkeiten einzelner Schüler sind auch eher Störfaktoren als produktive Herausforderungen.

Lehrgangsorientiertes Lehren (beispielsweise am Mathematikbuch entlang) ist in der Regel nicht genügend auf Differenzierungen, Schleifen, Individualisierungen eingerichtet. Trotzdem ist die Dominanz solcher Art von Unterricht groß. Bei näherem Zusehen ist er auch variantenreicher, als man denkt.

Frontalunterricht Die nachfolgende Übersicht macht deutlich, dass unter dem Begriff „Frontalunterricht" durchaus sinnvolle, aber eben auch weniger sinnvolle Vorgehensweisen zu subsumieren sind. Aus den frühen Formen des Unterrichtens gibt es aus heutiger Sicht recht skurrile Varianten. Sie sind in der Übersicht aufgeführt. Freilich muss man gleich hinzufügen, dass sie dann und wann auch heute auftreten. Das stupide Diktieren von Unterrichtsstoff etwa oder der ähnlich problematische Frage-und-Antwort-Unterricht, der häufig unter der Prämisse der Schülerbeteiligung steht, wird wohl immer wieder praktiziert. Etwas sarkastisch könnte man zur letzteren Variante sagen, dass dieser Unterricht im Prinzip überflüssig ist. Wenn die Schüler schon wissen sollten, was erarbeitet werden soll, könnte man sich die Unterrichtszeit sparen. Es sei denn, man wollte das vorhandene Partialwissen heben, um es in der Summe bewusst zu machen.

46

Frontalunterricht		
1. Antike Formen	*2. Originaler Frontalunterricht*	*3. Integrierter Frontalunterricht*
1.1 Dreischritt: Informieren – Memorieren – Rezitieren	2.1 Vortrag von Lehrern (zur Einführung/Erläuterung)	3.1 Kombination von Vermittlung/Erklärung und eigenständiger Be- und Verarbeitung in Gruppen-/Partner-/Einzelarbeit
1.2 Vor- und Nachsprechen	2.2 Vormachen (von Techniken, Übungen, Handhabungen, Bewegungsabläufen)	3.2 Impulsunterricht (Texte, Medien, Beispiele, Materialien) bringen Sachverhalte nahe, die dann gemeinsam genauer bearbeitet werden können
1.3 Diktieren	2.3 Vorführen (von Sachverhalten, Prozessen mithilfe von Medien/Experimenten	3.3 Erarbeitender Unterricht (aufgrund von Vorwissen/Erfahrungen der Schüler können Unterrichtsinhalte sinnvoll gemeinsam erarbeitet werden)
1.4 Frage-Antwort-Unterricht (es wird herausgefragt, was hinein soll)	2.4 Schülervortrag/Schülerbeispiel/Schülervorführung (von Er-/Bearbeitetem)	–

Tab. 2: Formen des Frontalunterrichts

Varianten des Frontalunterrichts

Die unterrichtsmethodisch interessante Frage heute ist, ob sich Lernen noch anders initiieren und organisieren lässt, um den zentralen Intentionen besser zu entsprechen. Die zentralen Intentionen sind:
• Lernen muss Spaß machen.
• Lernen muss Sinn machen.
• Lernen muss Gewinn bringen.

Wäre Unterrichtszeit nur als verlorene Lebenszeit zu verbuchen, sollte man die Schule lieber schließen. Vier Ansätze werden exemplarisch

47

verfolgt. Sie sind auf dem Hintergrund der Grundfolie zu denken, die das Repertoire insgesamt wiedergibt.

4.4 Arrangements, Kooperationsmuster, Angebotsstrukturen, Vertragslernen

Wenn man überlegt, wie Lernende in eine Auseinandersetzung mit Unterrichtsinhalten, die ihnen zunächst einmal nicht sehr auf den Nägeln brennen, gebracht werden können, geht es einmal um *inhaltsorientierte methodische Strukturen*, zum anderen sind *Kooperationsmuster (sozial orientierte methodische Strukturen)* zu bedenken. Die Rückführung „fertigen Wissens" in Handlungsanlässe, Problemausgänge, entdeckungs- und forschungsinitiierende Ausgangslagen, Kompetenz fördernde Situationen (etwa Sprachanlässe und simulierte Wirklichkeiten, wie z. B. Scheinfirma) gehört in die Rubrik „inhaltsorientierte Methodenstrukturen". Die Variante „problemorientierter Unterricht" sei dafür als Beispiel genommen.

Die Übersicht zeigt die Grundstruktur, die für alle genannten Möglichkeiten der Konstruktionsplan sein kann.

Problem-orientierter Unterricht

Die Definition „**Problem**" weist darauf hin, dass Lernen gerade auch darin bestehen muss, Offenheiten, Unklarheiten, Rätsel, kognitive Dissonanzen und Lücken zum Ausgangspunkt zu machen. Der Lernbegriff erweitert sich dadurch qualitativ. Er beinhaltet nicht mehr nur Speicherung und Reproduktion, sondern auch Suchen und Finden, Frage und Lösung, Unfertiges und Produktion. Die Schwierigkeit liegt darin, bei der Vielfalt der Fächer und der großen Zahl von Unterrichtsstunden mögliche Problemausgänge zu einem subjektiv auch für wichtig genommenen Problem zu führen. Das Problem an sich gibt es nicht. Es muss von Subjekten (Schüler) mindestens zu einer relativen Wichtigkeit gemacht werden. Wenn dies über die Kategorie „persönliche Betroffenheit" nicht immer geht – und dies wird im Unterrichtsalltag so sein – ist es über die Kategorie des „intellektuellen Spiels" (wir lassen uns einmal darauf ein) zu versuchen. Mit den möglichen Problemausgängen und den hinzugefügten methodischen Möglichkeiten sind Hilfen genannt. Erst wenn das Problem virulent ist, werden Problemlöseaktivitäten und Problemlösungen möglich werden – wobei für letztere zu beachten ist, dass sie unterschiedliche Dimensionen haben werden, je nachdem, ob die Probleme im Bereich des intellektuellen

Strukturblatt „Problemorientierter Unterricht"

Definition: Ein Problem kann durch Konfrontation mit einer Situation / Aufgabe entstehen, die nicht mithilfe eines bereits verfügbaren Schemas anzugehen ist.

Die didaktisch-methodische Planungsaufgabe besteht also darin, „fertiges Wissen" zurückzuverwandeln in Fragen, Lücken, Zweifel, Widersprüche, Offenheit, Verfremdungen, Verwirrungen, um Wege zu Problemlösungen zu initiieren.

mögliche Problemausgänge	Problemmerkmale	Problemlöseaktivitäten	Problemlösungen
• unklarer Sachverhalt • schwierige Lernaufgabe • praktisches Problem (bauen, konstruieren) • Entscheidungsnotwendigkeit zwischen Handlungsalternativen • Widerstand, Widerspruch in Lebens-/Schulfragen • existenzielle Nöte	• eine gewisse persönliche Betroffenheit/ein Interessiertsein • subjektive Neuartigkeit • Probleminhalt • Problemidentifikation (das ist unser Problem)	• Präzisierung • Hypothesenbildung • Identifizieren • Versuche (Trial and error) • abgesprochene Vorgehensweisen • Instrumente, Materialien nutzen • gedankliche oder reale Bearbeitung • Erörterungsangebote • Mut machen, unterstützen	• Nicht: subjektives Zufriedensein • tatsächliche Lösungen (es funktioniert) • vorläufige Lösungen (besser – schlechter unter der Annahme, dass ...) • Problemlösungsannahmen (eine Lösung wäre, wenn ...)

Methodische Möglichkeiten

• Bewusstmachung
• tatsächliche oder konstruierte Widersprüchlichkeiten (kognitive Dissonanzen)
• handlungsbetonte Ansätze
• konkrete Erfahrungen

Tab. 3: Problemorientierter Unterricht

Spiels (Als-ob-Situationen), im Bereich der Simulation oder im Bereich tatsächlicher Realitätsbewältigung angesiedelt sind.

Klar ist, dass die Zeitstrukturen und auch die Denk- und Handlungsansätze sich bei problemorientiertem Unterricht massiv verändern. Damit ist ein Paradigmenwechsel vom Pensum-Denken zu genetisch-kritischem Lernen angesagt. Ist dieser nicht mitgehbar, bleibt problemorientierter Unterricht ein Randphänomen.

Kooperationsmuster

Kooperations-muster
Unterricht hat immer eine inhalts- und eine beziehungsorientierte Komponente. Von daher ist in Absetzung zum Frontalunterricht immer zu überlegen, ob variable Kooperationsmuster den Unterrichtsalltag bereichern können. Zunächst sei das Spektrum der Möglichkeiten aufgezeigt (siehe Tab. 4).

Deutlich wird, dass es eine Reihe von Möglichkeiten gibt. Ältere Untersuchungen haben nachgewiesen, dass z. B. Partner-, Gruppen- wie auch Tutorenarbeit (Schüler helfen Schülern) auch das kognitive Lernen effektuieren. Das Spiel als Lernmöglichkeit sowie das Konzept des wahldifferenzierten Unterrichts sind zusätzliche Möglichkeiten, selbstständiges Lernen durch Kommunikation und Kooperation zu befördern. Da nach wie vor sogar die herkömmliche Kleingruppenarbeit nicht wie selbstverständlich zum Unterrichtsalltag gehört, sei sie im folgenden genauer betrachtet.

Kleingruppen-arbeit
Kleingruppenarbeit (Intentionen, Organisation, Probleme)
Definition
Wenn von Gruppenarbeit oder Gruppenunterricht gesprochen wird, meint man in der Regel Kleingruppenarbeit (drei bis sieben Teilnehmer) im Unterschied zum lehrerorientierten Frontalunterricht, zur Partnerarbeit (zwei arbeiten zusammen) und zur Einzelarbeit.

Organisationsformen
Man kann drei Organisationsformen unterscheiden:
• *Arbeitsgleiche Gruppenarbeit* (fünf bis sechs Gruppen in einer Klasse bekommen gleiche Aufgaben),
• *arbeitsteilige Gruppenarbeit* (fünf bis sechs Gruppen bearbeiten unterschiedliche Aufgaben) und
• die weiterentwickelte Form des *wahldifferenzierten Unterrichts* (nach einer Strukturierungsphase können Gruppen Themen selbstständig

Sozial orientierte Unterrichtsmethoden

Grundintention

Über Kommunikation und Kooperation das Lernen anregen, anreichern, alternativ gestalten

	Partnerarbeit	Tutorenarbeit	Arbeitsgleiche GA	Arbeitsteilige GA	WDU	Spielen
Chancen	Der Lernprozess wird durch zwei Schüler betrieben. Die Intensität der Lernarbeit steigert sich.	Der Lernprozess wird von einem anderen Schüler für einen anderen angeregt, gesteuert, beraten.	Lernaufgaben werden durch Kräfteaddition, Hilfe, Beratung, Gemeinsamkeit intensiviert.	Lernaufgaben werden arbeitsteilig übernommen. Das Gesamtergebnis wird besser, umfangreicher.	• Strukturierungsphase (Information) • selbst verantwortetes Lernen wird phasenweise kooperativ durchgeführt • Vermittlung und Reflexion sichern für alle die Ergebnisse	• Lernspiele sichern eine andere Art des Lernens • Interaktionsspiele beziehen sich auf soziale Fragen • Planspiele/Rollenspiele simulieren Realsituationen (Betrieb führen)
Kontexte	Partnerarbeit findet ihren Platz in dem sogenannten integrierten Frontalunterricht.	Tutorenarbeit schließt an den anderen Unterricht in besonderen Unterrichtszeiten an.	Arbeitsgleiche Gruppenarbeit findet ihren Platz in Phasen des sogenannten integrierten Frontalunterrichts.	Arbeitsteilige Gruppenarbeit kann integrierten Frontalunterricht vorbereiten, begleiten und nacharbeiten.	WDU ist ein Unterrichtskonzept, das in seiner Struktur die Bearbeitung von Unterrichtseinheiten bestimmt, also anderen Unterricht ersetzt.	Spiele können kognitives Lernen anreichern, sie können Lernen selbstständig gestalten, sie können Unterricht herkömmlicher Art ersetzen.

Tab. 4: Sozial orientierte Unterrichtsmethoden

51

wählen und bearbeiten mit der Auflage, in der Vermittlungs- und Reflexionsphase über ihre Ergebnisse und ihre Arbeit zu berichten).

Intentionen
Gruppenarbeit soll die Kommunikation und die Kooperation von Schülern fördern. Soziales Lernen ist ein wichtiges Anliegen der Schule:
- Die gemeinsame Bearbeitung einer Thematik bzw. von Aufgaben,
- das Helfen und Aktiv-Werden,
- die Verabredung,
- das wechselseitige Erklären,
- die Zuweisung und Abklärung von Rollen bzw. Teilaufgaben,
- die gemeinsame Verantwortung für Arbeit und Ergebnis,
- die Bereinigung von Schwierigkeiten (Dominanzen, Passivitäten, Übereifer, Unlust u. a. m.),

sollen geübt werden. Es gibt Untersuchungen, die besagen, dass bei guter Gruppenarbeit auch die kognitiven Leistungen i. e. S. (Behalten von Wissen, Verarbeitung von Erkenntnissen u. a. m.) besser sind als im Frontalunterricht (Dietrich 1969).

Zur Infrastruktur guter Gruppenarbeit
Erfahrungen machen immer wieder deutlich, dass die Voraussetzungen und Bedingungen für eine effektive Gruppenarbeit recht anspruchsvoll sind.

Gruppenbildung
Die Zusammensetzung von Gruppen
- kann schlicht durch Abzählen bestimmt werden,
- sie kann nach persönlichen Beziehungen erfolgen,
- sie kann nach Neigung und Interesse für Aufgaben und Themen bestimmt sein,
- sie kann an Stärken und Schwächen oder
- nach Kompetenzen von Schülern orientiert sein (Moderatorfunktion).
- Aktivität, Kreativität, analytische Fähigkeiten, Darstellungskompetenzen u. a. m.) sind weitere Punkte..

Aufgabenstellung und Materialien
Es kann sich um unterschiedlich komplexe Aufgaben handeln. (Mathematik-Aufgaben lösen, Text lesen und diskutieren, Informationen sammeln und präsentieren, handlungsorientierte Aufgaben wie Interviews durchführen, Rollenspiel vorbereiten.)

Je nach der Aufgabenstellung können Arbeitsblätter, Bücher, vorbereitete Materialien (Textsammlungen, Büchertisch, Adressensammlungen) die Gruppenarbeit unterstützen.

Die Aufgaben für Gruppenarbeit sind prinzipiell so zu stellen, dass sie von einer Gruppe am besten zu lösen sind. Aufgaben, die in Einzelarbeit besser zu lösen sind, sollten auch in Einzelarbeit gelöst werden. Das bedeutet, dass Gruppenaufgaben entweder so zu verfassen sind, dass nur mehrere sie lösen können (Kräfteaddition), oder dass mehrere zur Lösung notwendig sind (Diskussion, Rollenspiel vorbereiten), oder dass die Komplexität der Aufgabe Arbeitsteilung und -koordination verlangt (Ökonomie der Bearbeitung).

Durchführung von Gruppenarbeit
Die Gruppenarbeit ist eine anspruchsvolle Art der Organisation von Lernprozessen. Im Unterschied zum Frontalunterricht, bei dem von einem Lehrer der Unterrichtsstoff vermittelt wird und die Lernaufgaben bestimmt werden (die Schüler haben „nur reaktive Parts" zu übernehmen), ist gute Gruppenarbeit durch zwei Ansprüche bestimmt:

1. Die Gruppenarbeit muss nach Gruppenbildung und der Aufgabenstellung geplant, realisiert und zu einem Ergebnis geführt werden (Inhalts- und Verlaufsdimension). Dies bedeutet, dass in einer Gruppe komplexe Prozesse der Arbeitsplanung, -verabredung, -teilung und -zusammenfassung organisiert werden müssen. Darüber hinaus sind Beziehungen, Rollen, Stimmungen, Befindlichkeiten zu bearbeiten (Beziehungsdimension). Jeder ist zu jeder Zeit durch Lust oder Unlust, Ängste, Vorbehalte oder Zuversicht bestimmt. Leitungs- bzw. Koordinationsfunktionen wie Mitarbeiterrollen sind zu übernehmen. Kompetenzen und die Bereitschaft, etwas zu übernehmen, sind wichtig. Da die Beziehungslage sehr unterschiedlich ist, ist Beziehungsarbeit in der Gruppe unerlässlich. Dies erfordert aber ein hohes Maß von Kommunikations- und Kooperationsfähigkeit. Man muss Einstellungen und Befindlichkeiten versprachlichen und austauschen können, und zwar so, dass es dem Gruppenprozess hilft und ihn nicht vollends blockiert. Im Grunde ist eine Handlungsebene (Was und wie machen wir es?) und eine Metaebene zu unterscheiden (Wo sind unsere Probleme und wie lösen wir sie?).

2. Gruppenarbeit lebt auf die Dauer davon, dass sie zu befriedigenden Ergebnissen kommt. In einer vorgegebenen Zeit sollen bestimmte Aufgaben erledigt werden. Danach sollen die Ergebnisse vorgestellt werden. Sie können Anerkennung in der Klasse finden, man kann

sich aber auch blamieren. Eine Gruppe muss also ihre Arbeit so organisieren, dass sie zu einem vorgegebenen Termin ein Ergebnis vorweisen kann und dieses auch entsprechend interessant vorstellt. Die Kompetenzen des Vermittelns sind ein eigenes Kapitel. Wenn Ergebnisse langweilig und uninteressant vorgestellt werden, hören viele schnell nicht mehr zu.

Zur Einführung von Gruppenarbeit
Angesichts der Ansprüche an Gruppenarbeit kann man nicht davon ausgehen, dass Gruppenarbeit wie von selbst läuft. Sie muss wie vieles andere auch gelernt werden. Drei Wege seien dazu in aller Kürze entwickelt.

Regeln gemeinsam entwickeln
Bevor Gruppenarbeit praktiziert wird, werden klare Regeln für die Durchführung von Gruppenarbeit in Bezug auf Durchführung, Aufgabenerledigung und Beziehungsarbeit aufgestellt und besprochen (verbale Instruktion).

Das gute Beispiel vorführen
Bevor Gruppenarbeit beginnt, praktiziert ein Lehrer mit einer Kleingruppe gute Gruppenarbeit exemplarisch vor dem Plenum der Klasse. Er kann dabei
• die Leistungsdimension (Was wollen wir wie schaffen?),
• die Leitungsdimension (Wie wichtig sind Moderatorfunktionen?),
• die emotionale Dimension (Wie werden Befindlichkeiten, Emotionen „bearbeitet"?)
thematisieren und den Umgang mit ihnen klären (Modell geben).

Praxis in kleinen Schritten entwickeln
Gruppenarbeit wird in kleinen Schritten eingeführt. Aufgaben sind anfangs so bemessen, dass sie in relativ kurzer Zeit von einer Gruppe gelöst werden können. Beim nächsten Mal kann dann die Gruppenarbeit schon anspruchsvoller geplant und durchgeführt werden (sukzessives Erlernen).

Strukturmodell für Kleingruppenarbeit
(Zusammenfassung)

Vorbereitung	*Durchführung*	*Nacharbeit*

• Regeln
• Modell
• Kleine Schritte
 	
• Aufgaben
• Gruppenbildung
• Materialien
• Zeit
• Methoden
	Dimensionen
	• Arbeitsgleiche
	  Gruppenarbeit
	• Arbeitsteilige
	  Gruppenarbeit
	• Wahldifferen-
	  zierter Unterricht
	
	Ebenen
	• Aufgaben-
	  ausführung
	• Planung, Verab-
	  redung
	• Arbeitsteilung,
	  Ergebnis
	• Beziehungsebene
	• Metaebene
		• Arbeitsergebnis?
		• Reflexion
		  der Arbeit
		
		• Gruppenzusam-
		  mensetzung
		  – Effektivität
		  – Koordina-
		    tions-/Leitungs-
		    probleme
		  – Gruppen-
		    zusammenset-
		    zung/-probleme
		    (Beziehungs-
		    probleme)
		• Vorbereitung

Tab 5: Strukturmodell für Kleingruppenarbeit

Angebotsstrukturen

Da die Unterrichtsmethodik immer eher dem Vermittlungsgedanken gefolgt ist, hat sie entsprechend vor allem Vermittlungsprozeduren entwickelt. Die aufregendere Frage aber ist eigentlich, wie man Angebotsstrukturen gestalten kann, sodass Lernende in die Lage versetzt werden, nach Interesse oder nach Vorgabe (Pflichtpensum) Lernpfade selbst zu entwickeln und zu verfolgen. Da Unterricht ohnehin nur Anregung zum Lernen sein kann – Lernprozesse müssen bei und durch Lehrende(n) erfolgen – ist hier ein anderer Paradigmenwechsel angesagt: von den Vermittlungsprozeduren zu den **Angebotsstrukturen**. Skizzenmäßig kann er so veranschaulicht werden:

**Angebots-
strukturen**

55

Von Lehrern gestaltete Unterrichtsverläufe:

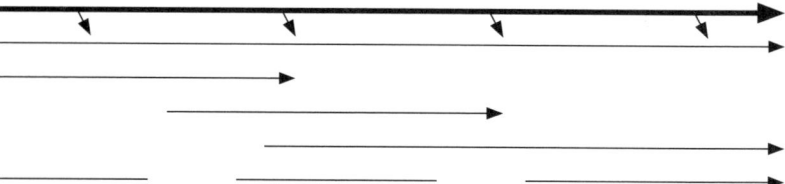

Bei Schülern ablaufende Lernprozesse:
(synchron) zum Unterrichtsverlauf – parallel mitlaufend – versetzt beginnend und endend.

Abb. 7: Vermittlungsprozeduren

Je nach Anregungsgehalt und Arbeitshilfen kann der je einzelne Lernprozess vollständig mitlaufen oder es gibt fragmentierte Lernprozesse, die im Alltag sicher häufiger sind. Der vollständige Lernprozess ist bekanntlich dadurch charakterisiert, dass er bestimmte Phasen durchläuft:

Phase der Motivation/ des Interessegewinnens	Phase der Schwierigkeiten/ Auseinandersetzung	Phase der Lösung/ des Erarbeitens	Phasen des Übens, Wiederholens, Fertigens, Anwendens

Abb. 8: Der vollständige Lernprozess

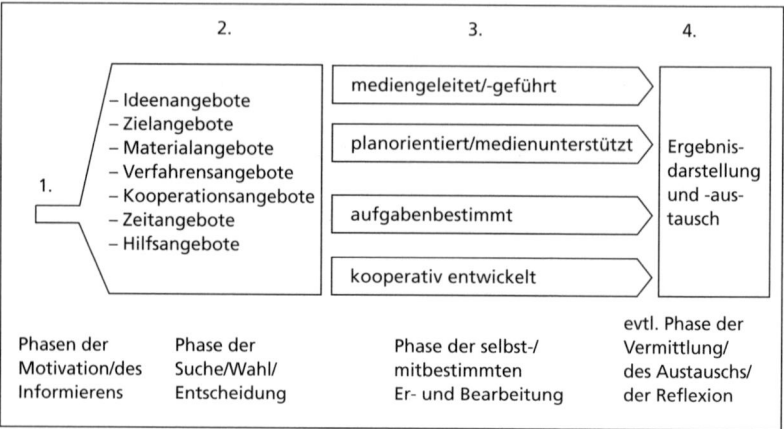

Abb. 9: Angebotsstrukturen

Diese zweite Übersicht zeigt, dass die erste Phase auch die der Einführung und Hinführung ist, dass dann aber das Angebotspotenzial entscheidend wird, um Such-, Wahl- und Entscheidungsprozesse bei den Schülern zu ermöglichen. Diese sind für selbst verantwortetes und mitbestimmtes Lernen entscheidend. Entsprechend ihrer Ergebnisse werden sich dann Lernpfade ergeben,

- die entweder konsequent mediengeleitet bzw. -geführt sind (etwa durch ein Lernprogramm, durch ein Planspiel mit seinen Vorgaben usw.),
- die an einem vorgeschlagenen oder selbst erstellten Plan orientiert sind und durch Medien bzw. Materialien unterstützt werden,
- die durch gefundene und akzeptierte Aufgaben bestimmt sind oder
- die kooperativ in Schülergruppen entwickelt werden.

Die Arbeit kann in eine Phase der Ergebnisdarstellung, des Austausches und der Reflexion münden. Dies muss aber nicht in jedem Fall so sein. Deutlich aber wird, dass die Konstruktionslogik von Lernprozessen eine andere ist. Sie ist auch anspruchsvoller und schwerer zu realisieren.

Computerunterstütztes/geführtes Lernen

Angebotsstrukturen bedürfen einer gewissen Materialisierung in Gestalt von Strukturblättern, Aufgabenangeboten, Handlungsorientierungen, Büchern, Bibliotheken, Mediotheken, Landkarten und/oder außerschulischer Lernorte (Erkundungs-, Interview-, Erfahrungsmöglichkeiten). Darüber ist an anderer Stelle geschrieben worden. Hier soll am Beispiel des aktuellen Themas „Computerunterstütztes/geführtes Lernen" aufgezeigt werden, wie reichhaltig Angebotsstrukturen sein können.

Computergestütztes/geführtes Lernen

Der Computer ist heute in der Lage, Lernwerkzeug zu sein, als Lern- und Übungstutor zu wirken mit viel differenzierteren und genaueren Hilfen, als sie ein Lehrer geben kann. Er kann Lernwelten unterschiedlichster Art simulieren (Betriebsführung oder Scheinfirma, Konfliktszenarios, fiktive Realitäten). Er ist eine Quelle für unterschiedlichste Informationen in unterschiedlichster Aufbereitung (themenbezogene Datenbanken, elektronische Bücher mit unterschiedlichsten Darstellungsmodi). Er erlaubt weltweite Kommunikation und damit Informations- und Erfahrungsaustausch. Schließlich kann man mit seiner Hilfe selbstständig und einfallsreich Sachverhalte und Arbeitsergebnisse darstellen (Lernen durch Darstellung und Produktion). Die Vielfalt der Nutzungsmöglichkeiten erlaubt, unterschiedliche unterrichtliche Funktionen zu übernehmen (von Teilfunktionen bis zur totalen Übernahme der Unterrichtsgestaltung). In dem Maße, wie er in der Schule nutzbar wird, bekommt das Lernen neue Wirkdimensionen.

Vertragslernen

Vertragslernen Mit dem Begriff „Vertragslernen" ist eine Realisierung schulischen Lernens gemeint, die endgültig aus der Vermittlungsdidaktik ausbricht und folgende Grundidee zu ihrem Ausgangspunkt macht: Auf dem Wege der Begründung, Offenlegung, Sinnvermittlung sind Lernenden die Solls und die Kanns langjähriger Lernbemühungen zu vermitteln. In dem Maße, wie das geschieht, erfährt sich der Schüler als Subjekt der eigenen Lernprozesse.

Die Folge ist, dass das Lernsubjekt aus der Lageorientierung
- (man muss machen, was einem gesagt wird, was anderes hat ohnehin keinen Zweck;
- wenn ich nicht gut bin, mögen mich die Lehrer nicht)

in eine Handlungsorientierung wechselt
- (man muss sich wohl immer wieder mit Unsensationellem abgeben, sogar schinden, aber man kann damit fertig werden;
- es gibt bei Lernschwierigkeiten immer Wege, darüber hinwegzukommen; und wenn man andere fragt, bekommt man Hilfe;
- wenn man weiß, was man lernen muss, kann man eher etwas tun;
- jeder kann erfolgreich lernen).

Wenn das Lernsubjekt so Herr seines Lernens werden kann, bekommt es ein anderes Verhältnis zum Lernen. Vertragslernen ist also die Chance, über die gesprächsweise Klärung von Sinn, Soll und Spielraum Verabredungen zu treffen, die dann wechselseitig binden: Pflichten und Freiheiten sind auf beiden Seiten ausbalanciert und können wahrgenommen wie auch eingefordert werden.

Wenn man für diesen Grundgedanken konkrete Konfigurationen entwickelt, wird deutlich, dass schulisches Lernen methodisch längst noch nicht ausgereizt ist, sondern dass die spannenden Möglichkeiten in der Breite noch der Realisierung harren.

Es handelt sich dabei um einen Ansatz, der dem Lernen gewissermaßen in einem qualitativen Sprung zu sehr viel intensiveren Realisierungen verhelfen könnte. Zugespitzt gesagt: Die alltägliche Unterrichtspraxis ist unter dem Aspekt erfolgreichen Lernens noch in einem archaischen Zustand. Sie aus diesem herauszuholen, würde vielen Schülern helfen, ihre Lernleistungen sehr viel positiver zu gestalten, was Ergebnis und Weg anbelangt.

Wenn diese Bemühungen begleitet wären von wirklich ernstgenommenen Absichten, das Lernen zu lehren bzw. zu lernen, wäre die

Computerunterstütztes, -geführtes Lernen
– Edutainment oder Lernintensivierung? –

Beim gegenwärtigen Stand der Entwicklung kann man mehrere Möglichkeiten unterscheiden:

1. Der Computer als Werkzeug zum Schreiben, Rechnen oder Zeichnen mit Speicher- und Druckmöglichkeiten (schwarz-weiß, farbig)

2. Der Computer als Lern-/Übungstutor: Grammatik, Rechtschreibung, Mathematik u.a.m. kann er quasi-programmiert auf linearen oder verzweigten Wegen optimal vermitteln und trainieren (unterschiedliche Ansprüche, unterschiedliche Hilfen, unterschiedliche Präsentationen usw.)

3. Der Computer kann simulieren:
   – Betriebsführung
   – Zerfall radioaktiver Stoffe
   – Konfliktszenarien u.a.m. Nutzer können Zusammenhänge in der Simulation (fiktive Realität) verstehen und bewältigen lernen.

4. Computer schaffen Zugang zu themenbezogenen Datenbanken (z.B. Landkarten, Daten zum Klima, zur Wirtschaft, zur Bevölkerung vieler Staaten)

5. Multimediale CD-ROMs: Einzelne Themen (z. B. Chronik des 20. Jahrhunderts) sind mit Ton, Standbildern, Videosequenzen, Texten, Grafiken, aufbereitet (elektronisches Buch). Verschiedenste Elementkombinationen erlauben individuelle Lernwege

6. Computer erlauben weltweite Kommunikation: Informations- und Erfahrungsaustausch mit Klassen in den USA oder sonstwo

7. Computer erlauben selbstständige einfallsreiche Darstellung von Sachverhalten (Lernen durch Produktion)

Von Teil- bis zu Totalfunktionen!

Die wichtigsten unterrichtlichen Funktionen sind also:

1. Enrichment (Anreicherung)
2. Learn-teaching (Lehrfunktion)
3. Simulating (Simulation)
4. Information
5. Communication (Kontakt + Austausch)
6. Production service (einfallsreiche Präsentation)

Abb. 10: Computerunterstütztes Lernen

postulierte größere Erfolgsaussicht sicher keine Illusion. Den Schüler zum Partner bei der Gestaltung solchen Lernens zu machen, würde auch Lehrer aus der dauernden Anspannung der vermeintlichen oder tatsächlichen Erfolglosigkeit herausführen. Beide Seiten würden also gewinnen.

Zudem harrt die gleich noch aufgezeigte vierte Konfiguration (konsequente Differenzierung und sozial gebundene Individualisierung) ihrer Realisierung, obwohl sie seit langem das eigentliche Ziel schulischen Unterrichts ist: Nicht Stundengeben ist die Devise, Lernprozesse zu befördern, ist das eigentliche Anliegen.

Offenlegen von Lehr- und Lernplänen

Offenlegen von Lehr- / Lernplänen

Die **erste Konfiguration** will im Kern durch Offenlegung und Begründung von Lehr- / Lernplänen Schüler in die Lage versetzen, zu wissen, um was es geht, Ziele zu kennen, die materiellen und personellen Hilfen zu überschauen, um mit Wissen des Zeitrahmens dann auf Zielpunkte hin lernen zu können, in den Unterrichtsstunden wie in der außerschulischen Zeit.

Dies wäre in jedem Fach zu realisieren, sofern Lehrer bereit sind, ihre Planung als Lernplanung offenzulegen und zu erläutern. Von den immer befürchteten Leistungseinbußen – ohnehin nur von materiellen Bildungszielen her denkbar (es muss doch alles durchgenommen sein) – kann hier keine Rede sein, da die Solls im Plan repräsentiert sind.

Aber Unterricht wäre nicht mehr das große Geheimnis von Lehrern und das ständige Ausgeliefertsein an den längst nicht immer so gut vorbereiteten Unterricht würde aufhören. Vermittlungs- und Erklärungsphasen könnten gemeinsam nach Bedarf angesetzt werden. Da auf zeitlich und inhaltlich klar gesetzte Ziele und Termine hin gearbeitet wird, könnte jeder Lernende auch die Zeit bemessen, die er braucht (der eine womöglich sehr wenig, dann hat er Unterrichtszeit für anderes frei; der andere sehr viel, und dann muss er auch außerschulische Lernzeit hinzunehmen).

Wenn zusätzlich im Bereich der Leistungskontrollen flexibel operiert wird
• Probearbeiten: Ich versuche einmal, ob ich es schon kann;
• Wiederholungsarbeiten: Man kann Leistungskontrollen bei erstem negativen Versuch nach weiteren Lernbemühungen wiederholen,
könnte der Unterricht für den einzelnen Schüler viel gewinnbringender werden.

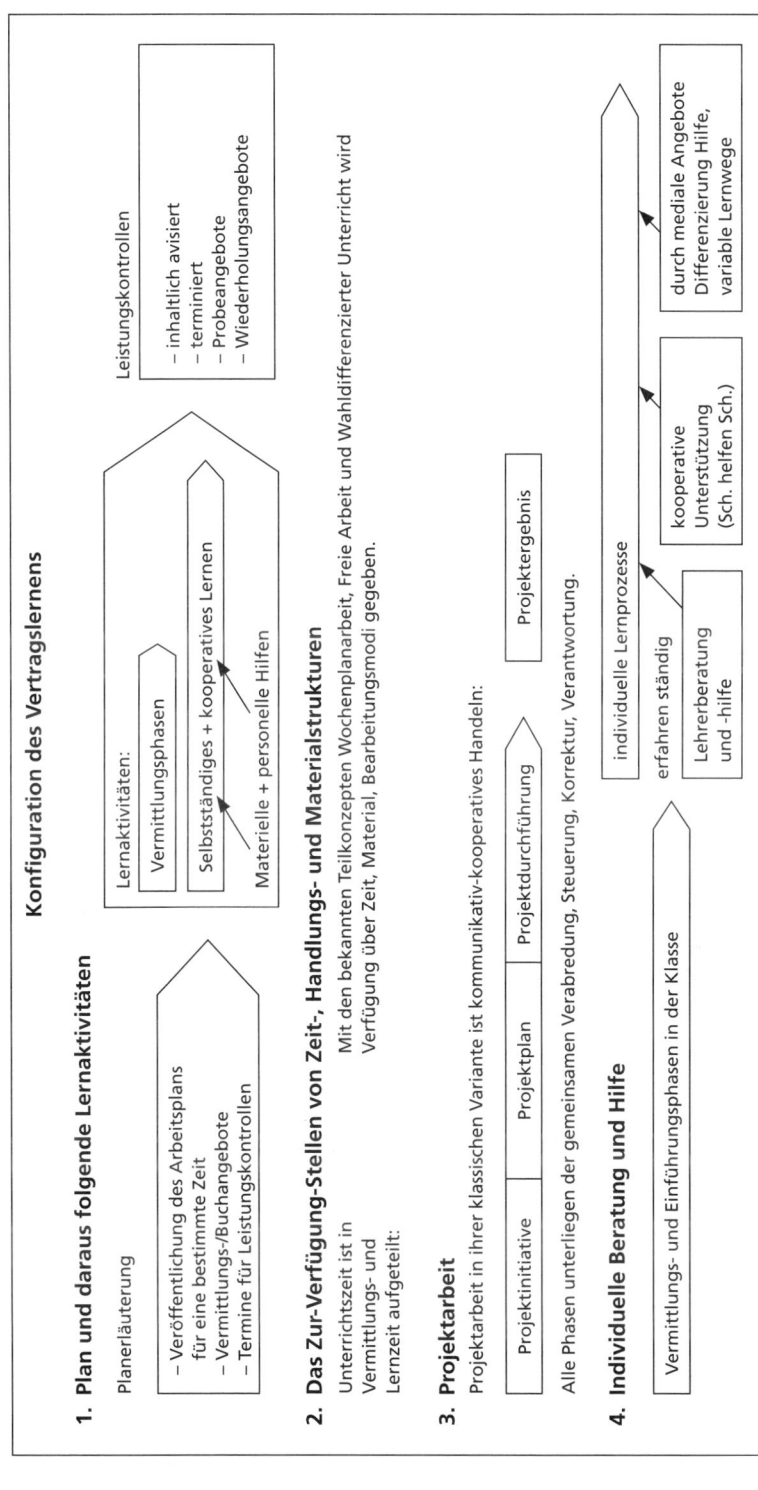

Konfiguration des Vertragslernens

1. Plan und daraus folgende Lernaktivitäten

Planerläuterung

– Veröffentlichung des Arbeitsplans für eine bestimmte Zeit
– Vermittlungs-/Buchangebote
– Termine für Leistungskontrollen

Lernaktivitäten:

Vermittlungsphasen

Selbstständiges + kooperatives Lernen

Materielle + personelle Hilfen

Leistungskontrollen

– inhaltlich avisiert
– terminiert
– Probeangebote
– Wiederholungsangebote

2. Das Zur-Verfügung-Stellen von Zeit-, Handlungs- und Materialstrukturen

Unterrichtszeit ist in Vermittlungs- und Lernzeit aufgeteilt:

Mit den bekannten Teilkonzepten Wochenplanarbeit, Freie Arbeit und Wahldifferenzierter Unterricht wird Verfügung über Zeit, Material, Bearbeitungsmodi gegeben.

3. Projektarbeit

Projektarbeit in ihrer klassischen Variante ist kommunikativ-kooperatives Handeln:

Projektinitiative   Projektplan   Projektdurchführung   Projektergebnis

Alle Phasen unterliegen der gemeinsamen Verabredung, Steuerung, Korrektur, Verantwortung.

4. Individuelle Beratung und Hilfe

Vermittlungs- und Einführungsphasen in der Klasse

individuelle Lernprozesse

erfahren ständig

Lehrerberatung und -hilfe

kooperative Unterstützung (Sch. helfen Sch.)

durch mediale Angebote Differenzierung Hilfe, variable Lernwege

Abb. 11: Konfiguration des Vertragslernens

Einzelne Erprobungen mit diesem Konzept brachten die Erfahrung, dass sich Schüler in der Tat intensiver um ihr Lernpensum kümmern, als dies vorher der Fall war (weil sie wussten, um was es ging).

Offener Unterricht

Offener Unterricht

Die **zweite Konfiguration** wird sehr intensiv unter der Chiffre „offener Unterricht" diskutiert und erprobt. Die Teilkonzepte Wochenplanarbeit, Freie Arbeit und wahldifferenzierter Unterricht brauchen hier nicht erläutert zu werden. Die Grundidee ist zweifach zu beschreiben:

Einmal wird davon ausgegangen, dass Lernzeit nicht nur durch Pflichten bestimmt sein kann. Wenn das lernende Individuum Interessen entwickeln und Eigenverantwortlichkeit lernen soll, muss es dafür ständig auch Gelegenheit bekommen. Wie soll jemand Ich-Identität und Verantwortung lernen, wenn er neun, zehn oder gar dreizehn Jahre nur nach Auftrag lernen musste?

Zum anderen gibt es in der Pflichtveranstaltung „Schule" mit gesellschaftlich gegebenem Auftrag Verfügungsmöglichkeiten, die Lernenden übertragen werden können: Der Umgang mit Zeit, die Nutzung von Lernhilfen, die Wahl von Bearbeitungsmodi können sukzessive und immer umfangreicher in Verfolgung der oben entwickelten Intentionen zur Verfügung gestellt werden. Da die Rahmenstrukturen Laisser-faire oder vermindertes Anspruchsniveau vermeiden helfen, ist Befürchtungen vorgebeugt.

Projektarbeit

Projektarbeit

Die **dritte Konfiguration** meint Projektarbeit in ihrer Ur-Idee. Die öffentliche Schule tut sich damit häufig noch recht schwer. Wenn man aus dem Denkmuster des Unterrichts Fach für Fach nach klaren Vermittlungsregeln nicht herausspringen kann, erscheint die Projektidee häufig als nicht durchführbar. Entsprechend sind die einmal im Jahr angesetzten Projektwochen nicht geliebt. Sie beinhalten häufig auch gar nicht Projektarbeit. Sie sind eher „Wochen mit alternativem Unterricht", in denen Lehrer ihre Hobbykenntnisse anbieten (Kunst an Ytong-Steinen, Imkerei, Briefmarken sammeln, Mofas reparieren u. a. m.). Das alles hat sicher seinen eigenen Wert, nur mit Projektarbeit im engeren Sinn nichts zu tun.

Projektarbeit i. e. S. bedeutet, Probleme, Handlungsansätze, Projektanliegen im Fach, fachübergreifend, im Klassen- oder Schulrahmen oder gar in gesellschaftlichen (also außerschulischen) Problemlagen zu finden und der Bearbeitung für würdig zu erachten. Eine Klasse oder Gruppe macht sich das Anliegen zu eigen, entwickelt den Bearbeitungsplan, kommt zur Projektdurchführung in Richtung des avisierten

Projektproduktes. Jeder Arbeitsschritt, die Arbeitsteilung, das Timing, die Zwischenbilanzen, schließlich das Ergebnis sind Anliegen der Projektgruppe.

Der Idealfall der Teamarbeit ist mit allen Chancen und allen Problemen zu realisieren. Und wenn man z. B. in der Sekundarstufe I fünf- bis zehnmal diese Arbeitsform erfahren hat, müsste eine Lernform erfahren worden sein, die angesichts komplexer Realitäten und ihrer Probleme entscheidend für die Zukunft sein wird. Gleichzeitig handelt es sich um eine Lernform, in der man Mitverantwortung, gemeinsames Lernen und Arbeiten als Chance erfährt. Und dies wäre angesichts der Tatsache, dass Schule zum Schluss immer Einzelschicksal ist, eine entscheidende alternative Erfahrung.

Optimierungswege individueller Lernmöglichkeiten
Die **vierte Konfiguration** zielt auf eine konsequente Realisierung der inneren Differenzierung. Sie ist ein altbekanntes, aber dennoch bis heute nicht bewältigtes schulpädagogisches Problem.

Gemeint ist mit innerer Differenzierung das Maßnahmenrepertoire, das dem je einzelnen Schüler im Rahmen des Lernens in einer Klasse bzw. Lerngruppe ermöglicht, personelle wie mediale Hilfen so zu nutzen, dass seine Lernprozesse zu den gesetzten Zielen hin erfolgreich gestaltet werden können (zielgleiche Leistungsdifferenzierung).

Innere Differenzierung

Maßnahmen der Wahl- und Interessendifferenzierung zielen auf die Entfaltung und Entwicklung von Lernmotiven und -interessen. Bei zieldifferenter Differenzierung geht es um das Optimum individueller Lernmöglichkeiten in Bezug zu den sachstrukturell gesetzten Standards. Die Annahme ist, dass bei optimal zur Verfügung gestellten Zeit- und Materialressourcen, variablen Handlungs- und Lernmöglichkeiten, individuell wie kooperativ hilfreich bemessenen Erklärungs- und Vermittlungshilfen das Lernen erfolgreicher sein kann, als dies beim gleichmäßig fortschreitenden Lernen in Klassen bzw. Lerngruppen bisher der Fall ist.

Wenn jeder die für ihn notwendige Lernzeit bekommt (der eine braucht für einen Lernstoff eine, der andere fünf Lerneinheiten), wenn er die für ihn passenden Lernwege und Lernarten bekommt, wenn er unterschiedliche Lernangebote erhält, könnte er vielleicht das sogenannte Fundamentum (das für alle unerlässliche Soll) doch erreichen.

Hier liegt womöglich die größte Herausforderung für die Konstruktion schulischen Lernens. Konsequent bedacht, würde dies die herkömmliche Organisation von Schule massiv verändern, weil im letzten statt einer jahrgangsweisen Gruppierung von Schülern eine stufenlose Unterrichtsorganisation nötig wird (der eine hat den Mathematik-Stoff von drei Jahren in einem Jahr absolviert, der andere braucht wirklich drei Jahre).

Fachlehrerkette Am ehesten wäre diese zu erwartende Lernstandsdifferenzierung durch eine altersheterogene Gruppierung aufzufangen (zu einer Lerngruppe gehören drei Jahrgänge), wie dies in der Montessori- oder Jena-Plan-Pädagogik immer schon praktiziert worden ist (Laging 1993). Das Modell der **Fachlehrerkette**, schon in den 1970er Jahren publiziert (Bönsch 1977), wäre eine andere Konstruktionshilfe. Wichtiger aber wären gut ausgebildete lerndiagnostische Kompetenzen, um die tatsächlichen Lernprobleme und -schwierigkeiten zu identifizieren und daraufhin dann passende Lernhilfen, -wege und -angebote zu komponieren.

Schluss

Eine differenzierte Unterrichtsmethodik kann sich heute nicht mehr mit einer Aufzählung von Artikulationsschemata, Sozialformen, Aktionsweisen, Führungsstilvarianten, Methodenkonfigurationen begnügen. Sie kann variable Lernwege entwickeln, die durch konventionellen Unterricht geleitet werden, die darüber hinaus die Verlaufs-, Inhalts- und Beziehungsdimensionen von Unterricht in einer Weise artikulieren, dass von ganz unterschiedlichen Ansätzen her der Unterrichtsalltag interessant und vielfältig werden kann. Und dies immer zum Wohl von Lernenden. Dies ist der archimedische Punkt aller Überlegungen!

Quellen

Bönsch, M.: Differenzierung des Unterrichts. München 1977

Dietrich, G.: Bildungswirkungen des Gruppenunterrichts. München 1969

Hage, K.: Das Methoden-Repertoire von Lehrern. Opladen 1985

Laging, R.: Altersgemischte Gruppen als Beitrag zur Schulreform. In: Deutsche Schule 1993, (5.) 364–382

Modelle der inneren Differenzierung

5

Vorbemerkung

Im folgenden Kapitel sollen vornehmlich unter dem Aspekt der Leistungsdifferenzierung **Differenzierungsmodelle** dargestellt werden, die im globalen Ansatz wie in mikrostruktureller Sicht Möglichkeiten und Chancen aufzeigen. Anfangs wird ein konzeptioneller Rahmen geschaffen, der die Verortung der einzelnen Differenzierungsmodelle erlaubt. Das grundsätzlich zur Verfügung stehende Repertoire ist früher schon beschrieben worden. Jetzt sollen unterschiedliche Zugriffe und ihre Konsequenzen dargestellt werden. Der Stand der Diskussion erlaubt es, das Niveau der Bearbeitung neu zu bestimmen. Gleichzeitig können bisher noch ungewohntere Ansätze beschrieben werden.

5.1 Der konzeptionelle Rahmen

Differenzierung stellt sich für die Organisation von Lernprozessen als Bündel von Maßnahmen dar, Lernen in fachlicher, organisatorischer, institutioneller, individueller wie sozialer Hinsicht zu optimieren. Generell waren dabei zunächst variierende Vorgehensweisen in der Darstellung sowie Bearbeitung von Lerninhalten entwickelt worden, zum anderen war die Einteilung bzw. Zugehörigkeit von Lernenden zu Lerngruppen nach bestimmten Kriterien genannt worden.

Die Bearbeitungsmodi können in **Anspruch**
• quantitativ: Umfang von Lernstoff,
• qualitativ: Komplexität von Lerninhalten
sowie im **Verfahren**
• Papier-Bleistift-Verfahren,
• experimentelles Lernen,
• handlungsorientiertes Lernen
variieren.

Im Verarbeitungsgrad kann man nach der Art der **Speicherung** differenzieren:
• schlichte Reproduktion
• Anwendungs-, Umsetzungs-, Transferleistungen

• Neustrukturierung
• produktive Verarbeitung
• kreativer Umgang

Das heißt, dass die häufig zu findende Grundvorstellung, nach der ein bestimmter Stoff von einem Lehrer einer Lerngruppe (Klasse) mit einem als durchschnittlich angenommenen Tempo vermittelt wird und die Schüler aufzunehmen, zu speichern und auf Nachfrage zu reproduzieren haben, als nicht hinreichend angesehen wird. Die Optimierung von Lernprozessen muss anderen Konfigurationen folgen:

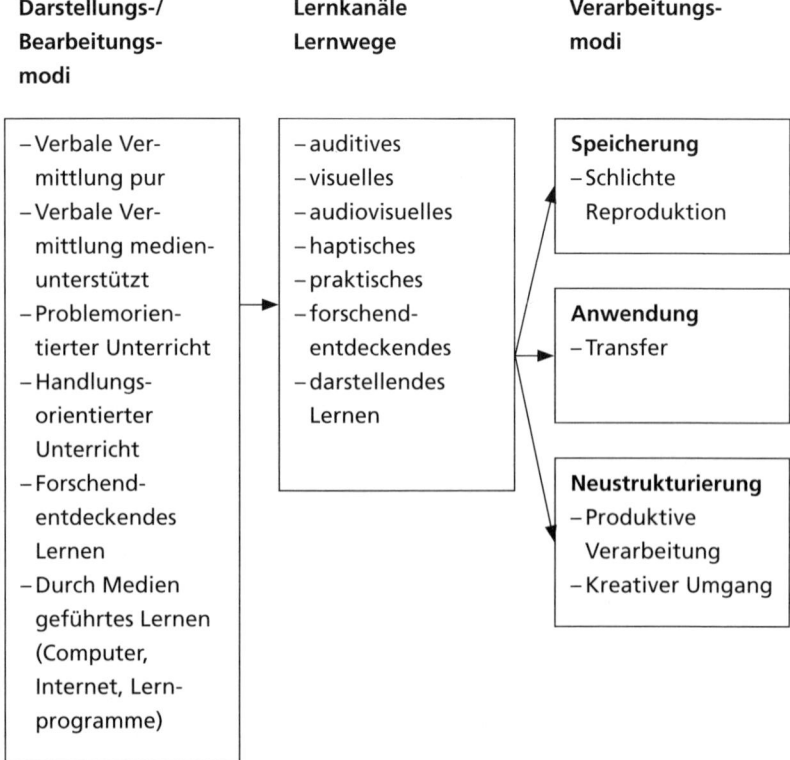

Abb. 12: Konfiguration von Lernprozessen

An einem Beispiel konkretisiert: Man kann eine Reihe von Vokabeln im Englischunterricht schlicht auswendig lernen lassen, man kann sie aus dem Kontext eines Textes entwickeln, man kann sie abfragen, im Schreiben einer Geschichte zur Anwendung bringen lassen oder gar in einem situativ bestimmten Dialog (Rollenspiel) internalisieren lassen. Input, Lernprozess wie Output werden sich quantitativ wie qualitativ ganz unterschiedlich gestalten.

Leistungsdifferenzierung bezieht sich auf die im schulischen Lernen intendierten Leistungen. Leistung kann als allgemeine Schulleistung (z. B. Anforderungen der Realschule) oder als fachspezifische Leistung verstanden werden. In diesen knappen Bestimmungen stecken viele Probleme, auf die hier nicht näher eingegangen werden kann. Schulische/fachliche Leistungen sind häufig nicht eindeutig formuliert, sie variieren von Schule zu Schule, ihre Messung ist voller Probleme, die Beurteilung noch mehr. Nicht-schulische Faktoren (Lebensbedingungen), Personal- und Ausstattungsfragen, psychologische Faktoren (Motivation, Unterrichtsstil) machen Leistung zu einem höchst komplexen Sachverhalt.

Neben der Leistungsdifferenzierung war schon von der Interessen- und Wahldifferenzierung die Rede. Nimmt man sie ernst, müssen Modelle auch diese berücksichtigen.

5.2 Vier Modelle zur inneren Differenzierung

Um das Thema praxisrelevant zu machen, seien zunächst einmal vier Grundmodelle entwickelt, die unter dem leitenden Interesse zielerreichenden Lernens stehen.

Modelle der inneren Differenzierung

Wie konsequent man bei der Verwendung der Operationsschemata und ihrer Varianten vorgeht, hängt von dem Prinzipienbündel ab, das man vorlaufend für die Gestaltung der Schule schnürt. Gesellschaftspolitische, bildungstheoretische, schulpädagogische und didaktisch-methodische Überlegungen müssen dies ergeben. Der Hang zur administrativen Gestaltung der Schule (Ablaufprozesse organisatorisch einfach gestalten) wäre deutlich in den Hintergrund zu drängen. Dies ist aber leichter gesagt als getan.

Die vier vorgestellten Modelle der inneren Differenzierung folgen jeweils unterschiedlichen Interessen:

- Die konventionelle innere Differenzierung bleibt im Grund bei der Leitidee einer Vermittlungsdidaktik. Da sie nicht ganz auf die Notwendigkeit, Lernprozesse effektiv zu gestalten, verzichten will und kann, baut sie in den vermittelnden Unterricht Phasen ein, die mindestens immer wieder das Nachsteuern der Lernprozesse durch die Schüler selbst erlauben.

Konventionelle Differenzierung

- Die flexible innere Differenzierung ist ziel- und stofforientiert, schafft sich aber eine beachtlich differenzierende und auch aufwendige Infrastruktur, um Lernenden bei den Bemühungen um Zielerreichung

Flexible Differenzierung

67

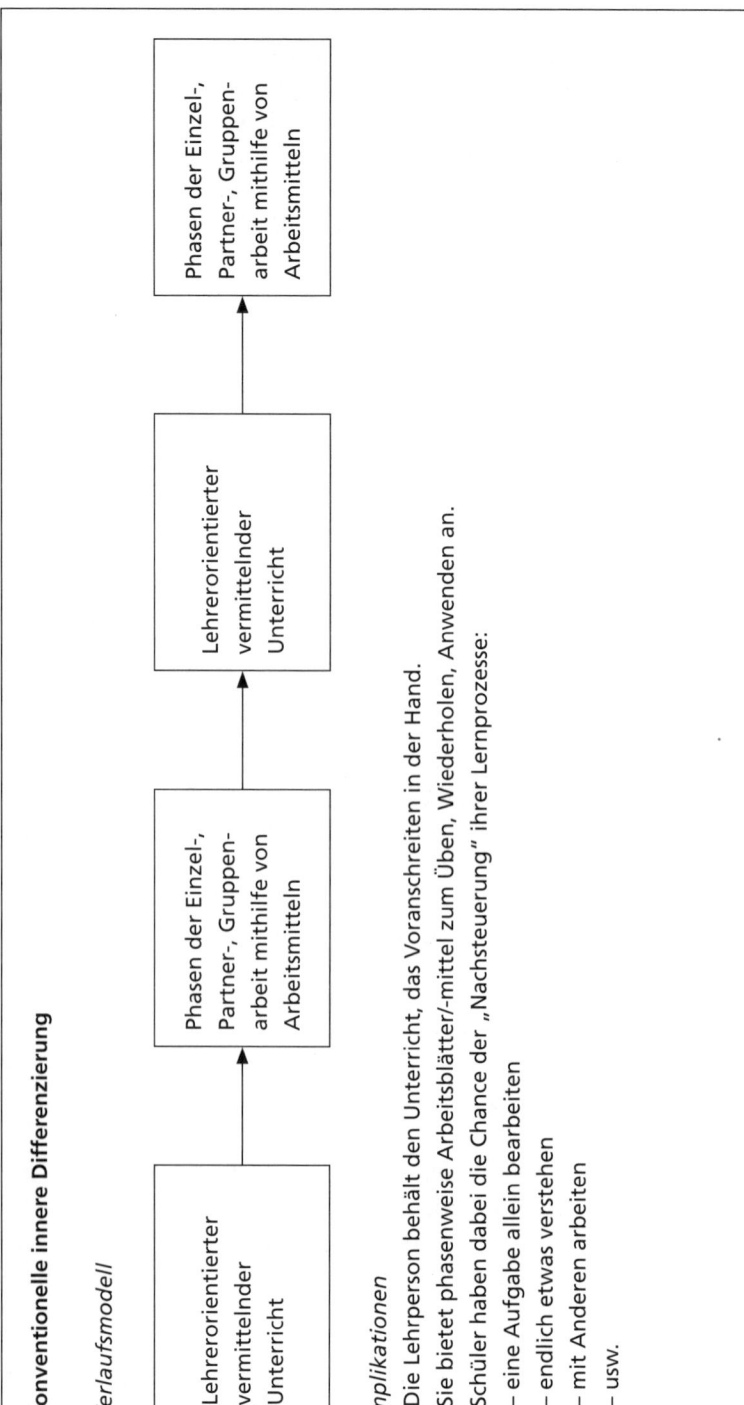

Konventionelle innere Differenzierung

Verlaufsmodell

| Lehrerorientierter vermittelnder Unterricht | → | Phasen der Einzel-, Partner-, Gruppenarbeit mithilfe von Arbeitsmitteln | → | Lehrerorientierter vermittelnder Unterricht | → | Phasen der Einzel-, Partner-, Gruppenarbeit mithilfe von Arbeitsmitteln |

Implikationen

• Die Lehrperson behält den Unterricht, das Voranschreiten in der Hand.
• Sie bietet phasenweise Arbeitsblätter/-mittel zum Üben, Wiederholen, Anwenden an.
• Schüler haben dabei die Chance der „Nachsteuerung" ihrer Lernprozesse:
  – eine Aufgabe allein bearbeiten
  – endlich etwas verstehen
  – mit Anderen arbeiten
  – usw.

Abb. 13: Konventionelle innere Differenzierung

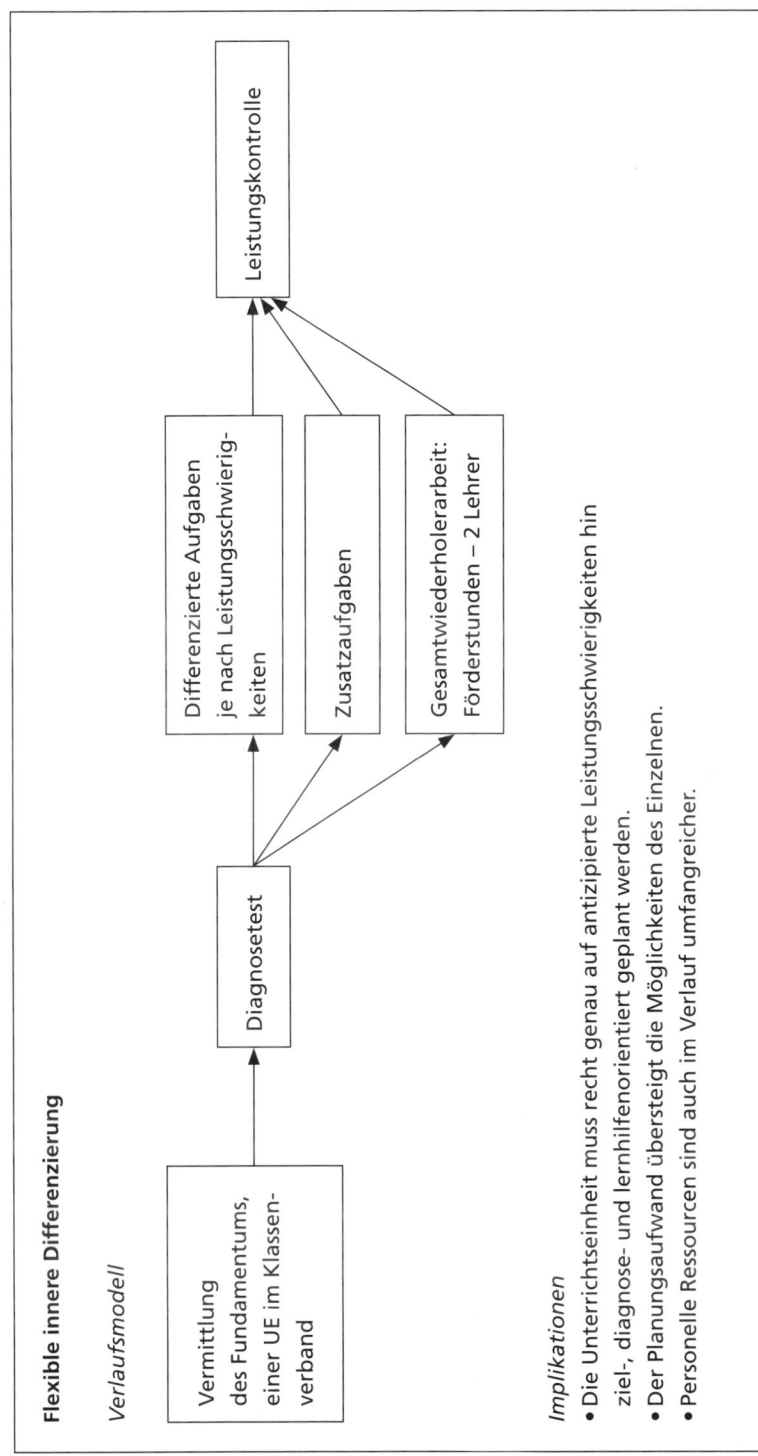

Flexible innere Differenzierung

Verlaufsmodell

Implikationen
- Die Unterrichtseinheit muss recht genau auf antizipierte Leistungsschwierigkeiten hin ziel-, diagnose- und lernhilfenorientiert geplant werden.
- Der Planungsaufwand übersteigt die Möglichkeiten des Einzelnen.
- Personelle Ressourcen sind auch im Verlauf umfangreicher.

Abb. 14: Flexible innere Differenzierung

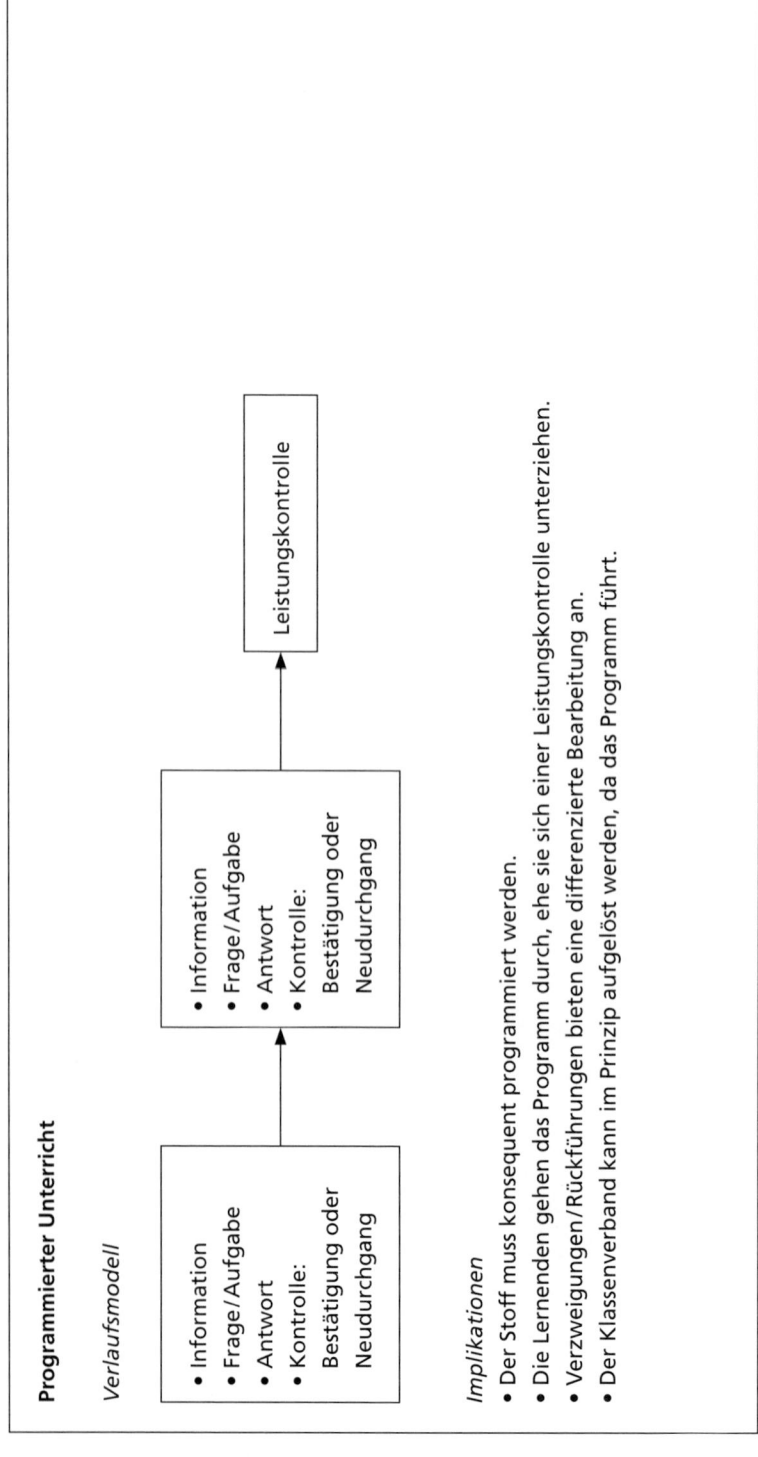

Programmierter Unterricht

Verlaufsmodell

- Information
- Frage / Aufgabe
- Antwort
- Kontrolle:
  Bestätigung oder
  Neudurchgang

- Information
- Frage / Aufgabe
- Antwort
- Kontrolle:
  Bestätigung oder
  Neudurchgang

Leistungskontrolle

Implikationen

- Der Stoff muss konsequent programmiert werden.
- Die Lernenden gehen das Programm durch, ehe sie sich einer Leistungskontrolle unterziehen.
- Verzweigungen / Rückführungen bieten eine differenzierte Bearbeitung an.
- Der Klassenverband kann im Prinzip aufgelöst werden, da das Programm führt.

Abb. 15: Programmierter Unterricht

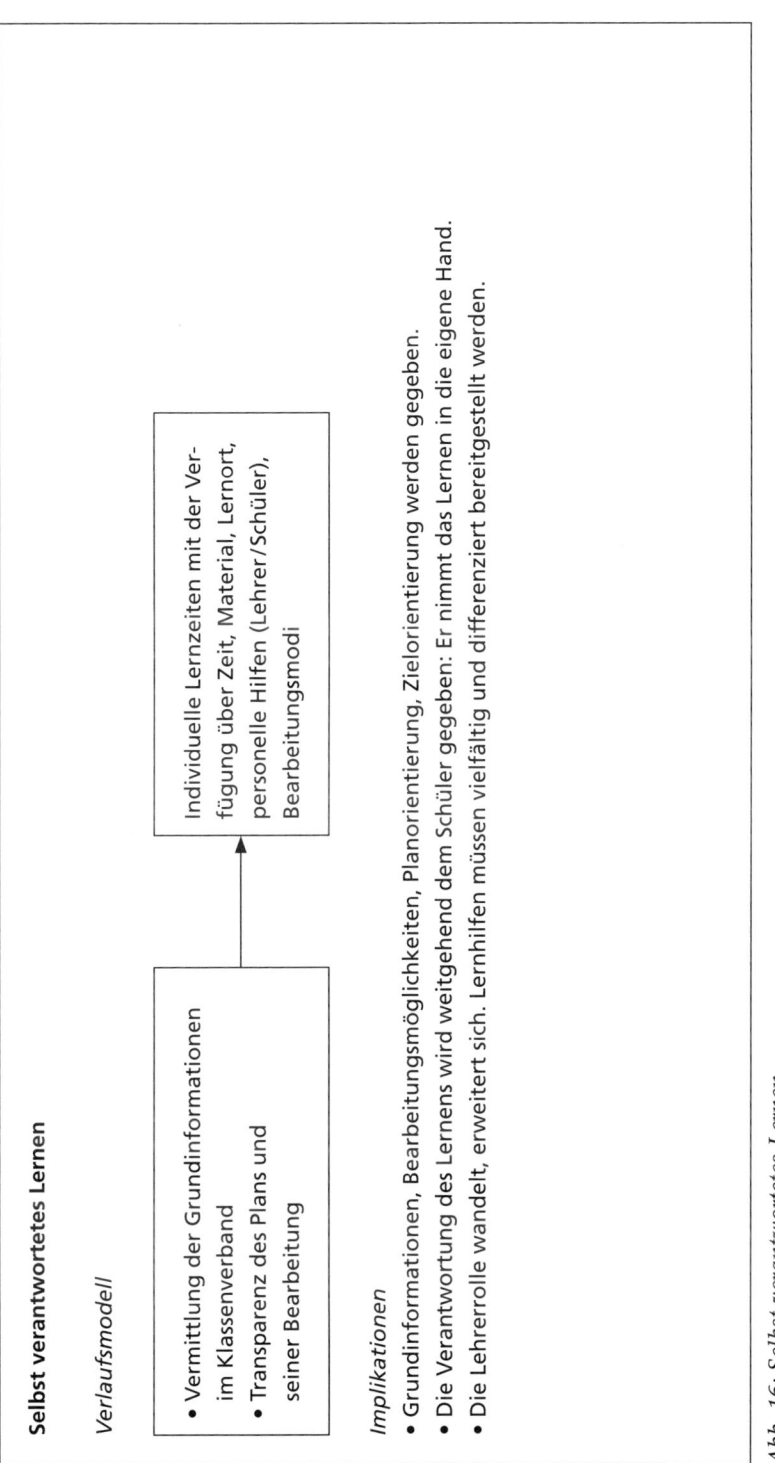

Selbst verantwortetes Lernen

Verlaufsmodell

- Vermittlung der Grundinformationen im Klassenverband
- Transparenz des Plans und seiner Bearbeitung

→ Individuelle Lernzeiten mit der Verfügung über Zeit, Material, Lernort, personelle Hilfen (Lehrer/Schüler), Bearbeitungsmodi

Implikationen

- Grundinformationen, Bearbeitungsmöglichkeiten, Planorientierung, Zielorientierung werden gegeben.
- Die Verantwortung des Lernens wird weitgehend dem Schüler gegeben: Er nimmt das Lernen in die eigene Hand.
- Die Lehrerrolle wandelt, erweitert sich. Lernhilfen müssen vielfältig und differenziert bereitgestellt werden.

Abb. 16: Selbst verantwortetes Lernen

zu helfen. Sie verbindet mit den Vermittlungssequenzen diagnostische Instrumente, um auf deren Befunde hin differenzierte Lernsets anzubieten. So hat sie die Chance, gesetzte Ansprüche auf unterschiedliche Weise erreichen zu helfen. Ein „Unsicherheitsfaktor" ist sicher das Zeitbudget, das zur Verfügung stehen muss und das je nach Lernlage unterschiedlich sein wird.

Lernprogramme

• Die konsequente Einarbeitung des Lernstoffes in Lernprogramme unterschiedlicher Konstruktion (lineare und verzeigte Programme, Informationshilfen, unterschiedliche Schwierigkeitsstufen, gute Rückmeldesysteme, Fehleranalysen) schafft einerseits ein verlässliches Lerngerüst, das zudem personenunabhängig ist. Es erlaubt andererseits die so wichtige Lernerorientierung, da die Verfügung über den Faktor Zeit, die lernerspezifische Nutzung unterschiedlicher Hilfen (vielleicht sogar lerntypadäquate Lernangebote) dem Lerner gegeben wird. So kann er bei unverändert bleibenden Lernansprüchen sein Lernen selbst steuern. Wenn das Bedürfnis nach interaktivem Lernen (durch gemeinsame Lernphasen) befriedigt werden kann, liegt hier ein Modell vor, das große Zukunft hat. Die Angebote von Computerlernprogrammen werden sich weiter ausweiten, sodass die Möglichkeiten noch vielfältiger werden.

Vermittlungszeit / Studienzeit

• Die Zweiteilung in Vermittlungszeit und Be-/Verarbeitungszeit – wie im Modell **„Selbst verantwortetes Lernen"** skizziert – ist die weitestgehende Variante. Wenn die Intentionen offenliegen und das Instrumentarium des Lernens (Methoden, Medien, Materialien) zur Verfügung gestellt wird, können Lernende in umfassenderer Weise auf das unerlässliche Soll hin lernen und bekommen möglicherweise Freiräume für die Verfolgung eigener Lerninteressen. Das würde insgesamt eine neue Qualität institutionellen Lernens schaffen. Nur die Angst der Lehrenden vor einer neuen Unübersichtlichkeit könnte dem entgegenstehen. Der herkömmliche vermittelnde Unterricht bekommt eine neue Bedeutung. Er ist unerlässliche Voraussetzung für zielorientiertes Lernen, da der Lehrer die Kompetenz der Aufschlüsselung im Sinne des Aufschließens von Sachbereichen und des Grundlegens von Wissen wahrnehmen muss. Aus dem selbstständigen Lernen werden Bedürfnisse nach Grundlegung, Anregung, Systematisierung verstärkt erwachsen, sodass immer wieder neue Vermittlungsphasen wichtig werden.

Wenn sich die Heterogenität der Lernstände immer stärker ausweitet – und damit ist bei Differenzierung zu rechnen – werden schulische Institutionen sich ganz neu organisieren müssen. Der alte Fachunterricht – Stunde für Stunde kommen neue Inhalte mit immer wieder anderen Lehrenden – wird obsolet werden. Die Lernergebnisse werden in Quantität und Qualität neue Dimensionen gewinnen.

Probleme sind frühzeitig zu benennen
Es können Schwierigkeiten beim Umgang mit Plänen entstehen. Das Vorankommen wird variieren, Differenzierung reißt Klassenverbände auseinander, das Metalernen der Schüler muss gut entwickelt sein, Planungs- und Reflexionsphasen müssen ständig eingebaut werden.

Ganz besonders wichtig wird eine individuelle curriculare Buchführung. Der Plan gibt die allgemeine Orientierung. Da dann aber viele Lernprozesse unterschiedlich in Zeit, Anspruch, Ergebnis verlaufen, kann der Überblick nur gewahrt werden, wenn für jeden einzelnen Schüler eine gute Buchführung den jeweiligen Lernstand, Erfolge sowie Schwierigkeiten festhält. **Buchführung**

Ein gutes Wege- und Ablagesystem wird zusätzlich eine entscheidende Hilfe sein: **Ablagesystem**
• Wie wandern Lernmaterialien?
• Wo sind sie zwischenzeitlich?
• Wo werden Ergebnisse und Lernerfolgskontrollen für die Durchsicht durch den Lehrer abgelegt und wo werden sie schließlich endgültig abgelegt?
Das alles bedarf einer guten Infrastruktur.

Die pädagogischen Argumente für die Verfolgung einer konsequenten inneren Differenzierung sind schlagkräftig:

Lernen müssen Lernende immer selbst. Ihre Selbstständigkeit und Eigenverantwortlichkeit ist also so früh wie möglich zu entwickeln. Wenn Lehrpläne als Lernpläne offengelegt werden, kann ein Lerner ein aufgeklärtes Verhältnis zu den Ansprüchen gewinnen. Transparenz schafft die Voraussetzung dafür, dass ein Lernender aktiv werden kann. Die Chance, mit Sinn zu lernen, wird größer. Pädagogisch ist das Vertrauen in die Verantwortlichkeit und Eigenaktivität von Lernenden sehr wichtig. Die Rolle des Konsumenten ist nicht mehr gefragt. Dem Lernenden wird zugemutet, dass er sich „Ich-kann"-Erlebnisse verschafft.

6 Mikrostrukturen der inneren Differenzierung

Wieder soll die Dialektik von theoretischen Horizonten und alltagsrelevanten Möglichkeiten die Darstellung bestimmen. Deshalb werden die sogenannten „kleinen Möglichkeiten" genauso beachtet wie die Modellierung von Modellvorstellungen.

6.1 Die „kleinen Möglichkeiten"

Die sogenannten kleinen Möglichkeiten werden an Beispielen entlang entwickelt.

Nachgehende Differenzierung

Beispiel: Deutschunterricht

Nachgehende
Differenzierung

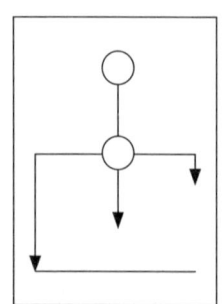

Abb. 17:
Nachgehende
Differenzierung

Die Differenzierung folgt jeweils dem Frontalunterricht. Es geht im Deutschunterricht um die richtige Fallsetzung nach Verhältniswörtern. Ein Lückentext steht an der Tafel. Der Auftrag an die Schüler ist, diesen Text zu vervollständigen. Die Klasse arbeitet mit dem Lehrer gemeinsam. Nach der gemeinsamen Erarbeitung werden die Lücken vom Lehrer schnell wieder freigewischt. Jeder Schüler soll nun den Text komplett vervollständigen und ins Heft schreiben. Sofort zeigt sich, dass die Schüler unterschiedlich vorankommen. Was ist zu tun?

Der Lehrer lässt die Arbeit nach dem individuellen Tempo der Schüler ausführen. Wer fertig ist, schreibt sich die Hausaufgabe auf. Die Arbeit ist beendet (einfache Zeitlösung).

Eine Variante wäre: Der Lehrer kontrolliert den Text der sechs oder sieben schnell Fertigen und beauftragt diese dann, den Langsameren zu helfen. Es besteht so die Möglichkeit, die Arbeitszeit zu vereinheitlichen (soziale Lösung).

Oder die schnell Fertigen bekommen eine zusätzliche Aufgabe aus dem gegenwärtigen Arbeitsbereich (Sachlösung auf der Basis von Fundamentum und Additum).

Oder: Wenn die Arbeiten erledigt sind, kann jeder machen, was er möchte (Büchertisch nutzen o. Ä.) (Zeitfüllerlösung).

Bearbeitungsdifferenzierung

Die Differenzierung ist anders angelegt, wenn von vornherein bei der Aufgabenstellung differenziert wird und damit ein ungefährer Zeitausgleich projektiert wird. Im Beispiel oben würden die Langsameren den halben Text ausfüllen, die Mittleren müssten den ganzen Text bearbeiten und die schnellen Lerner müssten zusätzlich zur Textbearbeitung die aufgetretenen Fälle herausschreiben und mit den Wo-, Wohin-, Womit- und Woher-Fragen versehen. Man könnte diese Variante auch qualitative Differenzierung nennen.

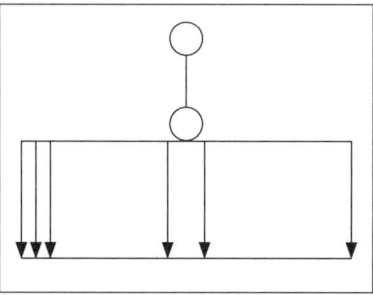

Bearbeitungs-differenzierung

Abb. 18: Bearbeitungs-differenzierung

Im Mathematikunterricht ist die Prozentrechnung im lehrergeführten Unterricht eingeführt worden. Nun wird für eine bestimmte Zeit dem selbstständigen Weiterarbeiten Raum gegeben. Es stehen Arbeitsmittel (Buch, Übungshefte, Arbeitsblätter) bereit. Jeder Schüler kann nach eigener Entscheidung, eigenem Tempo, eigener Lernkontrolle seine Arbeit bestimmen. Auch hier könnte natürlich Partnerarbeit stattfinden. Die Ergebnisse werden unterschiedlich sein, die Zahl der bearbeiteten Aufgaben auch.

Erarbeitungsdifferenzierung

Auch die Anfangsphase einer Unterrichtssequenz kann durch Differenzierung bestimmt sein. Nehmen wir als Beispiel, dass ein Lehrer eine Leseübungsstunde durchführen will. Er kündigt zu Beginn an, dass er die Leseleistungen auch einmal bewerten möchte. Dafür kann man sich zunächst einmal „einlesen". Etwa 15 Minuten können die guten und mittelstarken Leser der Klasse für sich die anstehenden Lesetexte durchlesen. Die schwächeren Leser setzen sich vorn mit dem Lehrer im Kreis zusammen und üben kürzere Texte mit ihm. Danach

Erarbeitungs-differenzierung

75

nehmen alle am angekündigten „öffentlichen" Lesen teil. Allerdings differenziert der Lehrer auch hier. Er lässt die schwächeren Leser bei den Texten und Textabschnitten drankommen, die sie einigermaßen lesen können. Es geht ihm dabei um möglichst erfolgreiche Leseerlebnisse.

Im Sachunterricht bietet es sich oft an, in aufgelöster Front zu beginnen: Vorwissen wird gesammelt, Vorarbeiten werden geleistet, Vorüberlegungen werden angestellt. So vorbereitet können die meisten Schüler besser an der dann folgenden gemeinsamen Arbeit teilnehmen. Beispiele:

In einer Erdkundestunde soll mit der Unterrichteinheit „Indonesien" begonnen werden. „Schreibt in 5 Minuten auf, was ihr über Indonesien wisst!" Oder: „Wir werden jetzt einige Stunden Indonesien bearbeiten. Ich habe die Landkarte aufgehängt, einen Büchertisch eingerichtet, das Arbeitsbuch steht auch zur Verfügung. Informiert euch, schlagt nach, sucht geeignete Texte. Dann können wir die Unterrichtseinheit gemeinsam planen".

Oder: In der Geometrie geht es um das Thema „Würfel" und seine charakteristischen Eigenschaften. Die Schüler bekommen den Auftrag, einen Würfel aus Rüben oder Kartoffeln zu schneiden, ihn aus Papier oder leichtem Karton herzustellen oder Würfel in der Klasse oder in der Schule zu suchen. Ganz gleich, wie die Ergebnisse sind, es liegen dann so viele Beispiele vor, dass man die genaue Erarbeitung an ihnen vornehmen kann (vom Alltagswissen zum mathematischen Wissen). Eine kleine Veranschaulichung dazu kann so aussehen:

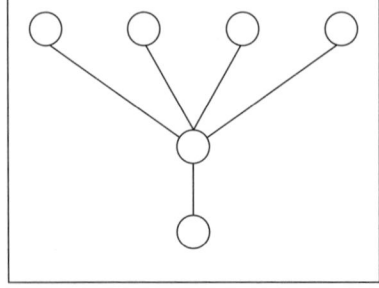

Abb. 19:
Erarbeitungs-
differenzierung

Differenzierung kann auch in der Mittelphase einer Unterrichtsstunde, also in der Hauptphase der Erarbeitung, erfolgen. Bekannt ist die dafür die arbeitsteilige Gruppenarbeit:

Informationen über Mexiko sollen gesammelt werden. Eine Gruppe arbeitet mit den Atlanten, eine andere mit Büchern, eine dritte prüft Filme, eine vierte recherchiert im Internet. Über die Gruppenzusammensetzung und den Anspruch der Aufgabe ist quasi eine Leistungsdifferenzierung möglich. Das Stationenlernen ist geradezu eine klassische Variante der Erarbeitungsdifferenzierung. Interessanterweise hat es früher einmal den Begriff der Wandergruppen gegeben, die eingerichtet wurden, wenn Material für ein Teilthema nur einmal vorhanden war, aber alle Gruppen alle Teilthemen bearbeiten sollten.

Wenigstens sei auf die Möglichkeit hingewiesen, auch beim Schreiben eines Diktates zu differenzieren. Eine größere Schülergruppe der Klasse schreibt den gesamten Text und eine kleinere nur bestimmte Abschnitte. Für die werden Teile ausgelassen, sodass ihren geringeren Möglichkeiten positiv entsprochen wird. Die Klasse beendet das Diktat zusammen, aber die geschriebenen Texte sind unterschiedlich lang. Wenn man das Diktat bewerten will, taucht natürlich die Frage nach der gerechten Zensierung auf. Wenn man aber der Philosophie folgt, dass es zunächst wichtig ist, Erfolgserlebnisse zu verschaffen, ist dies ein Weg.

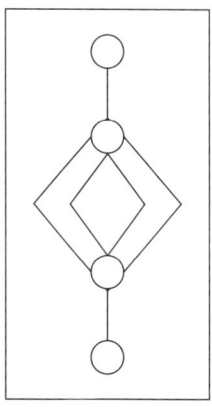

Abb. 20: Leistungsdifferenzierung

Im Grunde gibt es das Phänomen „Differenzierung" auch im Lehrerverhalten. Wenn betont darauf geachtet wird, dass möglichst alle Schüler einer Klasse gleiche Chancen beim Drankommen haben sollen, ist es sicher ein gutes Verfahren, bei einer gemeinsamen Erarbeitung auf unterschiedliche Leistungsmöglichkeiten einzugehen. Nehmen wir das Beispiel, dass im Mathematikunterricht eine Sachrechenaufgabe aus der Prozentrechnung an der Tafel steht. Sie soll gemeinsam einer Lösung zugeführt werden. Grundsätzlich herrscht ein Klima, in dem jeder wagen kann, sich zu äußern, ohne ausgelacht zu werden. Die Strategie des Drannehmens sieht dann vor, dass sich zuerst schwächere Rechner melden dürfen, die guten erst einmal abwarten sollen. So wird möglichst vielen die Möglichkeit eingeräumt, nach Maßgabe ihrer Möglichkeiten Beiträge einzubringen.

Verarbeitungsdifferenzierung

In den Phasen des Übens, Anwendens, Umsetzens (Stillarbeit) gibt es viele Möglichkeiten der Differenzierung. Davon ist immer wieder schon die Rede gewesen. Die kleine Möglichkeit der Differenzierung im Ausmaß der Lehrerhilfen soll hier angesprochen werden.

Verarbeitungsdifferenzierung

Ein Aufgabenblatt ist ausgeteilt worden und wird bearbeitet. Die guten Lerner brauchen womöglich gar keine Hilfe. Einer mittleren Gruppe sind klare, eng umrissene Arbeitsanweisungen gegeben worden, zusammen mit der Zusage, auf Nachfrage jederzeit Hilfe vom Lehrer zu bekommen. Mit einer dritten Gruppe arbeitet der Lehrer direkt.

Beispiel Diktatkorrektur: Den Guten wird nur aufgeschrieben, wie viele Fehler sie gemacht haben. Diese sind auch markiert. Die Verbesserung muss selbstständig mit Lernhilfen (Wörterbuch u. a. m.) durchgeführt werden. Den mittelguten Diktatschreibern wird die richtige Lösung an den Rand geschrieben, Sie müssen das Diktat insgesamt fehlerfrei noch einmal aufschreiben. Mit den Schülern, die viele Fehler gemacht haben, arbeitet der Lehrer an der Tafel alle Einzelheiten direkt auf.

Die Differenzierung in den Hausaufgaben ist bis heute ein kaum realisiertes Desiderat. Wenn Hausaufgaben mehr Sinn haben sollen als den einer obligatorischen und traditionsreichen Nachmittagsbeschäftigung, können sie auf Dauer nicht pauschal gestellt werden. Wenn sie als Fortsetzung des Lernens vom Vormittag gelten könnten, müssen sie die aktuelle Lernsituation eines Schülers in einem Fach treffen. Da der Zeitfaktor eher zu vernachlässigen ist, wären individuelle Arbeits- und Übungsaufträge sinnvoll.

6.2 Die Bereitstellung infrastruktureller Elemente des Unterrichts zur Sicherung der inneren Differenzierung über die kleinen Möglichkeiten hinaus

Die vorstehend dargestellten sogenannten kleinen Möglichkeiten können schnell den Charakter des Zufälligen und Gelegentlichen haben. Deshalb sollen nun vier infrastrukturelle Elemente entwickelt werden, die der inneren Differenzierung Stetigkeit geben können: Kriterienschema, Leitmedium, Lerndiagnose, curriculare Strukturen. Nichts ist praktischer als eine gute Theorie, aber eine Theorie muss auch praktisch werden! Deshalb werden die Strukturelemente mit Beispielen verbunden.

Strukturelement „Kriterienschema"

**Kriterien-
schema**

Nehmen wir an, die Unterrichtsstruktur im Fach Englisch ist wie folgt zu beschreiben:

78

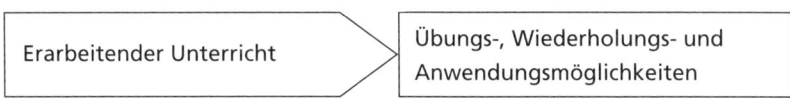

Abb. 21: Unterrichtsstruktur im Fach Englisch

Die zu erreichenden Lernziele und zu bearbeitenden Lerninhalte sind für alle Schüler einer Klasse gleich und verbindlich. Um den unterschiedlichen Lerntempi und Leistungsmöglichkeiten dennoch Rechnung zu tragen, werden jeweils nach dem gemeinsamen erarbeitenden Unterricht Möglichkeiten angeboten, den eigenen Lernprozess nachzusteuern, d.h. zu Ende zu bringen, durch Übungen zu intensivieren und Lernschwierigkeiten möglichst zu eliminieren.

Das folgende Kriterienschema kann dabei helfen, diesem Unterrichtsteil Systematik zu sichern. Der Lehrer kann individuell abgestimmt Pläne des individuellen oder kooperativen Lernens konzipieren. Auf Dauer sollten dann die Schüler Planungskompetenz für sich entwickeln, um zunehmend bewusster zu klären, was ihnen nützt. Die konkreten Hilfen können dann vielfältig sein.

Lernaufgaben	Differenzierungsaspekte						
	Stoffumfang	Fertigkeiten-training	Zeitaufwand	Methodische Verfahren	Übungstyp	Grad der Hilfe	Übungszahl
Sprachaufnahme (nachgehend zum erarbeiteten Unterricht)							
Sprachverarbeitung (Übung)							
Sprachanwendung							

Tab. 6: Kriterienschema

Differenzierungsangebote können dann sein:
Der Grad der Hilfen z.B. bei Lückenaufgaben zu Grammatik und Sprachschatz im Englischunterricht kann nach dem Prinzip des prompting und fading zu Beginn stärkere Arbeitshilfen haben: Zunächst prompts, die dann später zurückgenommen werden (fading).

Während leistungsstärkere Schüler die Lückenübungen weitgehend ohne Hilfe durchführen können, kann man für die Leistungsschwächeren folgende Hilfen anbieten (Hinz 1992):
• ungeordnete Angabe des zu verwendenden Sprachmaterials
• Vorgabe eines Lösungsbeispiels
• Vorgabe der sprachlichen Regel

Beispiel: Wortschatzübung zu till/by
Example: I can stay till ten. – I'll have got home by eleven.
1. Jill must be careful or she'll have spent all her money …… Friday.
2. Let's walk …… lunch time, then relax and do nothing…tea time.
3. They'll have time to see most of the town …….the weekend.
4. I hope I'll have finished my work …… six, then I can met you at 6.15.
5. You'll have heard the news …… now. – No, I've been busy …… now.

Hilfen für leistungsschwächere Schüler könnten sein:
Till (up to): bis (zu/zum)
till the next day, till Monday, till five o'clock
by (not later then): bis spätestens
by tomorrow, by three o'clock

Methodische Verfahren bei Sprechübungen könnten z.B. so aussehen (Hinz 1992): Bei der mündlichen Wiedergabe eines behandelten Textes erhalten leistungsstärkere Schüler lediglich eine Stichwortliste, während leistungsschwächere Schüler die Aufgabe anhand sogenannter Hilfskärtchen lösen. Diese sind so angelegt, dass sich auf der Vorderseite ein kurzer Lückentext und auf der Rückseite die Lösungsansätze befinden, auf die bei evtl. auftretenden Schwierigkeiten im Sinne von read and look kurz geschaut werden darf. Wenn die Sätze so lauten würden (ausgewählt):
Janet, a very attractive girl, got off the train.
Peter waved and Janet came over. They said hallo and went to the bus station.

Stichwortliste	Hilfskärtchen	
	Vorderseite	Rückseite
Janet attractive girl train	Janet, girl, got off	Janet, a very attractive girl, got off the train.

Man kann dem Kriterienschema entsprechend weitere Differenzierungsangebote machen und die Differenzierungskriterien Zeitaufwand und Übungszahl in die Verfügung der Schüler geben. Art und Umfang sind variabel und der konkreten Situation anzupassen.

Strukturelement „Leitmedium"

Wenn dem Anliegen der inneren Differenzierung konsequenter in Richtung selbst verantwortetes Lernen/offener Unterricht gefolgt wird, erfährt die Unterrichtsstruktur eine Modifikation:

Leitmedium

Erarbeitender Unterricht	Selbstständiges Weiterarbeiten mithilfe von Lernkarteien, Lernprogrammen, Computerhilfen

Abb. 22: modifizierte Unterrichtsstruktur

Der zu erarbeitende Lernstoff wird auch wieder durch den erarbeitenden Unterricht eingeführt. Bei der anzunehmenden Heterogenität der Lerngruppen/Klassen werden die einen die Lernziele gleich erreichen, andere wiederum werden „vor" der Erreichung der Lernziele bleiben. Die Frage ist dann immer, soll man einfach fortfahren oder muss man die Nachsteuerung der individuellen Lernprozesse ermöglichen. Differenzierung ist angesagt! Hier wird die Idee des sogenannten Leitmediums verfolgt.

Als schönes Beispiel kann die Kartei „Beobachten, fördern und fordern im Deutschunterricht" für den Deutschunterricht (Claudia Crämer u. a.: Westermann, Braunschweig 2006) genommen werden. Dieses Konzept für eine individuelle Lernbegleitung im Deutschunterricht für Klasse 2 besteht aus drei Elementen:
- Strukturiertes Lernmaterial, bestehend aus 58 Karteikarten mit differenzierter Aufgabenstellung und 10 Lernspielen;
- Beobachtungshilfen in Gestalt eines lernbegleitenden Beobachtungsbogens und drei punktuellen Lernstandserhebungen (Tests);
- Reflexion der Lernprozesse in sogenannten Lerngesprächen mit dem Lehrer, um die eigenen Einschätzungen zu überprüfen und aus den Ergebnissen einen individuellen Arbeitsplan für die weitere Lernarbeit zu entwickeln.

Die exemplarische Darstellung der Bauelemente kann das Konzept konkretisieren und die Intentionen sowie die Chancen lehrgangsunabhängigen Lernens aufzeigen.

1. Die Karteikarten als strukturiertes Lernmaterial beziehen sich auf die fünf Bereiche des Faches Deutsch: Sprechen und Zuhören, Richtig schreiben, Texte schreiben, Lesen und Sprache untersuchen. Für die einzelnen Bereiche gibt jeweils eine Übersicht die vorhandenen Karteikarten mit Themen, Kompetenzen und Aufgabengruppen an. Ein Beispiel kann den Aufbau der Karteikarten zeigen:

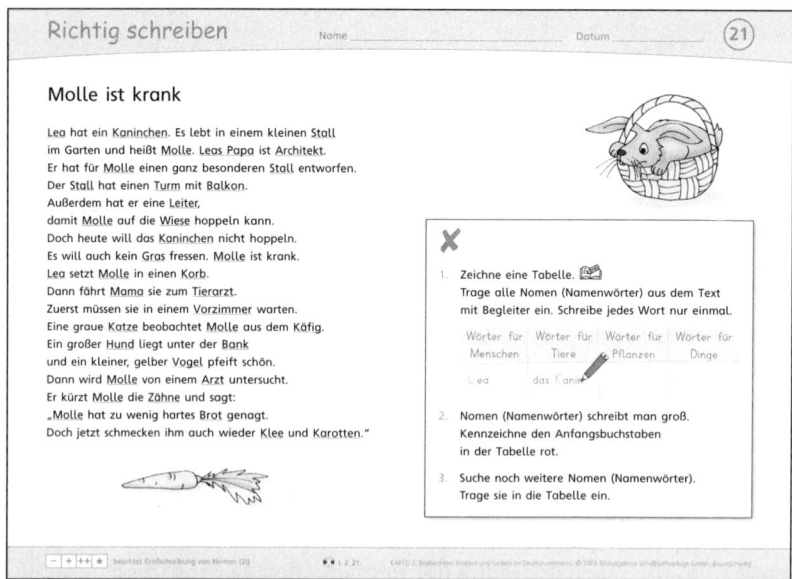

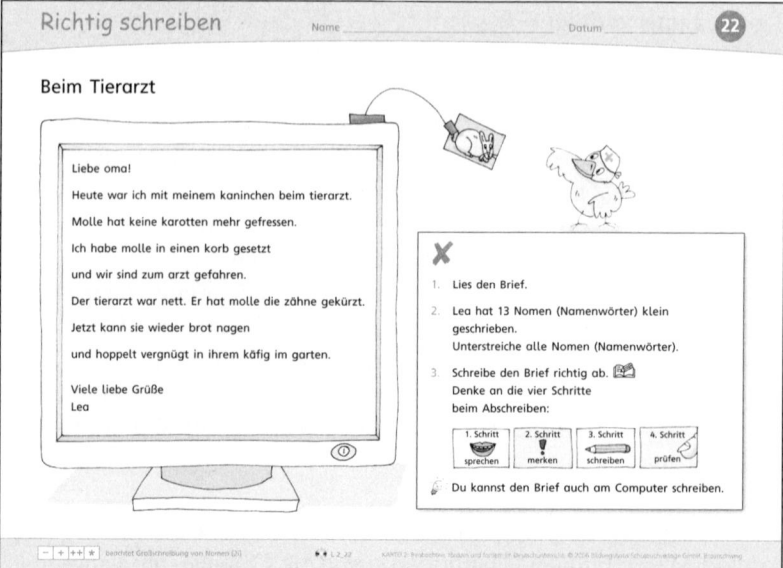

Die Karteikarten bieten eine quantitative und qualitative Differenzierung an. Kinder mit größeren Unsicherheiten können wiederholen und auf unterschiedliche Weise üben. Auf der Vorderseite jeder Karteikarte sind die Aufgaben stärker geleitet und weniger umfangreich. Auf der Rückseite wird der Anspruch gesteigert. So können einerseits spezielle Schwierigkeiten bearbeitet werden, andererseits regen vielgestaltige offene Aufgaben zu spielerisch-entdeckendem Lernen ein. Die Kartei ist jahrgangsübergreifend einsetzbar. Für alle Karteikarten gibt es auf einer mitgelieferten CD-ROM Lösungsblätter, die ausgedruckt werden können und Kindern die Selbstkontrolle ermöglichen. Das Notationssystem am unteren Rand jeder Karteikarte kann zur Selbsteinschätzung oder von der Lehrkraft zur Bewertung eingesetzt werden:

–   Das muss ich noch üben.

+   Das kann ich ein bisschen.

++   Das kann ich sehr gut.

*   Das kann ich super.

Die Materialien für die Lernspiele sind auch der CD-ROM zu entnehmen. Sie werden ausgeschnitten und laminiert. Jedes Spiel ist am besten in einer eigenen kleinen Box aufzubewahren. Ein Übersichtsblatt erlaubt den Kindern, ihren eigenen Lernprozess zu dokumentieren:

2. Der Beobachtungsbogen dient dazu, die Leistungen und Entwicklungen eines/jedes Kindes im Verlauf des Schuljahres zu dokumentieren. Da die Kinder mit der Kartei arbeiten, ist es dem Lehrer möglich, den Lernprozess begleitend zu beobachten. Sowohl Anstrengungen, Überlegungen und Strategien als auch Ergebnisse der Lernstandserhebungen (Tests), schriftliche Leistungen (Hausaufgaben, Klassenarbeiten) und mündliche Leistungen können protokolliert werden. Förderbereiche können identifiziert werden, Beobachtungsschwerpunkte können Details sichtbar machen. In der Folge können konkrete Förderideen mit den entsprechenden Karteikarten zusammengestellt werden. Wie gesagt, für jedes Kind wird ein solcher Beobachtungsbogen angelegt. Das oben aufgezeigte Notationssystem ist zu nutzen. Die allgemeine Tendenz sollte sein, eher Stärken als Schwächen zu notieren. Der Aufbau eines Beobachtungsbogens stellt sich wie folgt dar:

Beobachtungsbogen Kartei 2

KARTEI 2: Beobachten, fördern und fordern im Deutschunterricht, © 2006 Bildungshaus Schulbuchverlage GmbH, Braunschweig

Die Verzahnung von Lernstandserhebungen (Tests), Förderangeboten mit den Karteikarten und Beobachtungsbögen ermöglicht es, Zug um Zug ein Fähigkeitsprofil des Kindes zu entwerfen, den Übungserfolg zu würdigen, Selbsteinschätzungen der Kinder zu ermöglichen und zu verfeinern und sogenannte Lerngespräche durchzuführen.

84

3. Lerngespräche zwischen Schüler und Lehrer– im Prinzip sicher dauernd realisiert – sollen in dem Zusammenhang hier helfen, die Selbsteinschätzungen durch die Feststellung der Lernfortschritte (Analyse des Kompetenzzuwachses) zu überprüfen, um dann die nächsten Lernschritte gemeinsam zu planen. Förderschwerpunkte werden neu festgelegt. Es handelt sich also um ein dialogisches Vorgehen, bei dem die Kinder lernen sollen, sich möglichst die nächsten Ziele selbstständig zu setzen. Mit dem Lehrer wird gemeinsam überlegt, wie diese Ziele dann auch erreicht werden können. Selbsteinschätzung, Fremdeinschätzung und die Konsequenzen für die weitere Arbeit können z. B. so aussehen:

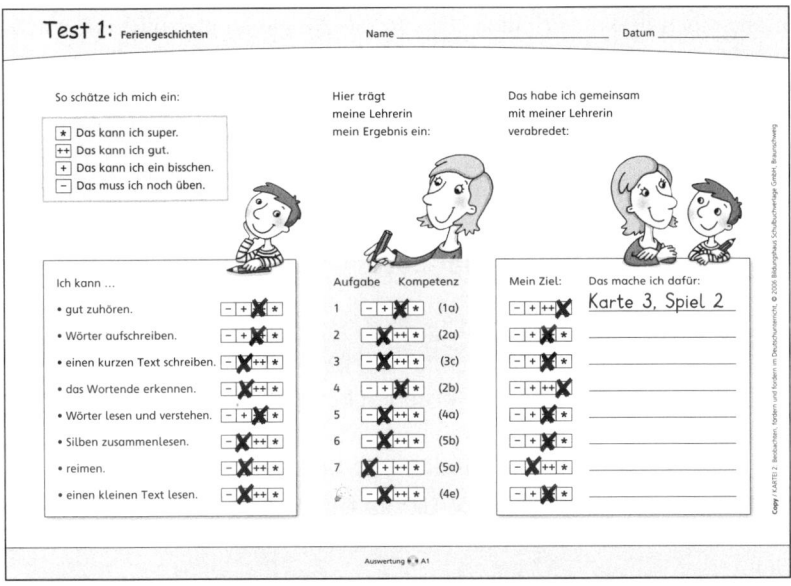

Die mitgelieferte CD-ROM gibt für die Arbeitsschritte insgesamt viele Hilfen.

Wenn man diese Kurzbeschreibung des Lernkonzeptes im Zusammenhang mit den bereitgestellten Materialien und Bilanzierungshilfen insgesamt überblickt, kann man ein sehr elaboriertes Konzept erkennen, das über einfache Varianten der Lernorganisation wie z. B. die häufig praktizierte Wochenplanarbeit weit hinausgeht. Es bindet das immer wieder angeregte selbstständige Lernen an einen konkreten Lernbereich (Deutsch) und erlaubt, die gesetzten Bildungsstandards anspruchsvoll zu verfolgen, dies aber in einer sehr differenzierten, auf den jeweiligen Lernstand eines Kindes abgestellten Weise.

Lernaktivitäten sind vielfältig möglich, sie werden in ihrem Ergebnis überprüft (Lerndiagnose) und zu weiteren Lernschritten gezielt geführt (Lernstandserhebungen, Reflexion, Lerngespräch, individueller Arbeitsplan). Hier liegt wohl die Zukunft individueller Förderung und damit der Differenzierung der Lernprozesse! Nicht irgendwelche Aktivitäten werden erwartet, sondern gezielte Bemühungen zur Erreichung der gesetzten Ziele.

Klar ist aber auch, dass eine neue Qualität des Lernens intendiert ist. Mit dem Begriff der Metaebene oder Metakognition ist sie am ehesten zu fassen. Für die Kinder entsteht die Notwendigkeit, „sich über die Schulter zu schauen". Sie müssen lernen zu planen, Aufgaben auszuwählen, sich selbst zu überprüfen – kurz: sie müssen sich zunehmen selbstreflexiv verhalten. Das heißt, Aufgaben auszuführen macht nur Sinn, wenn man sich darüber klar wird, was für einen selbst warum wichtig ist. Man kann von reflexivem oder auch konzeptionellem Lernen sprechen. Für Grundschulkinder ist dies sicher sehr herausfordernd.

Strukturelement „Lerndiagnose"

Lerndiagnose Leistungsdifferenzierung zielt im Kern auf die Optimierung der Lernmöglichkeiten eines jeden Schülers. Alle Gruppierungsvarianten, die Nutzung der Differenzierungskriterien können aber nur auf einer mittleren Ebene Lösungshilfen anbieten. Konsequent bedacht muss jeder Lernende bei seinen Lernständen und Lernmöglichkeiten „abgeholt" werden. Und da wird Differenzierung zur Individualisierung. Am Beispiel des Faches Mathematik soll dieser Gedankengang verfolgt werden.

Lernstile von Individuen

Mit dem Konstrukt „**kognitiver Stil**" wird der Frage nachgegangen, wie ein Mensch bevorzugt wahrnimmt, denkt und handelt (Hasemann 1991). Man kann es ausdifferenzieren in Begriffsbildungsstil, Wahrnehmungsstil und kognitives Tempo.

Das Merkmal „**Begriffsbildungsstil**" beschreibt, in welcher Weise ein Individuum in bestimmten Situationen Begriffe bildet: entweder aufgrund von Ähnlichkeiten von Merkmalen oder durch inhaltlichen Vergleich oder durch zeitliches oder räumliches In-Beziehung-setzen von Teilen der Situation.

Das Merkmal „**Wahrnehmungsstil**" unterscheidet Individuen in der Art, wie sie ein Problem oder eine Situation erfassen: bei Sachaufgaben etwa Sachlage oder mathematische Struktur. Hasemann spricht in diesem Zusammenhang vom concept mapping (Hasemann 1991).

Das Merkmal „**kognitives Tempo**" bezeichnet die Geschwindigkeit, mit der ein Individuum Informationen verarbeitet bzw. Hypothesen auswählt und Problemlösungen anbietet mit den Ausprägungen Impulsivität und Reflektiertheit.

Lerndiagnose

In der Frage der Lernstile kommt man nur weiter, wenn das Instrument der Lerndiagnose greift. Hier ist für die Arbeit in der Schule immer noch ein Defizit festzustellen. Die immer wieder fälschlich angenommene relative Homogenität macht eine entsprechende Bemühung scheinbar überflüssig. Wieder soll ein Beispiel das Problem etwas deutlicher machen. Bauer hat ein solches zur Verfügung gestellt (Bauer 1991). Beobachtungen im Unterricht in einer Reihe von Situationen führten zu folgenden Befunden:

Der Lernfaktor „Zeit"

Christian ist ein langsamer Lerner. Wenn er gestellte Aufgaben überhaupt lösen kann, braucht er dafür sehr viel Zeit. Mehr als die meisten anderen Schüler, mehr auch, als ihm der Lehrer zur Verfügung stellen kann. Diese Beobachtung korrespondiert mit den Befunden empirischer Untersuchungen, nach denen die für eine bestimmte Menge Lernstoff benötigte Lernzeit von Schüler zu Schüler bis zu einem Verhältnis von 5 : 1 variiert (Wahl, Weinert, Huber 1994).

Teilleistungsschwächen

Es hat den Anschein, als wenn solche Teilleistungsschwächen auch bei Christian vorliegen. Beispielsweise:

Gedächtnisschwäche

Offensichtlich hat Christian Schwierigkeiten, sich Ziffern einzuprägen und sie zu speichern. Bei Kettenrechnungen vergisst er Zwischenergebnisse (Speicherschwäche). Ein rechnerisches Vorgehen, das an einem Tag erarbeitet wird, ist an den folgenden Tagen schon wieder vergessen bzw. nicht abrufbar.

Visuelle Gliederungs- und Unterscheidungsschwäche

Christian verwechselt häufig 4 und 5, hat Schwierigkeiten beim Lesen von Zahlen und Erfassen mathematischer Zeichen wie +, -, =.

Schwäche bei der Erfassung des Körperschemas
Christian weiß nicht genau, wie viele Finger er an beiden Händen hat.
Er muss sie erst zählen.

Serialitätsschwäche
Dies ist eine eingeschränkte Merkfähigkeit für Informationen, die
einen zeitlichen Ablauf beinhalten. Christian hat offensichtlich Schwierigkeiten, sein kurzfristig vorhandenes Wissen über die Reihe der Zahlen im Langzeitgedächtnis zu speichern.

Abstraktionsschwäche / Konkretismus
Abstraktionsschwäche / Konkretismus zeigt sich in Symptomen wie offensichtliches oder verstecktes Fingerrechnen bzw. ständiges Zurückgreifen auf Gegenstandsmanipulationen. Mündlich gestellte Aufgaben
mit Handlungsbezug löst er deutlich besser als schriftlich / abstrakt gestellte Aufgaben.

Bereichsspezifität des Wissens
Individuelle Wissensstrukturen sind offensichtlich häufiger bereichsspezifisch organisiert. Erfahrungen werden situationsspezifisch erworben und als kontextgebundene Wissenselemente abgespeichert. Die
Vernetzung und Transformation (Austausch und Übertragung von
Wissen) gelingen dann nicht ohne weiteres: z. B. Spielgeld – echte
Münzen.

Rechenschwäche (Dyskalkulie)
Da Rechnen eine hochkomplexe Leistung des Gehirns ist, ist das Zusammenspiel vieler Teilfunktionen wichtig. Man unterscheidet zwischen hirnfunktionell bedingten und durch seelische Störungen bedingte (fehlende Geborgenheit, Misserfolge, Übersensibilitäten, Ängste
u. a. m.) Dyskalkulie. Christian ist bestimmt durch geringes Selbstvertrauen und ein nicht problemfreies Zuhause.
Ist eine Lerndiagnose im Ansatz soweit gediehen, kann man an Konsequenzen denken.

Individualisierende Förderstrategien

Förderstrategien Bauer spricht von therapeutischen Maßnahmen. Dies erscheint problematisch. Der Begriff „Therapie" korrespondiert mit Krankheit.
Richtiger wäre wohl der Begriff der „individualisierenden Förderstrategie". Im einzelnen kann man in Anlehnung an Bauer (Bauer 1991)
denken an:

- Zusätzliche Angebote an Lernzeit
- Rückgriffe auf Handlungserfahrungen bzw. die Ermöglichung neuer Handlungserfahrungen (Arbeit mit geeigneten Materialien).
- Wechsel zwischen handlungsbezogenen, bildhaften und symbolischen Darstellungsformen mit dem Ziel, den Abstraktions- und Verinnerlichungsprozess zu unterstützen und zu fördern.
- Festigung des Zählens
- Verbesserung der Gedächtnisleistungen, besonders des zahlenbezogenen Gedächtnisses und Vorstellungsvermögens.
- Veränderung von Erfahrungen im emotional-sozial-motivationalen Bereich (vertrauensvolle, stressfreie Atmosphäre, Erfolgserlebnisse, ggf. Familien unterstützende Maßnahmen).

Die Ansatzpunkte müssten sich in entsprechenden Unterstützungsprogrammen niederschlagen. Deutlich wird am Beispiel, dass Leistungsdifferenzierung in individueller Sicht höchst komplex wird und über Gruppierungsmaßnahmen z. B. weit hinausgeht. Sind Schule und Unterricht (noch) nicht in der Lage, sich intensiver auf individuelle Lernlagen einzulassen, perpetuiert sie womöglich selbst mitverursachte Lerninsuffizienzen.

Strukturelement „Curriculare Strukturen"

Ein zentrales Problem der Leistungsdifferenzierung ist, dass das Repertoire der Differenzierungsmethodik (Variation der Zeit, der Hilfen, der Sozialformen, der Vermittlungsmodi) relativ eingängig ist und partiell auch gut praktiziert werden kann, dass sie aber unter curricularen, also inhaltlichen, Gesichtspunkten zufällig bleibt. Da häufig größere Konsequenzen befürchtet werden (der Klassenverband wird auseinandergerissen, die gemeinsame und fortschreitende Bearbeitung gerät in Gefahr, Lehrer verlieren den Überblick bei sehr unterschiedlichen Lernständen), unterbleibt eine systematisch angelegte Leistungsdifferenzierung oder sie wird administrativ-organisatorisch mithilfe äußerer Differenzierung (setting) gelöst. Dies schafft scheinbar größere Sicherheiten. Scheinbar homogene Klassen sichern die gleichmäßig fortschreitende Behandlung von Unterrichtsinhalten.

Curriculare Strukturen

Aus der beschriebenen Problematik kommt man nur heraus, wenn der Faktor „Unterrichtsinhalte" eine Differenzierung in Dimensionen, Umfängen, Ansprüchen aufweist und damit Unerlässliches (Fundamentum) wie Zusätzliches (Additum) ausweist. Dies ist für viele Bereiche bis heute nicht geleistet. Ein Beispiel kann daher hilfreich sein.

Für ein Fach wie z.B. Mathematik ist häufig das Lehrbuch das Curriculum für den Unterricht. Interessant ist dann, wie es Differenzierungsangebote macht.

Curriculare Struktur

Wenn man ein Mathebuch für das fünfte Schuljahr als Beispiel nimmt, sieht man zunächst, es bietet verschiedene Kapitel an: die natürlichen Zahlen, Größen, Geraden, Halbgeraden, Strecken, Kreise ....
Diese inhaltliche Struktur für ein Schuljahr ist strukturiert in den Grundkurs zum jeweiligen Thema (Teil 1 eines Kapitels), mit eingestreuten Ergänzungsaufgaben, in Material für Wiederholungen (dies enthält Aufgaben zur Festigung und Wiederholung des Gelernten (Teil 2 eines Kapitels) und in mögliche Zusatzangebote, unterteilt in Erweiterung und noch einmal in eine quasi zweite Erweiterung, die in die erste eingestreut ist (Teil 3 eines Kapitels). Zu veranschaulichen ist dies etwa so:

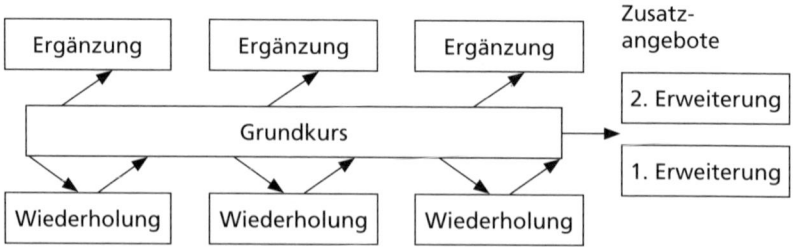

Abb. 23: inhaltliche Struktur eines Mathebuchs

Man kann aus der dargestellten Struktur ersehen, welche Differenzierungsmöglichkeiten inhaltlicher Art angeboten werden. Der Grundkurs ist direkt erarbeitbar; mit Wiederholungsschleifen sind zusätzliche Klärung und Festigung möglich; Ergänzungen können erweitern und vertiefen; schließlich gibt es Zusätze für Erweiterungen in zwei Stufen. Alle zusätzlichen Angebote sollen sichern helfen, die Ziele des Grundkurses zu erreichen. Bei den Erweiterungen entsteht die Frage, inwieweit sie Teil des Curriculums des nächsten Schuljahres und damit Vorwegnahmen sind.

Eine curriculare Teilstruktur – etwas näher betrachtet
Beispiel: Ein Kapitel behandelt natürliche Zahlen. Es wird dabei davon ausgegangen, dass die Schüler mit dem Mengenbegriff und der Mengenschreibweise aus der Grundschule vertraut sind. Auch der Zahlbegriff wird nicht neu begründet.
Nach einigen einführenden Aufgaben wird der Aufbau des Zehnersystems wiederholt. Aufgaben sind dabei z.B.: Schreibe ohne Buchsta-

ben 4 H + 7 Z + 6 E oder: Schreibe in Worten 10477. Dem Zehnersystem wird das Zweiersystem gegenübergestellt.

Mit den Begriffen Platzhalter, Grundmenge, Lösungsmenge wird gearbeitet. Gleichungen wie 3+5=8, Ungleichungen wie 2+5<18, Aussagen und Aussageformen kommen hinzu.

Die Aufgaben zur Wiederholung und Festigung des Gelernten sind vielfach und beziehen sich auf das Erarbeitete.

Erweiterungen gibt es z. B. durch Aufgaben wie: Wie viele dreistellige Zahlen gibt es, die eine 2 als Einer haben? Man muss das Zahlensystem also überschauen.

Erweiterungen der Erweiterungen sind z. B.: Gib die Lösungsmenge an, wenn die Grundmenge nur Zahlen enthält, die im Zweiersystem als Einer eine 1 haben: 70 < x < 90.

Die römischen Zahlzeichen sind ebenfalls eine Erweiterung, auch das Achtersystem. Man kann erkennen, dass es um eine gründliche Erweiterung und Festigung des Fundamentum geht (Mindestkanon).

Wenn man die äußere Differenzierung als Orientierungsmuster nähme (A-,B-,C- und D-Kurse), wäre zu bearbeiten
• im D-Kurs das Fundamentum und der Wiederholungsteil,
• im C-Kurs das Fundamentum einschl. Ergänzungsaufgaben und Wiederholungsteil,
• im B-Kurs Fundamentum mit Ergänzungsaufgaben und Additum,
• im A-Kurs Fundamentum mit Ergänzungsaufgaben, Additum einschließlich dessen Erweiterungen (Sekundarstufe).

So ergibt sich eine klare curriculare Orientierung. Diese erlaubt eine Differenzierung nach inhaltlichen Ansprüchen, zu der dann andere Differenzierungskriterien treten können, und die nicht notwendig eine äußere sein muss, sondern die innere Differenzierung bestimmen könnte.

Quellen

Bauer, L.: Christian – eine Fallstudie über Lernschwierigkeiten im Mathematikunterricht der 1. Jahrgangsstufe. In: mathematik lehren, S. 12–17, o. O. 1991

Hasemann, K.: Die Individualität der Schüler im Mathematikunterricht. In: mathematik lehren, S. 6–11, o. O. 1991

Hinz, K.: Binnendifferenzierung im Englischunterricht der Sekundarstufe I. In: Praxis, 39/1992

Wahl, D./Weinert, F. E./Huber, G. L.: Psychologie für die Schulpraxis. München 1984

Literatur

Bönsch, M.: Nachhaltiges Lernen durch Üben und Wiederholen. Baltmannsweiler 2005

Crämer, Claudia u. a.: Beobachten, fördern und fordern im Deutschunterricht. Westermann, Braunschweig 2006

7 Systematisierung und Buchführung der inneren Differenzierung

7.1 Adaptive Differenzierung – freigebende Differenzierung – Buchführung

Adaptive Differenzierung

Da man für die innere Differenzierung in vielen Fällen immer noch keine geordneten und systematisch entwickelten Arbeitsmittel zur Verfügung hat – Ausnahmen bilden Computerlernprogramme oder Arbeitsmittel-Systeme, die quasi einem Lehrgang folgen –, kommt auch für den Differenzierungswilligen nach einer gewissen Zeit ein Gefühl des Unbehagens auf. Wenn mit den bis jetzt entwickelten Instrumentarien eine Weile gearbeitet worden ist, ist die oberflächliche Bilanz häufig die, dass soviel auch nicht besser geworden sei und daher das Differenzieren so wichtig wohl nicht sei. Von solchen Feststellungen droht der Verwirklichung der Differenzierung vielleicht die größte Gefahr. Es ist deshalb wichtig, nicht nur „so gelegentlich mal" zu differenzieren, sondern eine gewisse Systematik zu verfolgen. Was das heißen kann, soll wieder an einem Beispiel verfolgt werden.

Der Mathematikstoff z. B. für das 5. Schuljahr kann differenziert bearbeitet werden, wenn die Ziele für das gesamte Schuljahr deutlich formuliert sind. Es lassen sich dann die Teilziele für Abschnitte des Schuljahres aufstellen. Wenn man darüber hinaus die beabsichtigten Leistungskontrollen von vornherein aufstellt, hat man eine feste Leistungs- und Zielorientierung, an der man die Unterrichtsarbeit und die Fortschritte in den Lernleistungen der Schüler orientieren kann.

Der Unterricht beginnt im Klassenverband und schnell zeigt sich, dass die Schüler unterschiedlich gut und schnell vorankommen. Mit dem Einsatz von Arbeitsmitteln (Rechenkarten, verschiedene Mathematikbücher, Arbeitsblätter, Mathematikkarteien) kann man das Nachsteuern von Lernprozessen ermöglichen.

Die projektierten Leistungskontrollen können frühzeitig bekanntgemacht werden, sodass jeder Lernende weiß, um was er sich kümmern muss. Zwischenzeitliche Lernerfolgskontrollen sind jederzeit möglich. Sie bleiben ohne Bewertung, weil sie in der Tat nur der Lernerfolgskontrolle dienen. Die ersten Klassenarbeiten werden im Klassenverband geschrieben. Es zeigen sich dann aber schnell Differenzen im Leistungsstand.

Die Auswertung von Klassenarbeiten unter lerndiagnostischem Aspekt kann **Fehlerhäufungen/Fehlernester** deutlich machen. Zugleich wird eine individuell orientierte Buchführung nötig. Der Neues erarbeitende Unterricht wird weiterhin lehrerorientiert mit der ganzen Klasse durchgeführt. Die Übungs- und Wiederholungsarbeit wird verstärkt dort ansetzen, wo Schwächen festgestellt worden sind. Der zweite Teil des Mathematikunterrichts wird zunehmend durch individuelle Lernaufträge, durch die Arbeit des Lehrers mit kleinen Gruppen bestimmt sein.

Buchführung

Steht im laufenden Schuljahr die nächste Leistungskontrolle an, schreiben alle Schüler, die in der ersten Leistungskontrolle eine sehr gute, gute oder befriedigende Leistung erbracht haben, bei dieser zweiten mit. Die anderen Schüler bekommen eine Leistungskontrolle in der Art und Schwierigkeit der ersten in der Intention, die erste mit mindestens ausreichend zu bestehen oder das zunächst erreichte Ausreichend zu verbessern. Ein Teil der Wiederholenden kann bald auch an die zweite Leistungskontrolle herangehen und hat dann den Stand der ersten, nur eben etwas später, erreicht. Die Fortschreibung dieses Verfahrens ist leicht vorauszudenken.

Wichtig aber ist, dass alle Lernstände, die notwendigen Hilfen, die Schnelligkeit des Vorankommens, die Erfolge in einer tabellenartigen Übersicht festgehalten werden. Die Idee der Differenzierung ist, Schüler zu einem möglichst erfolgreichen Lernen zu verhelfen, wobei der zeitweilige Stand und das langsamere Vorankommen nicht sanktioniert werden, sondern einfach notiert werden. Zielerreichendes Lernen ist wichtiger als zielgleiches Lernen mit einer größeren Zahl von Misserfolgserlebnissen.

Nehmen wir an, der Unterricht könnte konsequent so fortgeführt werden, wird es wahrscheinlich notwendig, zu einem bestimmten Zeitpunkt (nach einem Viertel- bzw. halben Jahr) auch die Erarbeitung neuer Lerninhalte zu zweiteilen. Es entstünden quasi feste A- und B-Gruppen in der Klasse.

Die A-Gruppe wird dem stetigen Voranschreiten bequem entsprechen können. In der B-Gruppe ist der jeweilige Leistungsstand sehr unterschiedlich. Aber dem hier entwickelten Differenzierungsprinzip folgend, ist der dauernde Versuch, einen Schüler möglichst an seinem Erfolgslimit zu halten wichtiger, als wenn er laufend nur mangelhafte oder ungenügende Leistungen testiert bekommt. Er ist dann eventuell erst in dem vierten Leistungsabschnitt – wenn Andere vielleicht schon im achten sind. Es handelt sich um eine *adaptive Differenzierungsstrategie* mit sukzessivem Vorankommen. Grundsätzlich mündet sie in die später zu beschreibende *freigebende Differenzierung*. Sie ist hier aber auf ein Schuljahr und eine Klasse hin entwickelt.

Mit zwei veranschaulichenden Übersichten kann das skizzierte Vorgehen verdeutlicht werden:

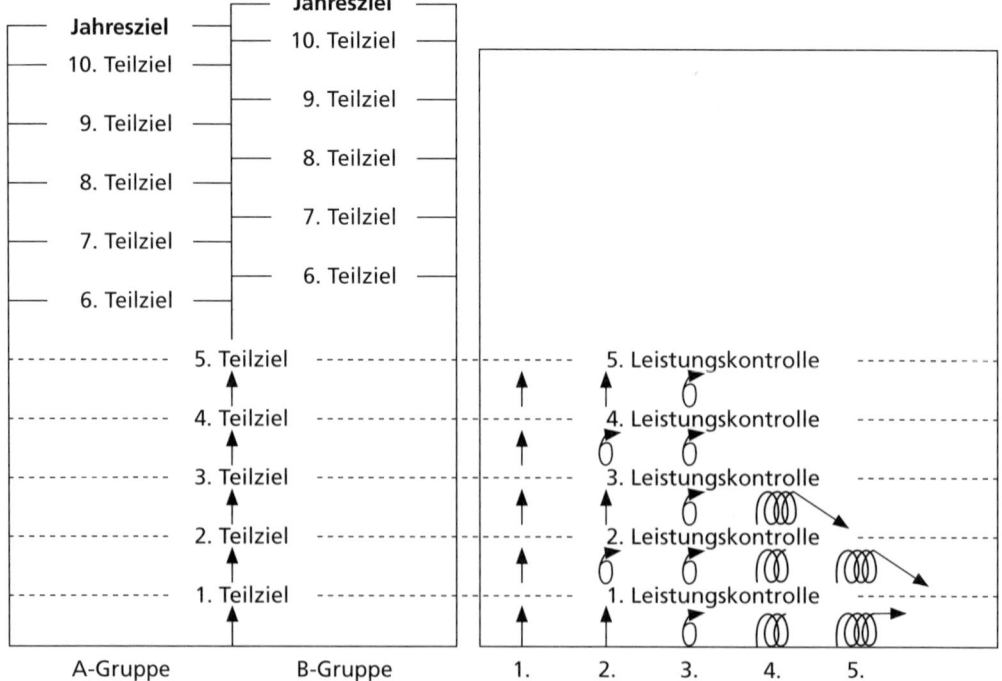

$\mathbf{6}$ = vereinfachte Leistungskontrolle
$\mathbf{(\!M\!)}$ = stark vereinfachte Leistungskontrolle

Abb. 24: Adaptive Differenzierungsstrategie

Der erarbeitende Unterricht folgt dem Plan und differenziert sich im zweiten Halbjahr in eine A- und eine B-Gruppe. Ob für die B-Gruppe das Jahresziel tatsächlich erst im Lauf des nächsten Schuljahres erreicht wird oder ob durch eine Einschränkung der Ziele bzw. eine vergrößerte Zahl von Unterrichtsstunden und verstärkte Betreuungs- und Förderaktivitäten ein Ausgleich und damit ein Abschluss zum Schuljahresende erfolgen kann, hängt von den jeweils aktuellen Ressourcen und der einfallsreichen Gestaltung des Unterrichts ab.

Wenn man z. B. davon ausgehen könnte, dass für zwei Klassen drei Lehrer zur Verfügung stehen – wie dies im Primarbereich Luxemburger Schulen Realität ist – könnte dieses Beispiel einer weitergehenden Differenzierung Wirklichkeit werden.

Für den „nachsteuernden" (übenden und wiederholenden) Unterricht kann man fünf Varianten des Vorankommens skizzieren:

Variante 1: Schüler laufen glatt durch. Das normale Üben und Wiederholen genügt ihnen. Sie bestehen sofort die anstehenden Leistungskontrollen.

Variante 2: Einzelne (Wiederholungs- und Zweitbearbeitungs-) Schleifen werden notwendig, weil sich bei Leistungskontrollen die Noten vier bis sechs ergaben.

Variante 3: Dies zeigt bei einigen Schülern verstärkt. Das Halbjahresziel kann dennoch erreicht werden, da durch vermehrtes Üben, Fördern, schulische Hausgabenbetreuung, spezielle Übungs- und Arbeitsstunden die Leistungskontrollen schließlich geschafft werden.

Varianten 4 und 5: Hier wird das Halbjahresziel trotz intensiver Bemühungen nicht mehr erreicht. Bei einzelnen Schülern wird man überlegen müssen, ob sie an dem Unterricht des Schuljahres davor teilnehmen sollen – wenn im Stundenplan ein sogenanntes Band eingerichtet wird, wäre der fachspezifische Wechsel in einen anderen Jahrgang kein Problem – oder weitergehende Maßnahmen im Zusammenhang mit anderen Leistungsinsuffizienzen in Gestalt einer Überweisung in eine andere Schule notwendig werden.

Die Grundidee ist – das sei wiederholt – erst einmal mit einer elaborierten Differenzierung so lange wie möglich das Lernen am (sich differenziert zeigenden) Erfolg zu ermöglichen.

Zur Realisierung dieses Ansatzes gehört eine entsprechende Buchführung, die ebenfalls beispielhaft aufgezeigt werden soll (je ein Beispiel für die 5 skizzierten Varianten):

Nachsteuernder Unterricht

Namen	1. Lei.Ko. 15.9.	2. Lei.Ko. 20.10.	3. Lei.Ko. 15.11.	4. Lei.Ko. 10.12.	5. Lei.Ko. 15.1.	6. Lei.Ko.	7. Lei.Ko.	8. Lei.Ko.	9. Lei.Ko.	10. Lei.Ko.	Maßnahmen
Sara	2	1	2	2	1						Helferdienst am ... Arbeitsmittelausgabe vom ... bis ...
Ole	3	4 5.11. 3	3	4 18.12. 3	3						Partnerarbeit 3 x in der Woche mit Sven in der Zeit vom ... bis ...
Max	5 1.10. 3	4 5.11. 3	4 1.12. 3	5 18.12. 3	3						Rechenkartei Nr. ... durchgearbeitet vom ... bis ... Mutter um Übungshilfe gebeten (...)
Amy	5 1.10. 4 10.10. 3	5 5.11. 4 10.11. 3 –	6 1.12. 5 8.12. 5								Ständige Teilnahme am Kreis der Sonderrechner mit mir. Partnerarbeit mit Uwe vom ... bis ...
Niels	5 1.10. 4 10.10. 3-	6 5.11. 6 10.11. 6 15.11. 5									Ständige Teilnahme am Kreis der Sonderrechner mit mir. Mutter um Übungshilfe gebeten. Rechenkartei Nr. ... durchgearbeitet.

Tab. 7: Mustertabelle zur Buchführung

Solch eine Tabelle kann beliebig erweitert werden. Wichtig ist, dass man die Lernerfolge / -einschränkungen und die evtl. notwendigen Zusatzhilfen schnell herauslesen kann. Man könnte eine zusätzliche Spalte für spezielle Schwierigkeiten einrichten. Insgesamt gesehen soll die Tabelle jederzeit verlässlich Auskunft geben über den Lernerfolg in Zeit und Qualität, Lernbemühungen in Art und Dauer, Überwindung von Lernschwierigkeiten in der Zeit und mit welchen Hilfen, Leistungsstand der Klasse und eklatant schwierige Fälle.

Mustertabelle

Am Ende des Schuljahres könnte man ebenfalls aufgrund der dargestellten Infrastruktur des Unterrichts schnell die Bilanz der Lernarbeit feststellen. Natürlich würden sich unterschiedliche Lern- und Leistungsstände ergeben, mit denen ins nächste Schuljahr gewechselt wird. Die nivellierende Leistungsfeststellung mit den Noten 1 bis 6 wäre konsequenterweise aufzuheben.

Zusammenfassend gesagt: Die Programmierung der Lernziele, systematische, aber differenziert durchzuführende Leistungskontrollen, Differenzierungsmaßnahmen der geschilderten Art könnten eine Vielfalt der Lernwege zulassen, ohne dass der Überblick verloren geht. Die entwickelte **Buchführung** ist die Ordnungshilfe, die Vielfalt erlaubt und Übersicht erhält.

7.2 Mikrostrategien der inneren Differenzierung: Basisinstrumente für Förderunterricht und die Erstellung von Förderplänen

Einleitung

Die **Megastrategien** für die Differenzierung liegen ausgearbeitet vor. Sowohl innere als auch äußere Differenzierung haben ihre Organisations- und Methodenrepertoires, wenn auch immer Probleme der Realisierung verbleiben. Wenn diese sich nicht bei Organisations-, Zeit- und Materialfragen früh festmachen, stößt man auf das Problem, wie Sachanforderungen eines Faches / Fachbereichs und Lernschwierigkeiten von Schülern zur genaueren Passung / Aufarbeitung zu bringen sind. Die Bearbeitung dieses Problems gelingt letztlich nur, wenn man sich auf ganz konkrete Lernsequenzen einlässt, an ihnen Lern- / Verständigungsschwierigkeiten antizipiert, um **Mikrostrategien** der Differenzierung entwickeln zu können. Dies soll exemplarisch an einem kleinen Bereich der Arithmetik (Lehre von den Zahlen und der mit ihnen möglichen Operationen) deutlich gemacht werden. Zunächst soll eine Sachanalyse die Lernsequenz nahebringen, um dann Differenzierungsmöglichkeiten aufzeigen zu können.

Die Sachanalyse: Der Begriff der relativen Zahl – positive und negative Zahlen

Sachanalyse Im Unterschied zu den absoluten Zahlen , die keine Vorzeichen haben, fasst man positive und negative Zahlen unter dem Namen relative Zahlen (relatio – bezüglich) zusammen. Wenn man den Zahlenstrahl zur Grundveranschaulichung nimmt, muss man ihn nun über 0 hinaus nach links verlängern. Während das Addieren Vorwärtsschreiten auf dem Zahlenstrahl nach rechts bedeutet, ist das Subtrahieren ein Rückwärtsschreiten. Wenn der Minuend kleiner ist als der Subtrahend, entstehen negative Zahlen (–1, -2 usw.). Die bei den positiven und negativen Zahlen benutzten Zeichen + und – heißen Vorzeichen im Unterschied zu den bei Addition und Subtraktion gebrauchten Rechenzeichen + und – . Positive Einheiten (z. B. +3, +5) sind nach rechts gerichtet, negative Einheiten (– 3, -5) nach links. Relative Zahlen sind also gerichtete Zahlen. Die für die Addition und Subtraktion nötigen Regeln sind folgende:

Relative Zahlen mit gleichen Vorzeichen werden addiert, in dem man die Summe der absoluten Werte bildet und ihr dann das gemeinsame Vorzeichen gibt. Beispiel:
$(+3) + (+2) = 3 + 2 = 5$
oder allgemeiner:
$(+a) + (+b) = a + b = + (a + b)$
$(-a) + (-b) = -a + -b = - (a + b)$

Relative Zahlen mit entgegengesetzten Vorzeichen werden addiert, indem man die Differenz der absoluten Werte bildet und ihr das Vorzeichen des dem absoluten Werte nach größeren Summanden gibt. Beispiele:
$(+3) + (-2) = +3 - 2 = +1$
$(-3) + (+2) = -3 + 2 = -1$

oder allgemeiner:

$(+a) + (-b) = + a - b = \begin{array}{l} +(a - b), \text{ wenn } a > b \text{ ist} \\ -(b - a), \text{ wenn } a < b \text{ ist} \end{array}$

$(-a) + (+b) = -a + b =$ $\begin{array}{l} -(a - b) \text{ wenn } a > b \text{ ist} \\ +(b - a) \text{ wenn } a < b \text{ ist} \end{array}$

Relative Zahlen werden im Fall der Gleichgerichtetheit wie bekannt behandelt. Beispiele:

$(+3) - (+2) = +3 - 2 = +1$
$(+2) - (+3) = +2 - 3 = -1$
$(-3) - (-2) = -3 + 2 = -1$
$(-2) - (-3) = -2 + 3 = +1$

Aber hier wird gleich eine weitere Regel wichtig: Eine relative Zahl wird subtrahiert, indem man sie mit entgegengesetztem Vorzeichen addiert. Beispiel:

$(-3) - (+4) = -3 - 4 = -7$

Allgemeiner jetzt:

$(+a) - (+b) = +a - b =$ $\begin{array}{l} +(a - b), \text{ wenn } a > b \text{ ist} \\ -(b - a), \text{ wenn } a < b \text{ ist} \end{array}$

$(-a) - (-b) = -a + b =$ $\begin{array}{l} -(a - b), \text{ wenn } a > b \text{ ist} \\ -(b - a), \text{ wenn } a < b \text{ ist} \end{array}$

$(+a) - (-b) = +a + b = +(a + b)$
$(-a) - (+b) = -a - b = -(a + b)$

Am Zahlenstrahl sind diese Operationen immer wieder zu verdeutlichen:
$+(-2)$ und $-(+2)$ (ungleiche Vorzeichen) bedeutet ein Schreiten um 2 Einheiten nach links, $+(+2)$ und $-(-2)$ (gleiche Vorzeichen) bedeutet ein Schreiten um 2 Einheiten nach rechts. Subtraktion einer negativen Zahl bedeutet Addition ihres absoluten Betrages.

Regel: Eine negative Zahl wird subtrahiert, indem man sie mit entgegengesetztem Vorzeichen addiert, d. h. indem man ihren absoluten Betrag addiert. Beispiele:

$(+120) - (-40) = +120 + 40 = 160$
$(-80) - (-50) = -80 + 50 = -30$

Hat man so den Sachverhalt mathematisch erklärt und definiert, kann man noch einmal auf die zeichnerische Lösung mit dem Zahlenstrahl verweisen:

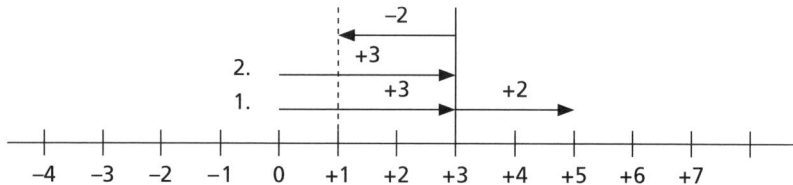

1. Aufgabe: (+3) + (+2) = (+5)
2. Aufgabe: (+3) – (+2) = (+1)

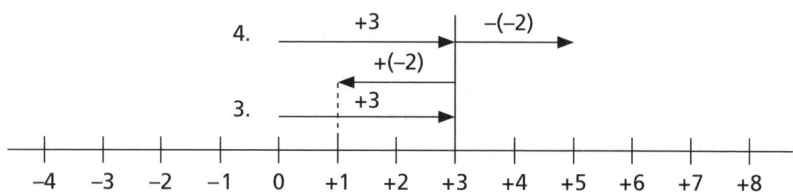

3. Aufgabe: (+3) + (–2) = (+1)
4. Aufgabe: (+3) – (–2) = (+5)

Hat man sich so die mathematischen Konventionen und ihre Logik verdeutlicht, kann man den mathematischen Gehalt in Sachverhalten des Alltagslebens suchen und finden. Ein Beispiel:
Lars hat in seiner Sparbüchse 120 Cent, Björn hat 40 Cent Schulden. Um wie viel ist die Vermögenslage von Lars günstiger als die von Björn?

(+120)	–	(–40)	=	+160
Vermögen von 120 Cent	weniger	Schulden von 40 Cent	gleich	Unterschied von 160 Cent

Noch ein Beispiel:
Kaj hat sich von Jan 80 Cent geborgt. Da es ihm schwerfällt, seine Schulden zurückzuzahlen, schlägt Jan vor, Kaj sollte ihm bei der Gartenarbeit helfen. Er wolle ihm dann 50 Cent von seinen Schulden erlassen.

(–80)	–	(–50)	=	–30
80 Cent Schulden	weniger	50 Cent Schulden	gleich	noch 30 Cent Schulden

Eine Fülle von Rechenaufgaben oder sogenannten Sachaufgaben lässt sich zur Sicherung, Übung und Anwendung geben. Einige Beispiele:
(+19) + (–7) =
(–14) – (–23) =

$(-229) + (+375) =$
$(+9) - (+5) + (-2) =$
usw.

Didaktische Überlegungen

Für erfolgreiche Lernprozesse bei Schülern ist wichtig, wie dieser mathematische Sachverhalt an sie vermittelt wird / herankommt.

Die pure fachliche Vermittlung / Erarbeitung

Nehmen wir an, es gäbe den glasklaren Fachmann, der die Regeln relativ schnell vielleicht mit ein paar kleinen Beispielen an der Tafel veranschaulicht, dann aber sofort den Umgang mit dem neuen Wissen abfordert,dann kann man schnell Lernprobleme antizipieren:
- Das Tempo der Darstellung kann völlig an den Lernmöglichkeiten der Schüler vorbeigehen.
- Die Fachsprache kann geradezu unverständlich und vernebelnd wirken, wenn sie etwa so wie in der Sachanalyse verwendet wird.
- Die Schüler schreiben die Regeln auf oder lesen sie im Buch, verstanden haben sie sie nicht. Mechanische Anwendung wird, wenn überhaupt ,die Folge sein.

Die anschauliche Vermittlung / Erarbeitung

Der Fachdidaktiker verfolgt vielleicht den Plan, vor allem am Zahlenstrahl die mathematischen Sachverhalte zu verdeutlichen. Diese Anschauung wird vielen gut helfen. Die Frage ist, ob die Umsetzung in die Sprache der Regeln, in Zahlengleichungen, in die Buchstabenfassung deshalb schneller gelingen wird oder ob die „Theoretisierung" auf die gleichen Verständnisprobleme stoßen wird. Dann wären die Probleme die gleichen wie beim strengen Fachmann. Das bewegliche Hin- und Herdenken von Regelsprache zu Formeln, zu Veranschaulichungen und schließlich zurück zu den sogenannten Sachaufgaben erfordert geistige Beweglichkeit.

Die pragmatische Vermittlung/ Erarbeitung

Entsprechend dem Ansatz des concept mapping (Kinder und Jugendliche haben den ihnen spezifischen Zugang zu mathematischen Sachverhalten: theoretisch – abstrakt oder anschaulich – konkret mit Zwischenstufen) könnte ein Lehrer ganz von Sachverhalten und Situationen des Alltagslebens ausgehen. Er verwendet zunächst also nur Aufgaben wie die zwei schon beschriebenen oder noch andere wie:

concept mapping

101

- Ein Thermometer, dessen Quecksilbersäule auf +8 °C steht, steigert erst um 12 °C, dann um 18 °C, fällt daraufhin um 20 °C und zuletzt um 26 °C. Welche Temperatur zeigt es jetzt an?
- Jemand gewinnt im Spiel zuerst 25 Cent, verliert dann 10 Cent, gewinnt danach 30 Cent und zuletzt noch 15 Cent. Wie viel hat er jetzt?

Nun wird spannend sein: Die Aufgaben sind relativ leicht auszurechnen. Das werden also viele Schüler können. Die Umsetzung in Bewegungen auf dem Zahlenstrahl wird auch ganz gut gelingen. Wenn aber die Aufgabe ist, die Vorgänge arithmetisch auszudrücken, könnten ganz schnell massive Schwierigkeiten auftreten:

Würde nun das Ergebnis das allein Wichtige sein oder vielmehr die arithmetische Darstellung? Hier tritt sehr deutlich die didaktische Spannung zwischen mathematischem Alltagswissen und mathematischer Fach- und Formelsprache auf. Wer letzterem nicht so entsprechen kann, ist der dann ein schlechter Schüler in Mathematik, obwohl die Ergebnisse stimmen?

Das Feld der eventuell auftretenden Lernschwierigkeiten ist damit in etwa abgesteckt. Es ist im Grunde ein didaktisches Minenfeld! Im folgenden wird nicht mehr die Frage nach einer Differenzierung der Vermittlung / Erarbeitung verfolgt. Sie ist evident geworden.

Interessanter ist die Frage, welche Differenzierungsstrategien möglich wären, wenn das „Kind so oder so in den Brunnen gefallen ist". Von Mikrostrategie ist die Rede, weil es um einen kleinen, eng umschriebenen Sachverhalt geht und das Problem eigentlich behoben werden müsste, um nicht Lernausfälle kumulieren zu lassen.

Mikrostrategien der Differenzierung

Mikro-strategien

Im folgenden werden Problemstellen / Defizitnester angenommen, um daraufhin differenzierende und helfende / fördernde Lernwege zu konzipieren. Dabei muss klar sein, dass die Fehleranalyse / Lerndiagnostik im unterrichtspraktischen Fall die Stellen suchen und finden muss, an denen Mikrostrategien ansetzen. Im vorstehend dargestellten Mathematikbeispiel können sich Fehlernester an etlichen Stellen auftun.

1. Mikrostrategie: Zahlenstrahlübungen

Aufhol-programm

Wenn die Vorstellungen von positiven und negativen Zahlen noch unsicher sind, sind sicher die anschaulichen Übungen am Zahlenstrahl hilfreich. Vielfache Übungen auf dem Blatt oder mithilfe einer Stab-

reihe und zweifarbigen auflegbaren Kugeln können ein kleines Auf-
holprogramm ausmachen (Aufholen gegenüber der Ersterarbeitung).

2. Mikrostrategie: Addieren / Subtrahieren von positiven und negativen Zahlen

Es könnte sein, dass die an sich einfachen Operationen des Addierens **Elementari-**
bzw. Subtrahierens von positiven und noch mehr von negativen Zah-   **sierungs-**
len nicht gelingt. Während Fehlerhäufungen beim Addieren / Subtra-   **programm**
hieren positiver Zahlen schon erstaunen würde – aber natürlich möglich sind – sind diese Operationen bei negativen Zahlen womöglich
kniffliger (die Addition (+) bei negativen Zahlen (–)). Ein kleines Ele-
mentarisierungsprogramm (kleine oder größere Zahl entsprechender
Übungen mit einfachen Zahlenwerten) stünde an.

3. Mikrostrategie: Relative Zahlen mit entgegengesetzten Vorzeichen

Jetzt wird es kniffliger! Eine Reihe von Unterrichtsregeln ist zu lernen **Reduktions-**
und anzuwenden. Die Frage ist: ist die Regel überhaupt verständlich   **strategie**
(Sprachverstehen) oder sind konkrete Operationen mit Zahlenarten
erst einmal hilfreicher. Wer den Sinn einer Regel nicht versteht, kann
sie auch nicht anwenden. Hier könnte eine wirkliche Klippe liegen,
wenn Regeln zu schnell erklärt werden, evtl. aufgeschrieben werden,
dann aber schon selbstständig angewendet werden sollen. Verlangsamung oder viele gemeinsam durchgeführte Beispiele (Häufigkeit der
Durchführung), Verzicht erst einmal auf Regel und Formel (Redukti-
onsstrategie) könnten hier wichtige Mikrostrategien werden.

4. Mikrostrategie: Schematabildung

Für Schüler könnte dennoch alles „unverständlich" bleiben. Feste Bearbeitungsschemata könnten eine Hilfe sein:

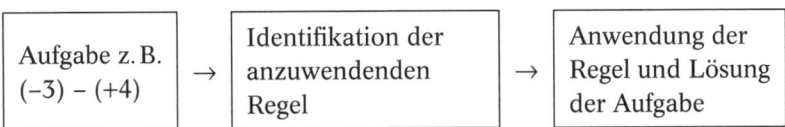

Bearbeitungsschemata mögen kritisch gesehen werden, weil sie zu-   **Verfahrens-**
nächst Verständnis nicht zu implizieren scheinen. Aber im Sinne eines **geländer**
sicheren Verfahrensgeländers können sie eine wichtige Hilfe sein.
Wenn sie dann noch durch tutorielle Hilfe begleitet sind (ein Mitschüler hilft, versprachlicht ständig, steuert das Vorgehen vorsichtig), ist
auch hier der Lernfortschritt möglich.

5. Mikrostrategie: Anker schaffen durch Veranschaulichung

Anker Der Anker ist immer wieder der Zahlenstrahl. So häufig wie möglich ist er der Rückgriff, mit dem die Operationen und Regeln zu konkretisieren sind. Durchgehend sollte er daher zur Verfügung stehen, um das operative Denken zu stützen.

6. Mikrostrategie: Verlebendigung der Mathematik

variable Wege Sachaufgaben sind für das Lernen an sich ambivalent. Sie können konkretisieren, sie können aber auch durch Konkretion den mathematischen Sachverhalt überdecken. Aber lerntheoretisch gesehen sind sie allemal ein anderer Zugriff. Es gibt Lerner, die durch Alltagssituationen angesprochen werden. Wenn Unterricht die drei Ansätze verfolgen kann wie (1.) den mathematischen Sachverhalt im engeren Sinn (Formeln, Regeln, Denkoperationen), (2.) den anschaulichen Weg mit Hilfe des Zahlenstrahls und (3.) die Sachaufgabe als Alltagskonkretion, entstehen drei Zugriffe für die Lernenden, die man, wenn Lernpräferenzen bekannt sind, einsetzen kann. Die Logik von Alltagsoperationen (Schulden abtragen) kann jedenfalls das mathematische Verständnis fördern.

7. Mikrostrategie: Die Häufigkeit von Übungen

Häufigkeit von Übungen Schon früher ist von dem Lernprinzip die Rede gewesen, durch Häufigkeit von Übungen einen Lernbesitz zu sichern.Diese alte Regel (verbunden mit dem Jostschen Verteilungsgesetz) ist immer wieder zu beherzigen. Das Automatisieren von Operationen ist für viele Lernende wichtig, weil sie vor allem über Training, Routine, Häufigkeit Vorgehensweisen für sich sichern. Deshalb ist ein recht großer Fundus von Aufgaben bereitzuhalten, der z. B. in Phasen offenen Unterrichts (WDA, FA) von Schülern dann genutzt werden kann.

Zusammenfassung

Innere Differenzierung ist ein altes Desiderat der Schulpädagogik. Sie wird immer noch nicht ausreichend praktiziert. Die sogenannten Megastrategien liegen gut ausgearbeitet vor. Wer sich näher mit ihnen befasst, stößt immer wieder darauf, dass die Organisationsmuster im Grunde zu grob sind.

Deshalb war hier von den sogenannten Mikrostrategien die Rede, die – an einem Beispiel dargestellt – einen genaueren Zugriff auf Differenzierungsmaßnahmen erlauben sollen. Die Hoffnung ist, der inneren Differenzierung damit einen Entwicklungsschub zu geben.

Im Überblick seien noch einmal die Ansätze dargestellt:

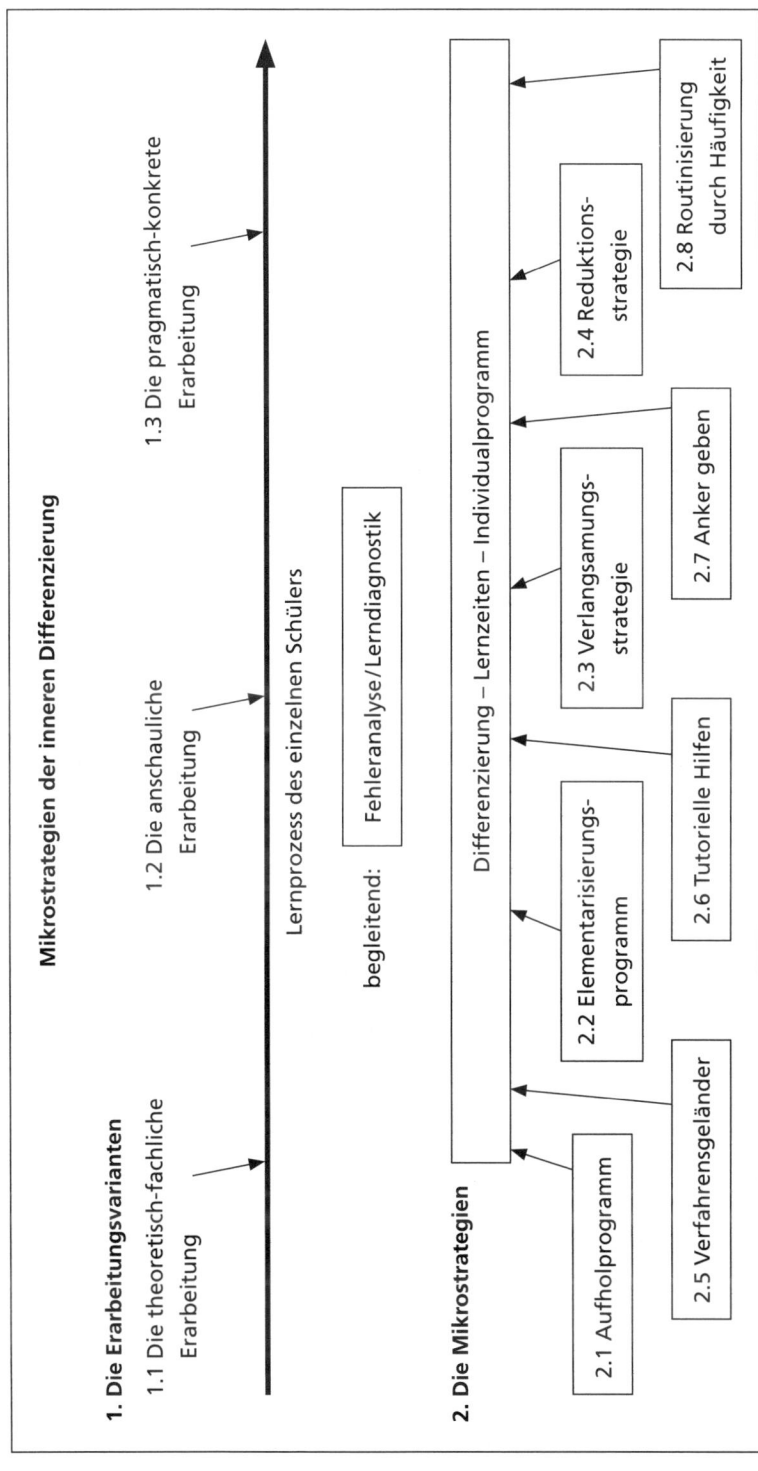

Abb. 27: Mikrostrategien der inneren Differenzierung

Wenn die infrastrukturellen Elemente wie Zeitrahmen + Lernmaterialien + Erklärungshilfen + Fehleranalyse / Lerndiagnostik + individuelle Lernentwicklungsberichte als gegeben vorausgesetzt werden können, verbindet sich mit diesem Ansatz die Hoffnung, dass mehr Schüler als erwartet die gesetzten Lernziele erreichen können. Das ist das Grundanliegen guten Unterrichts.

Ein anderes Thema wäre es, zu prüfen, ob nicht auch in Fragen der Leistungsfeststellung und -beurteilung konsequenterweise mehr Differenzierung greifen müsste (differenzierte Klassenarbeiten, mehr Lernerfolgskontrollen im Vorlauf, Wiederholbarkeiten in die Zeit hinein (weg von den einmaligen Leistungstests))!

7.3 Differenzierung im Sachunterricht

Ausgang: Entwicklung der Landkarte des Themas

Das Thema „Differenzierung" ist bisher im Sachunterricht nicht überaus üppig behandelt worden, weil es seine Zuspitzung ständig über das Teilthema „Leistungsdifferenzierung" erfährt und dann für die herkömmlich für wichtiger gehaltenen Lehrgangsbereiche „Schreib-Leselehrgang" und „Mathematiklehrgang" erörtert wird. Implizit aber spielt es auch im Sachunterricht dauernd eine Rolle. Dies soll im Folgenden explizit gemacht werden. Wenn man von folgenden Differenzierungskriterien ausgeht, kann man quasi eine aufsteigende Linie von Differenzierungsstrategien darstellen.

Differenzierungskriterien

1. Differenzierung nach Arbeitsweisen und Lernwegen – Methodische Differenzierung
Der Sachunterricht eignet sich vorzüglich für eine differenzierte Bearbeitung von Unterrichtsinhalten und hat hier seine didaktisch-methodischen Stärken entwickelt.

2. Differenzierung nach Pflicht und Wahlangeboten –
Wahl- und Interessendifferenzierung
Die Anwendung vorliegender Subkonzepte offenen Unterrichts erlaubt schnell eine Differenzierung nach Pflicht- (Fundamentum-) und Wahl- (Addita-)angeboten und damit eine Berücksichtigung von Lerntempi bei Beibehaltung eines Grundwissens für alle.

3. Differenzierung unter den Gesichtspunkten von Quantität und Qualität der Bearbeitung von Unterrichtsinhalten –
Curriculare Differenzierung

106

Weniger ausführlich bedacht ist bis jetzt die Frage nach einer sogenannten curricularen Differenzierung, mit der eine differenzierte Beachtung von Lernquantitäten und Bearbeitungsqualitäten gemeint ist.

Die etwas genauere Beschreibung dieser drei Kriteriensets sei im Folgenden versucht.

Differenzierung nach Arbeitsformen und Lernwegen
Einer der länger schon vorliegenden Systematisierungsversuche
stammt von Einsiedler (Einsiedler 1977). Er unterschied:

1. Arbeitsformen in Abhängigkeit von der Konkretheit des Gegen-   **Arbeitsformen**
standes
• Die Arbeit an der Wirklichkeit
  – Der Unterrichtsgang (z. B. zur Kiesgrube)
  – Die Objekterkundung (z. B. Mutters Bügeleisen)
  – Gäste im Unterricht (z. B. der Polizist)
• Die Arbeit mit Modell, Schema, Bild
  – Das dreidimensionale Modell (z. B. Modell der Schule)
  – Das bewegliche Schema (z. B. an Flanelltafel)
  – Der Unterrichtsfilm, das Video
  – Das Dia, Anschauungsbild, die Zeichnung
• Die Arbeit mit dem Wort
  – Die Befragung
  – Die Erzählung

2. Arbeitsformen als Befragen der Natur
• Die Beobachtung
• Der Versuch

3. Arbeitsformen des Machens und Vormachens
• Die Handlungseinheit (z. B. einen Adventskalender basteln, eine
  Schulordnung aufstellen)
• Die Darstellungseinheit (z. B. das Einkaufen, der Umgang mit frem-
  den Sachen)

4. Arbeitsformen in unterschiedlichen sozialen Formationen
• Gruppenarbeit
• Partnerarbeit
• Das gelenkte Gespräch
• Das freie Gespräch (Diskussion)

107

Über die vorliegende Systematik ist hier keine problemorientierte Erörterung notwendig. Sie soll anschaulich machen, dass der Sachunterricht besser, als es andere Unterrichtsfächer können, in der Lage ist, aufgrund der Strukturen seiner Inhalte eine ausgeprägte Differenzierungskultur bei der Er- und Bearbeitung von unterrichtlichen Inhalten anzubieten. Die alte Brunersche Trias vom enaktiven, ikonischen und konnotativen Lernen ist relativ leicht realisierbar und erlaubt die Einrichtung / das Arrangement wirklich variabler, differenzierender Lernwege. Das könnte z. B. zu einer Differenzierung der Vermittlung / Erarbeitung in folgendem Modell führen:

- Drei Lehrer bieten in einer Einführungsphase drei Klassen ihre Unterrichtskonzepte an:

Aufnehmendes Lernen

  - **Konzept 1** wird darin bestehen, das Thema „die Entstehung des Heimatortes" z. B. in Erzählungen eines Lehrers vorzustellen. Wer gern zuhört, so also am besten lernt, ist herzlich eingeladen. Texte, Zusammenfassungen, eigene Notizen werden Hilfen sein. In der 4. Stunde folgt ein Wissenstest. Der Lernweg besteht in aufnehmendem Lernen.

Forschendes Lernen

  - **Konzept 2** wird darin bestehen, in Bücher, Chroniken nachzuforschen, Zeitzeugen zu befragen, den örtlichen Geschichtsexperten aufzusuchen und so die Geschichte zu erforschen. Ein Wissenstest erfolgt auch hier. Der Lernweg besteht in forschendem Lernen.

Erarbeitendes Lernen

  - **Konzept 3** geht von drei Texten aus, die zunächst gelesen werden müssen. Auf der Basis der Lektüre wird gemeinsam die Geschichte des Heimatortes erarbeitet. Ein Wissenstest schließt die Arbeit ab. Der Lernweg besteht in erarbeitendem Lernen.

- Die Schüler können wählen und entscheiden sich für ein Konzept. Aus den Klassen entstehen für die vorgesehene Zeit drei neue Lerngruppen.

Differenzierung nach Pflicht- und Wahlangeboten

Lernpartitur

Bekannt sind aus der allgemeindidaktischen Diskussion inzwischen die Subkonzepte Wochenplanarbeit, Wahldifferenzierter Unterricht, Stationenlernen und Projektarbeit. Sie erlauben einmal die Verstärkung selbstgesteuerten Lernens und eignen sich zum anderen vorzüglich für eine Differenzierung nach Pflicht- und Wahlangeboten und damit zur Berücksichtigung von Lerntempi und Lernarten. Mit folgendem allgemeinen Schema kann man die Grundlernpartitur aufzeigen:

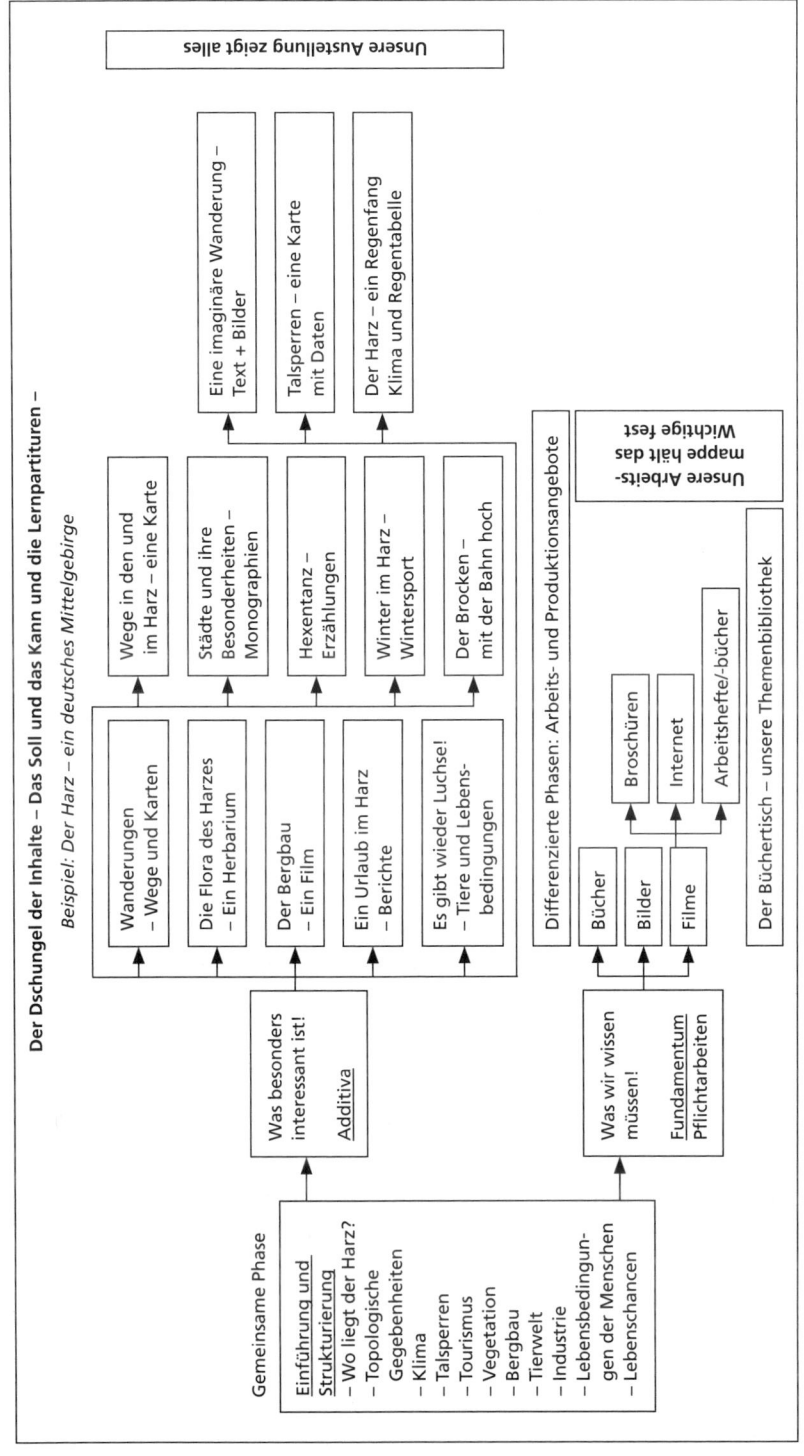

Abb. 28: Grundlernpartitur

Die gemeinsame Phase führt zum Thema hin, strukturiert es, gibt Arbeitshinweise. Der Zeitplan wird entwickelt. Die **„Landkarte"** der Themenaspekte, der Arbeitsmöglichkeiten, der zur Verfügung stehenden Hilfen entsteht.

Aus der gemeinsamen Phase ergibt sich auch gleich die Checkliste des Fundamentum (was wir auf jeden Fall wissen müssen!). Jeder muss die Zeit kalkulieren, die er dafür brauchen wird. Aber dann gibt es da ganz unterschiedliche und verlockende Arbeitsangebote. Man kann prüfen, was man bearbeiten möchte, welche Hilfen man findet, was Eltern, Nachbarn, Freunde wissen. Ein Ausflug z. B. in den Harz wäre eventuell möglich (mit den Eltern, Freunden). Experten könnte man suchen.

Wichtig für die Additiva-Angebote ist, dass eine **Phase des Stöberns, Suchens, Forschens, Recherchierens** eingeräumt wird und dann die Arbeit geplant wird. Die Verabredung kann sein, dass jeder zwei Additiva bearbeitet (oder nur ein Additum oder gar drei). Das Feld der Vorhaben differenziert sich jedenfalls sehr stark.

Wichtig ist dann die Ergebnissicherung: In der Arbeitsmappe halten wir das Wichtige, Unerlässliche fest. Die Ausstellung in der Pausenhalle oder im Flur zeigt die Vielfalt der Arbeitsprodukte. Die Lernwege sind vielfältig und differenziert. Aber der steinige Weg des Speicherns, des Rezipierens, des Festhaltens muss eben auch gegangen werden. Man kann die Lernpfade zu den Additivathemen auch genauer beschreiben, man könnte Lernstationen mit dem jeweils entsprechenden Equipment einrichten.

Differenzierung unter den Gesichtspunkten von Quantität und Qualität der Bearbeitung von Unterrichtsinhalten – Curriculare Differenzierung

Kaum Eingang gefunden in die Differenzierungsdiskussion hat, was hier curriculare Differenzierung genannt wird. Im Vordergrund steht immer die Lernwegdifferenzierung (methodische, mediale und organisatorische Aspekte). Curriculare Differenzierung ist ein Denken von den Inhalten her. Implizit wird dies bei jeder Unterrichtsplanung und -durchführung gemacht. Diese Differenzierung hat weit reichende Folgen und ist daher ein dringliches Desiderat didaktischen Denkens.

Unterrichtsinhalte werden für Klassen der Grundschule nach qualitativen und quantitativen Gesichtspunkten aufbereitet.

Differenzierung nach der Qualität der Bearbeitung

Differenzierung nach Qualität Die These ist, dass die Bearbeitung dann auf der Basis von Entscheidungen erfolgt, die sich im folgenden Strukturschema abbilden lassen:

110

Grundkategorien	Operationalisierungen
Datenwissen (Nenn-, Merkwissen)	Eine identifizierbare Menge von Daten ist zu speichern: Beim Thema „Harz": Wir müssen 4 Städte, 4 Flüsse, 4 Berge, 4 Talsperren nennen können.
Strukturwissen (Verstehen von Zusammenhängen)	Zusammenhänge, Kausalbeziehungen, Strukturen werden verstanden: z. B. Klima und Landwirtschaft im Harz, Regenmenge und Wassersammler (Talsperren), usw.
Transferwissen (Übertragungs- und Anwendungswissen)	Das Erarbeitete kann auf ähnliche Gegebenheiten übertragen werden: Klima und Pflanzen- und Tierwelt im Bayerischen Wald, Landschaft und Wirtschaft in der Rhön, usw.

Die Konsequenzen der Berücksichtigung oder Nichtberücksichtigung dieser Kategorien sind evident. **Datenwissen** allein bleibt funktionslos, ist nicht übertragbar, schafft kein Verstehen. **Strukturwissen** macht Zusammenhänge klar und schafft erst wirkliches Verstehen einer Landschaft. **Transferwissen** ist curricular überaus bedeutsam, weil es Kategorien schafft, eine andere Landschaft (z. B. Lüneburger Heide) ganz anders anzugehen. Was exemplarisch erarbeitet worden ist, schafft Orientierungskategorien für den zweiten Fall.

Curriculare Differenzierung heißt also, mittelfristig zu prüfen und zu planen, welche Bearbeitungsniveaus anfänglich und später zum Tragen kommen sollen, auf welchen Bearbeitungsniveaus unterschiedliche Schülergruppen schwerpunktmäßig arbeiten können und welche Bedeutung die Grundkategorien mittelfristig haben (bei den 3–4 Schülern bin ich schon mit Datenwissen zufrieden, die größere Gruppe meiner Klasse will ich zu Strukturwissen führen, von 5–6 Schülern verlange ich ständig Übertragungen und Anwendungen). Die methodische Differenzierung bekommt dann erst ihren wirklichen Sinn, weil ich auf Anspruchsniveaus die Lernangebote abstellen kann (die können das schon, jene will ich jetzt auch dahin bringen).

Anspruchs-niveau

Differenzierung nach der Quantität der zu bearbeitenden Inhalte
Unterrichtsinhalte gibt es im Grunde immer in endloser Zahl. Aber es ist eben auch nicht belanglos, welche in welchem Umfang zur Bearbeitung kommen. Eine zu große Anspruchslosigkeit kann schon bei der Inhaltsauswahl beginnen, umgekehrt kann die Verfolgung einer Systematik ganz schnell zu Wissensnot führen. Wenn man das Problem am

111

Beispielthema „Tiere und Pflanzen an und in Binnengewässern" verfolgt, kann man Folgendes deutlich machen:

Systematik Die erste Grundentscheidung liegt in der Wahl zwischen biologischer Systematik oder Biotopzusammenhängen. Entscheidet man sich für die zweite Variante, hat man zwei Teilthemen:
- Tiere und Pflanzen an fließenden Gewässern (Bäche, Flüsse) und
- Tiere und Pflanzen an stehenden Gewässern (Tümpel, Teiche, Seen).

In Bächen und Flüssen	An und in Tümpeln, Teichen, Seen	
	Pflanzen	Tiere
• Tauchpflanzen passen sich der Wasserströmung an. • Fische verteilen sich auf verschiedene Flussregionen. • Aale wandern Tausende von Kilometern. • Der Flusslurch ist ein gepanzerter Gliederfüßler. • Die Flussmuschel gehört zum Stamm der Weichtiere.	• Die Pflanzen der Uferzone bilden einen Pflanzengürtel. • Das Schilfrohr gilt als Charakterpflanze des Röhrichts. • Zwischen Röhricht und Seerosengürtel leben amphibische Pflanzen. • Seerosen besitzen besondere Einrichtungen für das Leben im Wasser. • Tauchpflanzen bieten Wassertieren Nahrung und Schutz.	• Libellen machen eine vollkommene Verwandlung durch. • Stechmücken entwickeln sich in stehenden Gewässern. • Eintagsfliegenlarven atmen mit Tracheenkiemen. • Die Larven der Köcherfliegen bauen Gehäuse. • Der Gelbrand ist ein räuberischer Schwimmkäfer. • Wasserwanzen zeigen unterschiedliche Anpassungserscheinungen. • Wasserspinnen bauen Taucherglocken. • Wasserflöhe gehören zu den Kleinkrebsen. • Schnecken sind Wassertiere oder Feuchtlufttiere.

Nimmt man dieses Themenfeld einmal beispielhaft für das hier zur Rede stehende Thema, ergeben sich schnell Differenzierungsstrategien:

- Schlichte Reduktion von Inhalten und Zielen (z. B. nur ein Teilbereich)
- Ein ausgewogener Set von Biotopbeschreibung (orientierender Überblick) und Exempla (ausgewählte Tiere und Pflanzen)
- Reduktion von Komplexität (Verzicht auf Lebenszusammenhänge)
- Verdünnung der Bearbeitungsmodi (nur Text- und Bildlernen statt Lernarbeit vor Ort)

Differenzierungsstrategien nach Quantität

Man kann die These aufstellen, dass die sogenannte **curriculare Differenzierung** auf den beiden Ebenen von Qualität und Quantität im Unterrichtsalltag eine viel bestimmendere Rolle spielt als andere Differenzierungsansätze und dass sie zum Schluss die Qualität des Unterrichts am entscheidendsten bestimmen. Insofern standen methodische und Wahl-/Interessen-Differenzierung in den letzten Jahren zu stark im Vordergrund! Die Verknüpfung der drei Differenzierungsansätze – die jetzt eigentlich darzustellen wäre – weist auf Anspruch und Komplexität des Sachunterrichts hin.

7.4 Zieldifferente Differenzierung – ein ganz anderer Ansatz

Mit dem Begriff der zieldifferenten Differenzierung ist ein relativ neuer Gedanke in der Diskussion aufgetaucht – relativ, weil unter den Gesichtspunkten der Interessen- und Wahldifferenzierung immer auch schon zieldifferente Differenzierung praktiziert worden ist. Sie meint in dem hier kurz zu entwickelnden Zusammenhang die Aufgabe zielgleicher Differenzierung auch unter dem Leistungsaspekt angesichts sehr heterogener Schülergruppen: Integration (gemeinsame Klassen behinderter und nichtbehinderter Schüler). Der Begriff der Integration meint, dass

Zieldifferente Differenzierung

- alle Kinder
- in Kooperation miteinander
- auf ihrem jeweiligen Entwicklungsniveau
- an und mit einem gemeinsamen Unterrichtsgegenstand

lernen.

Dies wird durch eine basale, kindzentrierte, allgemeine Pädagogik realisiert (Feuser/Meyer 1987). Sie verlangt nach einer Differenzierung von Zielen, um den Entwicklungs- und Lernniveaus aller Kinder gerecht zu werden. In letzter Konsequenz würde dies bedeuten, dass nahezu jedes Kind nach seinem individuellen Curriculum arbeitet. Das könnte aber zu einer starken Vereinzelung führen. Kooperation bleibt bei integrativem Unterricht aber ein wesentliches Bestimmungsmoment. In einer allgemeinen Weise kann das Dimensionen- und Kriterienraster von Klafki und Stöcker einen Orientierungsrahmen geben (Klafki/Stöcker 1985), in einer spezielleren Weise die Vorstellung einer entwicklungslogischen Didaktik von Feuser (Feuser 1989).

		Differenzierungsaspekte					
	Unterrichts-phasen	1. Stoffumfang/Zeitaufwand	2. Komplexitätsgrad	3. Anzahl der notwendigen Durchgänge	4. Notwendigkeit direkter Hilfe/Selbstständigkeit	5. Art der inhaltlichen oder methodischen Zugänge/Vorerfahrungen	6. Kooperationsfähigkeit
Aneignungs- und Handlungsebenen 1. konkret 2. explizit sprachlich 3. rein gedanklich	1. Aufgaben-stellung und -entwicklung						
	2. Erarbeitung						
	3. Festigung						
	4. Anwendung/Transfer						

Tab. 8: Dimensionen- und Kriterienraster von Klafki/Stöcker

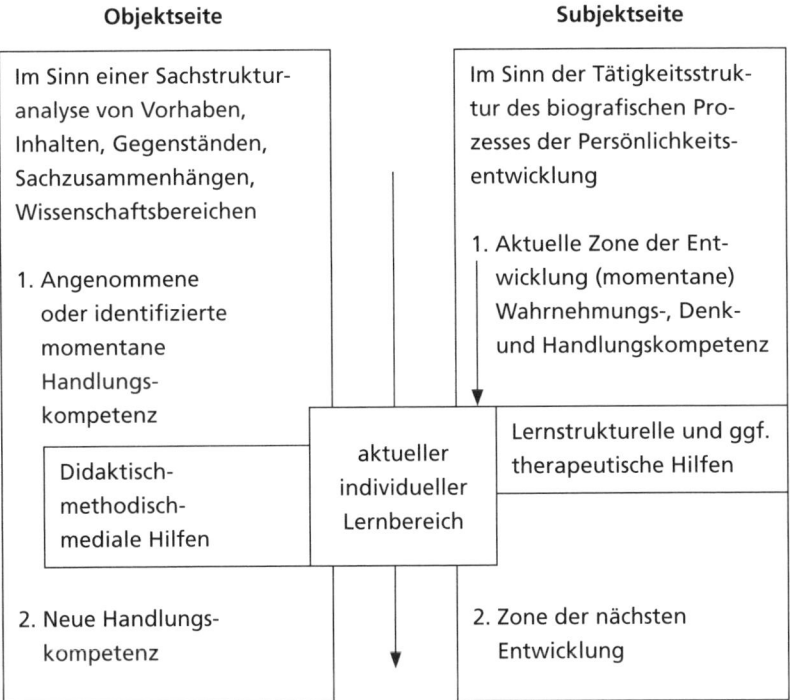

Abb. 29: Das didaktische Feld einer entwicklungslogischen Didaktik nach Feuser (modifiziert)

Im Sinne einer Passung werden Sachanforderung und Handlungs- / Lernkompetenz zu verknüpfen versucht.

Passung

An einem kleinen Beispiel seien sogenannte Niveaustufen für ein drittes Schuljahr identifiziert (Demmer-Dieckmann 1991):

Niveaustufen

Im Rahmen eines Projekts „Robinson – Leben auf einer einsamen Insel" mit etlichen Themenschwerpunkten wie
• Leben früher und heute,
• gesunde Ernährung – einseitige Mangelernährung,
• Schifffahrt,
• Wohnräume früher und heute u.a.m.
spielt im angeschlossenen Deutschunterricht das Lesen eine große Rolle. Im Rahmen der Geschichte „Robinson und seine Strandung mittels eines Holzstückes auf einer Südseeinsel" sind Szenen nachgespielt worden. Danach wurde das Gespielte als differenzierter Lesetext bearbeitet. Drei Niveaustufen wurden unterschieden, um die o. g. Passung zwischen Sachanforderung und individueller Handlungs- / Lernkompetenz am gleichen Inhalt zu erreichen.

1. Niveaustufe
Die Geschichte wird in vier Bildern dargestellt. Sechs für die Geschichte wichtige Wörter (Robinson, Schiff, Sturm, Wasser, Holz Land) sind in Blockbuchstaben geschrieben. Zwei Kinder sollen die Bilder der Reihenfolge entsprechend ordnen und aufkleben. Anhand der Bilder sollen sie die Geschichte erzählen. Die Wörter sollen sie den Bildern zuordnen.

2. Niveaustufe
Die Geschichte ist in fünf kurzen und prägnanten Sätzen je in Druckschrift und in Schreibschrift beschrieben. Als Hilfsmittel stehen vier Bilder zur Verfügung. Sechs Kinder sollen den Text in Druckschrift und in Schreibschrift lesen und mündlich nacherzählen. Für zwei Kinder sind Silbenstriche im Text vorhanden.

3. Niveaustufe
Die Geschichte ist ausführlich als 1½ seitiger Text (DIN-A4) geschrieben. Fünf Kinder sollen den Text lesen und mündlich nacherzählen. Fünf Kinder sollen den Text lesen und die Geschichte mit eigenen Worten aufschreiben.

Es wird deutlich, dass entsprechend der Tätigkeitsstrukturanalyse und der Sachstrukturanalyse Lernaufgaben auf unterschiedlichen Niveaustufen konzipiert werden, die den Sinn haben, jedem Kind seinen aktuellen Möglichkeiten entsprechend Impulse zu geben, Fortschritte zu ermöglichen und gleichzeitig die Arbeit an einem Thema für alle zu erhalten. Eine konsequente Buchführung ermöglicht es dann, individuelle Lernverläufe zu notieren und unterschiedliche Lernstände (zieldifferent) zu dokumentieren und zu akzeptieren. Natürlich bleibt die „Orientierungsfolie" die des herkömmlichen Leselehrganges. Darüber sollte auch diese Differenzierungsmöglichkeit nicht täuschen. Wichtig ist, in den Lernberichten die tatsächlichen Lernfortschritte festzuhalten und auf Sanktionen (Herausnahme aus der Lerngruppe / Klasse) zu verzichten.

7.5 Kompetenzorientierter Unterricht: Die Beatenberg-Pädagogik – eine alternative Schule

Vorbemerkung

Nach wie vor haben viele Schulen kein konzises Konzept für gutes Lernen. Unterricht ist bekanntlich eine Veranstaltung, die bei Lernenden Lernen initiieren und zum Erfolg führen soll. Häufig ist Unterricht eher lernunfreundlich gestaltet. Eine endlose Folge von Unterrichtsstunden zwingt Schüler, sich ihr auszuliefern. Sie kommen dabei nicht zur Besinnung und schon gar nicht dazu, Lernen vielleicht aus eigener Initiative in Angriff zu nehmen. Da jede Lehrperson so ihre eigene Vorstellung von Unterricht hat, sind für die Schüler dauernd Umstellungen notwendig. Und wenn sie nicht so richtig „funktionieren", wie es erwartet wird, greifen Sanktionen, erfolgen Schuldzuschreibungen mithilfe der „Notenpeitsche". Wenn schulisch eine Alternative nach unten besteht, können die alten Abschiebemechanismen fröhliche bzw. böse Urständ feiern. Natürlich gibt es da und dort Alternativen, die z. B. bei der Verleihung des Deutschen Schulpreises deutlich geworden sind. Häufig bleibt es aber bei Partialkonzepten, ohne dass der Gesamtrahmen im Blick ist. Die bange Frage ist, wie viele Schulkarrieren wohl wegen defizienter Lernbedingungen scheitern. Üblicherweise werden sie auf das Konto „fehlende Intelligenz / Begabung" gebucht, ohne dass man an die wahren Ursachen herankommt.

Die Suche nach den guten Beispielen

Wen die kurz beschriebenen Verhältnisse nicht in Ruhe lassen, wird ständig nach Alternativen suchen. Partielle Verbesserungsansätze gibt es genug. Interessanter sind Gesamtkonzepte, die eine Schule in ihrer Gänze verändern. Ein äußerst interessantes Beispiel soll hier kurz dargestellt und kommentiert werden.

Die Beatenberg – Pädagogik
Andreas Müller, der Leiter des Instituts Beatenberg (das ist eine Internatsschule) hat in mehreren Publikationen die Philosophie und Praxis dieser Schule beschrieben (siehe Literaturverzeichnis).

Es geht um eine Lernkultur, die den Schüler und seine Entwicklung in den Mittelpunkt stellt. Die Schüler sollen selbstwirksam sein

Selbstwirksamkeit

117

und an sich und ihre Fähigkeiten glauben. Der Mensch ist ein Wesen auf der Suche nach Sinn. Sinn entwickelt sich aus der Möglichkeit, hier und jetzt etwas zu tun, die Situation zu beherrschen oder zu verändern, etwas zu unternehmen, kurz: sich selbstwirksam zu erleben. **Selbstwirksamkeit** ist jene subjektive Gewissheit, neue oder schwierige Anforderungssituationen aufgrund eigener Kompetenzen bewältigen zu können. Das ist der Grundgedanke, der zur Ausfaltung aller konkreten Gestaltungselemente führt.

Das Zusammenspiel von Wissen, Können und Wollen entwickelt sich vor allem in Abhängigkeit von der **schulischen Ermöglichungskultur**. Die Schule muss ein Ort sein, wo Erfolge – viele kleine Siege über sich selbst – generiert werden. Die Lernenden sollen erkennen: ich kann etwas. Leistung und Erfolg sollen erstrebenswert sein, also ist die Ermöglichung von Lernerfolgen besonders wichtig.

Referenz-rahmen Klima und Kultur einer Schule sind zunächst einmal entscheidend. Aber dann wird der in der Schule viel gebrauchte Begriff der Selbstwirksamkeit entscheidend. Selbstwirksam lerne ich, wenn ich mich an Verbindlichkeiten, an einem sogenannten Referenzrahmen orientieren kann, um einzuschätzen zu lernen, wo ich mit meinen Lernbemühungen stehe, wo ich Sinn und Orientierung für meine Weiterentwicklung bekomme. Das „**Ich-kann**" ist dabei allemal wichtiger als das, was noch zu lernen ist.

Wenn man sich den konkreten Gestaltungselementen nähern will, muss man zunächst einmal auf die sogenannten Lernräume eingehen.

Die Lernräume

Lernräume Der schulische Alltag ruht im Wesentlichen auf vier Säulen:
1. In den sogenannten **Lernteams** arbeiten Schüler alters- und leistungsgemischt einzeln und/oder in Gruppen an individuellen Vorhaben und persönlich relevanten Zielen. Hier verbringen sie etwa die Hälfte ihrer Arbeitszeit. Eine Flüsterkultur in den offenen Lernräumen erlaubt es den Lernenden, sich untereinander auszutauschen, Aufgaben gemeinsam zu bearbeiten oder mit den Lehrenden (sie werden Coaches genannt) Absprachen zu treffen, ohne dass sich die anderen bei ihrer Arbeit gestört fühlen.
2. Bei den sogenannten **Intensivtrainings** in Deutsch, Englisch, Französisch und Mathematik – jeweils in sechs bis acht Niveaustufen angeboten – handelt es sich um Kleingruppenunterricht. Hier besteht die Möglichkeit eines systematischen Aufbaus fachlicher Kom-

petenzen. Die Schüler bereiten in der Regel ihre Intensivtrainings während der Lernteam-Zeit vor bzw. nach.

3. **Aktivs** werden jene nachmittäglichen Arrangements genannt, die den sportlichen, kreativen und handwerklichen Interessen Rechnung tragen. Die Lerncoaches bieten unterschiedliche Aktivs (z. B. Ausdruck, Sport, Gebrauchsgrafik) für die Dauer jeweils eines Trimesters an. Die Lernenden entscheiden sich jedes Trimester von Neuem verbindlich für drei Angebote pro Woche.

4. **Special learning days**, an denen die Lehrpersonen unterschiedliche, wahloffene Angebote wie z. B. Bewegung machen, setzen etwa alle zwei Wochen spezielle inhaltliche und methodische Akzente. Sie durchbrechen auch organisatorisch und zeitlich den Rahmen des üblichen Arbeitsalltages.

Das bedeutet in der Summe, dass das Lernen im Unterschied zu der endlosen Reihung von 45-Minuten-Stunden in ganz anderen Arbeits- und Zeitrhythmen realisiert wird. Diese sehr offene und differenzierte Organisation des Lernens kann schnell überfordern. Und so gibt es zwei Werkzeuge, die das Lernen des Einzelnen prägen und helfen, das eigene Lernen zunehmend selbstständig zu realisieren: die **Kompetenzraster** und das **Layout**. Sie ermöglichen das sogenannte Referenzieren, das ist das In-Beziehung-setzen der eigenen Leistungen mit den Referenzwerten der Kompetenzraster.

Referenzieren

Die Werkzeuge

Diese zentralen Elemente müssen etwas ausführlicher dargestellt werden.

Kompetenzraster

Kompetenzraster definieren die Inhalte / Inhaltsbereiche in einem Fach und die damit verbundenen Qualitätsmerkmale / -stufen. Sie sind als Matrix gestaltet. In der Vertikalen werden jene Leistungsbereiche aufgeführt, die ein Fachgebiet inhaltlich bestimmen (das Was). In der Horizontalen werden zu jedem dieser Leistungsbereiche vier bis sechs Niveaustufen definiert (wie gut?). Die Lehrpläne sind also in eine synoptische Darstellung gebracht worden und stecken den Entwicklungs- / Lernhorizont ab: von einfachen Grundkenntnissen bis hin zu komplexen Fähigkeitsstufen.

Jeder Schüler bekommt diese Kompetenzraster in die Hand. Das macht es ihnen möglich, sich zu orientieren und ihre Leistungen mit

Kompetenz-raster

den formulierten Kompetenzen in Beziehung zu setzen. Der Lehrplan wird zum Lernplan.

Dieses individuelle Sich-orientieren an einer Bezugsnorm ist der entscheidende Schritt zu selbstwirksamem Lernen. Zu jedem Rasterfeld gibt es vielfältige Lernmaterialien (Checklisten, Aufgabensammlungen, Lehrmittel, Arbeitsmaterialien, computergestützte Lernprogramme). Ein Beispiel sei im Folgenden gegeben:

Kompetenzen	Niveaustufen					
	1	2	3	4	5	6
Zahlen und Operationen	Ich kann Addition und Subtraktion im Zahlenraum bis 20 in allen Situationen anwenden. Ich kann positive Zahlen darstellen, ordnen und vergleichen.	Ich kann die vier Grundrechenarten im Zahlenraum bis 100 in allen Situationen anwenden. Ich kann positive Zahlen darstellen, ordnen und vergleichen.	Ich kann die vier Grundrechenarten im Zahlenraum bis 1000 in allen Situationen anwenden. Ich kann positive Zahlen darstellen (z. B. Zahlenstrahl), ordnen und vergleichen.	Ich kann die vier Grundrechenarten im Zahlenraum bis 10 000 in allen Situationen anwenden. Ich kann positive Zahlen darstellen (Zahlenstrahl), ordnen und vergleichen.	Ich kann die vier Grundrechenarten im Zahlenraum bis 1 Million in allen Situationen anwenden. Ich kann positive Zahlen darstellen (Zahlenstrahl), ordnen und vergleichen.	Ich kann die vier Grundrechenarten für natürliche Zahlen, Bruchzahlen und Dezimalzahlen ausführen.
Messen und Größen	Ich kann typische Repräsentanten für standardisierte Maßeinheiten in den Größenbereichen Geld, Längen und Gewichte, Hohlmaße und Zeit benennen.	Ich kann mit Einheiten in den Größenbereichen Geld, Längen, Gewichte, Hohlmaße und Zeit vergleichen, schätzen und messen.	Ich kann mit den Einheiten in den Größenbereichen Geld, Längen, Gewichte, Hohlmaße und Zeit rechnen.	Ich kann Geldbeträge, Längen, Gewichte, Hohlmaße, Flächenmaße und Zeitmaße umwandeln und ich kann zu jedem Größenbereich wichtige realistische Bezugsgrößen aus der Erfahrungswelt erkennen und nutzen.	Ich kann mit Geldbeträgen, Längen, Gewichten, Hohlmaßen, Flächenmaßen und Zeitmaßen rechnen und in diesen Größenbereichen die notwendigen Operationen anwenden.	Ich kann mit Beziehungen zwischen verschiedenen Größen im erweiterten Zahlenraum rechnen, wie z. B.: Strecken und Geschwindigkeiten u. a.

Tab. 9: Kompetenzraster Grundschule – Mathematik – Klassen 1 bis 4 (Teil 1)

Kompetenzen	Niveaustufen					
	1	2	3	4	5	6
Raum und Ebene	Ich kann den Raum erfahren, Körper und ebene Figuren entdecken und erfassen, Geraden, Strahl, Strecken, Punkte und Spiegelungen entdecken.	Ich kann mich im Raum orientieren, Körper vergleichen, Ebene, Figuren vergleichen, Gerade, Strahl, Strecke und Punkte zeichnen und Symmetrien untersuchen.	Ich kann Planskizzen lesen, Wege in Plänen beschreiben, geometrische Figuren sowie die Körperformen klassifizieren und deren Eigenschaften charakterisieren. Ich kann Parallelen und Senkrechte zeichnen.	Ich kann Planskizzen zeichnen, Wege in Pläne einzeichnen, Körpernetze herstellen, ebene Figuren verschieben, vergrößern und verkleinern. Ich kann in Figuren Spiegelachsen finden und Figuren an Spiegelachsen spiegeln.	Ich kann Planskizzen mit Maßstäben lesen, bei ebenen Figuren Umfang und Flächen vergleichen und berechnen, Spiegelachsen zwischen gespiegelten Figuren konstruieren.	Ich kann Hohlmaße, Drehungen, Eigenschaften der Dreiecke, zusammengesetzte Flächen erkennen und mit ihnen umgehen.
Daten und Sachsituationen	Ich kann aus einer zeichnerischen Darstellung einen mathematischen Sachverhalt erkennen und mit den Grundrechenoperationen bearbeiten und lösen.	Ich kann aus Sachtexten mathematische Sachverhalte ableiten, mathematisieren und lösen. Ich kann unterschiedliche Lösungswege entdecken und reflektieren.	Ich kann sachrechnerische Grundfertigkeiten (z. B. Messen, Schätzen, Vergleichen) in den Bereichen Geld, Zeit und Längen anwenden.	Ich kann aus der unmittelbaren oder der durch Diagramme oder Tabellen repräsentierten Lebenswirklichkeit Daten erheben, verarbeiten und darstellen.	Ich kann passend zum Aufgabenkontext unter verschiedenen Modellen zur Erschließung von Sachzusammenhängen (z. B. Zeichnungen, Zahlensätze, Simulationen) auswählen.	Ich kann in komplexen Alltagssituationen Zusammenhänge zwischen Größenbereichen erkennen und dabei die optimale Verwendung der arithmetischen Strukturen und ihrer Varianten nutzen.

Tab. 10: Kompetenzraster Grundschule– Mathematik – Klassen 1 bis 4 (Teil 2)

Layout

Beim sogenannten Layout handelt es sich um eine Art Wochenplan, der Lernziele und -wege aufführt. Die Schüler gestalten ihr Layout, für das sie wöchentlich einen Vordruck erhalten, in eigener Regie. Damit wird es zu einem Planungs- und Selbstführungsinstrument, das den Lernenden hilft, sich mit dem eigenen Lernen auseinanderzusetzen und die nächsten Lernschritte jeweils festzulegen. Die integrierte wöchentliche Erfolgsbilanz verhilft zu einer Fülle intern attribuierter Selbstbestätigungen. Die Planung verbindet sich mit konkreten Zielformulierungen nach der Grundeinsicht, dass je klarer die Vorstellung darüber ist, was getan werden soll, desto höher die Wahrscheinlichkeit der Realisierung ist. Am Ende jeder Woche werden auf der Rückseite mindestens drei Situationen notiert, in denen man sich erfolgreich gefühlt hat (kleine Siege über sich selbst). Lernstrategisch wird dies als ganz wichtig angesehen, weil Erfolge ein entscheidender Faktor für das Lernen sind. Wieder soll dies an einem Beispiel veranschaulicht werden.

Layout

	Montag	Dienstag	Mittwoch	Donnerstag	Freitag
Was ist mein Tagesziel?		Beispiel: Ich kann mit den neuen französischen Wörtern Sätze bilden.			
Wie erreiche ich mein Tagesziel?			Beispiel: Flächen berechnen		
Tagesziel erreicht?	ja … nein … Unterschrift:	ja … nein … Unterschrift:	ja … nein … Unterschrift:	ja … nein … Unterschrift:	ja … nein … Unterschrift:
Frage, Erfolg, Leistung, Erkenntnis, Kompliment, Aha- Erlebnis	Leistung des Tages	Beispiel: Kompliment des Tages: Herr E. hat gesagt, die Texte für das Lernplakat seien klar und verständlich		Aha-Erlebnis des Tages	Beispiel: Frage für nächste Woche: Wo finde ich ein Picasso-Bild?

Tab. 11: Layoutstruktur

Das Referenzieren

Portfolio Referenzieren ist der Vorgang, die eigenen Leistungen mit den Referenzwerten der Kompetenzraster in Beziehung zu setzen. Die Schüler setzen sich mit ihnen auseinander und ordnen das Gelernte ein. Dies präsentieren sie ihrem Coach (Lehrperson). Er kann die Selbsteinschätzung überprüfen, bestätigen oder korrigieren. Den Leistungen aber wird grundsätzlich Reverenz, also Wertschätzung erwiesen. Referenzieren leistet einen Beitrag zur Qualitätsentwicklung schulischen Lernens, aber eben unmittelbar bei den Lernenden. Es ist praktisch eine neue Art der Leistungsbeurteilung. Im Verbund mit einem **Portfolio** (repräsentative Auswahl von Arbeiten und anderen Leistungsnachweisen) entsteht eine differenzierte Lerndokumentation.

Wenn man sich das Layout-Schema ansieht und sich vervollständigt denkt – im Beispiel sind nur ausgewählte Notierungen angegeben – wird deutlich, dass es immer um ein selbst reflektiertes Lernen geht. Die Notierungen zum Ziel des Tages (jeden Tag stelle ich mir wenigstens ein Ziel), die für die Lernzeit des Tages notwendige Planung und die Reflexion über Erreichtes / nicht Erreichtes sowie die Beschreibung wenigstens eines wichtigen Ereignisses (Frage, Erfolg, Leistung, Erkenntnis, Kompliment, Aha-Erlebnis) installieren eine Metaebene, über die ein sehr persönliches Verhältnis zur eigenen Arbeit entstehen kann. Jeder Lernende soll wenigstens drei Situationen benennen, in denen er sich erfolgreich gefühlt hat.

Bilanzierende Anmerkungen: Die Umkehrung didaktischen Denkens

Positive Pädagogik Wenn man sich nun noch einmal vergegenwärtigt, dass hinter den kurz dargestellten Grundgedanken und konkreten Gestaltungselementen eine Pädagogik steckt, die positiv mit dem Lerner rechnet, ihm etwas zutraut, ihm Selbstwirksamkeit zumutet, dann hat man wohl den Kern dieser ausgesprochen positiven Pädagogik.

Bekanntlich hängt der Schulalltag wesentlich vom Geist und Klima und von den Einstellungen der Lehrenden ab. Dann aber findet man eine (wie Müller sagt) **Horizont-Didaktik** vor, die das bisherige didaktische Denken gewissermaßen umkehrt: Sie stellt die Didaktik vom Kopf auf die Füße! Und das heißt, es werden nicht von einem ausgewählten Unterrichtsinhalt her Lernziele formuliert und daran dann die alten Verlaufsmuster gehängt (Erarbeitung, Wiederholen, Üben, Leistungskontrolle), in die sich alle Lernenden einzuklinken haben.

124

Umkehrung bedeutet: Die Kompetenzraster geben die Ansprüche vor, auf die hin jeder Lernende seine Lernpläne und Lernbemühungen „komponiert". Damit kann sich das Lernen außerordentlich differenziert ergeben. Der eine braucht viel Zeit und auch Hilfe, um Kompetenzstufen in aufsteigender Linie anzustreben, ein anderer benötigt in dem betreffenden Lernbereich nur noch wenig Arbeitsaufwand, ein Dritter kommt aufgrund der Transparenz (Klarheit und Bekanntheit der Ziele und Ansprüche) zügig zu den gesetzten Zielen. Es wird sogar Schüler geben, die frühzeitig „abdrehen" können, weil sie weit genug sind. Sie können sich anderen Anliegen zuwenden.

Dieser im guten Sinn eigenartige Ansatz kann als „didaktischer Set" zusammenfassend wie folgt dargestellt werden:

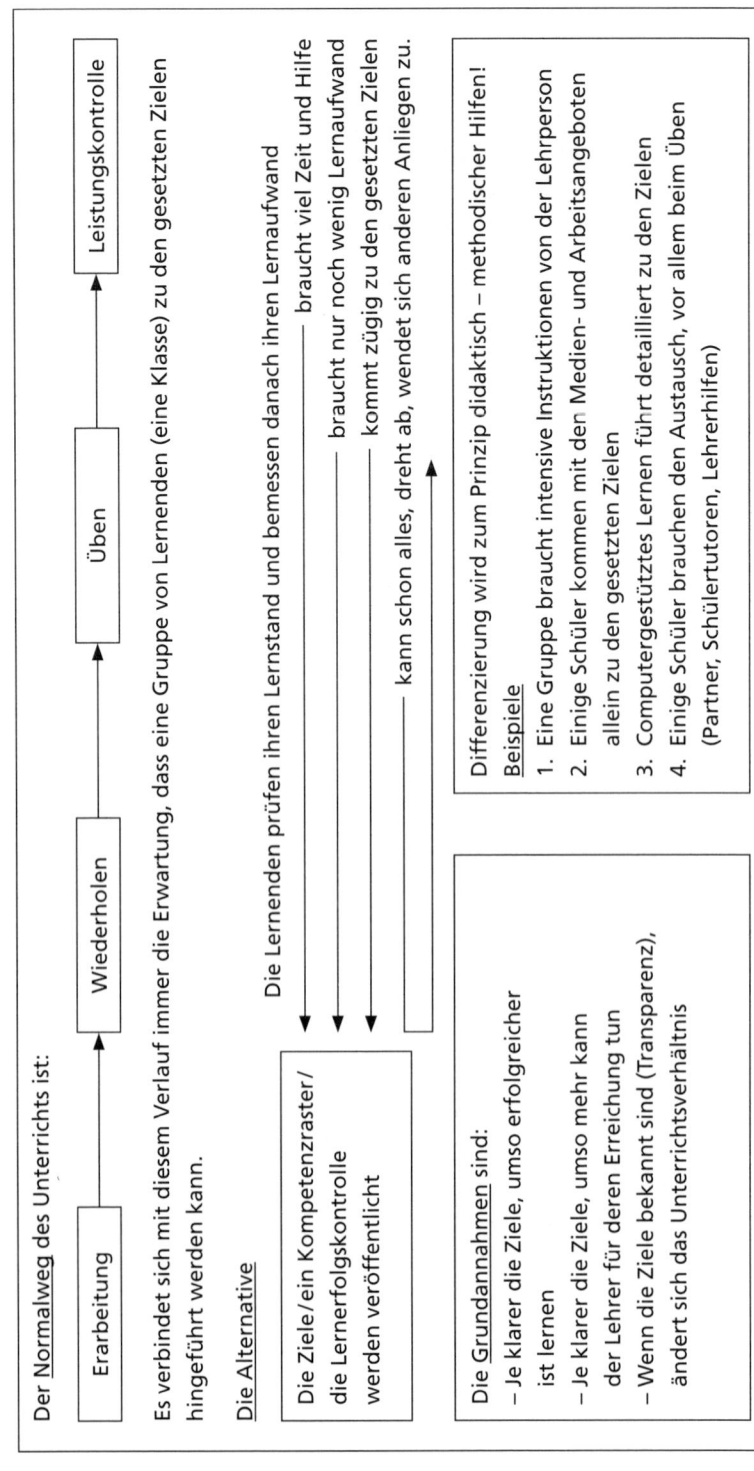

Der Normalweg des Unterrichts ist:

Erarbeitung → Wiederholen → Üben → Leistungskontrolle

Es verbindet sich mit diesem Verlauf immer die Erwartung, dass eine Gruppe von Lernenden (eine Klasse) zu den gesetzten Zielen hingeführt werden kann.

Die Alternative

Die Lernenden prüfen ihren Lernstand und bemessen danach ihren Lernaufwand

→ braucht viel Zeit und Hilfe

→ braucht nur noch wenig Lernaufwand

→ kommt zügig zu den gesetzten Zielen

→ kann schon alles, dreht ab, wendet sich anderen Anliegen zu.

Die Ziele/ein Kompetenzraster/
die Lernerfolgskontrolle
werden veröffentlicht

Die Grundannahmen sind:
– Je klarer die Ziele, umso erfolgreicher
ist lernen
– Je klarer die Ziele, umso mehr kann
der Lehrer für deren Erreichung tun
– Wenn die Ziele bekannt sind (Transparenz),
ändert sich das Unterrichtsverhältnis

Differenzierung wird zum Prinzip didaktisch – methodischer Hilfen!

Beispiele

1. Eine Gruppe braucht intensive Instruktionen von der Lehrperson
2. Einige Schüler kommen mit den Medien- und Arbeitsangeboten
   allein zu den gesetzten Zielen
3. Computergestütztes Lernen führt detailliert zu den Zielen
4. Einige Schüler brauchen den Austausch, vor allem beim Üben
   (Partner, Schülertutoren, Lehrerhilfen)

Abb. 30: Zielerreichendes Lernen – kompetenzorientierter Unterricht

Wichtig ist über diesen engeren Rahmen hinaus, dass die Makroorganisation der Schule sich von herkömmlichen Organisationsmustern löst und alternative Lernräume einrichtet. Am Beispiel der Lernteams, Intensivtrainings, Aktivs und special learning days ist das beschrieben worden. Das grundlegende Prinzip der Selbstwirksamkeit bekommt damit unterschiedliche Herausforderungen, aber auch Strukturen und Ordnung.

Schule alternativ gedacht! Hier liegt ein konsequenter und konsistenter Ansatz vor. Es ginge schon etwas, wenn man wollte!

Quellen

Zu 7.3
Einsiedler, W.: Arbeitsformen im modernen Sachunterricht der Grundschule. Donauwörth 1977
Zu 7.4
Demmer-Dieckmann, I.: Innere Differenzierung als wesentlicher Aspekt einer integrativen Didaktik. Bremen 1991
Feuser, G. / Meyer, H.: Integrativer Unterricht in der Grundschule – Ein Zwischenbericht. Solms-Oberbiel 1987
Feuser, G.: Allgemeine integrative Pädagogik und entwicklungspsychologische Didaktik. In: Behindertenpädagogik. 1989, S. 4–48,
Klafki, W. / Stöcker, H.: Innere Differenzierung des Unterrichts. In: Klafki, W.: Neue Studien zur Bildungstheorie und Didaktik. Weinheim, Basel 1985
Zu 7.5
Müller, A.: „Referenzieren". Ein Verfahren zur Förderung selbstwirksamen Lernens. In: Die Deutsche Schule. S. 52–61, o.O. 2003
Müller, A.: Erziehungsziel: Selbstbeobachtung und Selbstbewertung. In: Pädagogik. 2004, S. 25–29
Müller, A.: Lernen steckt an. Bern 2001
Müller, A.: Nachhaltiges Lernen. Oder: Was Schule mit Abnehmen zu tun hat. Beatenberg 1999
Müller, A.: Wenn nicht ich, …? Und weitere unbequeme Fragen in Schule und Beruf. Bern 2002

Literatur

Zu 7.2
Bönsch, M.: Differenzierung in Schule und Unterricht. München 2004
Bönsch, M.: Intelligente Unterrichtsstrukturen. München 2006
Bönsch, M.: Nachhaltiges Lernen durch Üben und Wiederholen. Baltmannsweiler 2004
Zu 7.5
Bönsch, M. (Hrsg.): Selbstgesteuertes Lernen in der Schule. Braunschweig 2006
Bönsch, M. Allgemeine Didaktik. Stuttgart 2006
Wahl, D.: Lernumgebungen erfolgreich gestalten. Bad Heilbrunn 2005

Der offene Unterricht

Neue Chancen der Differenzierung

Mit dem seit vielen Jahren diskutierten und praktizierten offenen Unterricht (Bönsch/Schittko 1979) haben sich neue Chancen für die Differenzierung der Lernprozesse ergeben. Die **Subkonzepte offenen Unterrichts** liegen gut ausgearbeitet vor. Man kann ohne Übertreibung sagen, dass sich eine neue Didaktik der Differenzierung entwickelt hat. Sie kann als progressiv bezeichnet werden: progressiv im Sinne von fortschrittlich und progressiv im Sinn von fortschreitend.

Wenn das im Folgenden darzustellende Unterrichtskonzept und seine Subkonzepte konsequent realisiert werden, könnte es sein, dass die bisherige Unterrichtsorganisation, die wesentlich in gleichmäßigem Fortschreiten bei lehrgangsmäßiger Orientierung und in der Jahresklassenformation besteht, Zug um Zug in eine stufenlose überführt werden müsste. Wenn Schüler nach Maßgabe eines offengelegten Plans selbstständig und eigenverantwortlich zu lernen lernen, werden wahrscheinlich die einen ein Pflichtpensum in kürzerer als der vorgesehenen Zeit schaffen, andere brauchen länger. In jedem Fall wird mit vorhandenen Zeitressourcen sehr viel variabler umgegangen werden, als wir uns dies bisher vorstellen können. Dies bedeutet in der Konsequenz eine völlig neue Organisation des Lernens.

Zunächst aber gilt es, die Bausteine einer solchen Differenziertheit des Lernens zu entwickeln. Dies geschieht im Folgenden durch Begründung und Beschreibung des Grundkonzepts (Offener Unterricht bzw. Freiarbeit), durch die detaillierte Entwicklung von relevanten Teilkonzepten (Wahldifferenzierter Unterricht und Wochenplanarbeit), durch Beschreibung der entsprechenden Aufgaben- und Materialstrukturen und schließlich der notwendigen kommunikativen Strukturen (Beziehungsstrukturen: demokratisches Klassenzimmer). Damit müsste insgesamt das notwendige didaktisch-methodische Repertoire entwickelt sein, das dieser **progressiven Differenzierung** Ausrichtung und Gestalt gibt.

8.1 Offener Unterricht in der Primar- und Sekundarstufe I

Grundideen und ihre Begründung

Ausgangspunkte

Offener Unterricht bzw. Freiarbeit ist ein breit diskutiertes schulpädagogische Thema. Keine der mit dem Begriff verbundenen Ideen ist neu. Das gesamte gedankliche Repertoire liegt seit der Reformpädagogik Anfang des 20. Jahrhunderts vor. Zwischenzeitlich ist es mehrfach diskutiert worden. Derzeit aber wird es in vielen Schulen umgesetzt. Dabei sind meist die Verweise auf eine veränderte Kindheit und Jugend heute und damit verbundene Änderungen der schulischen Arbeit maßgebend. Angesichts veränderter Bedingungen des Aufwachsens in sozialer Hinsicht (veränderte Familienstrukturen) und der Lebensbedingungen (Erfahrungsarmut, Leben aus zweiter Hand, Konsumorientierung) verändert sich die Aufgabe der Schule (von einer lebensbegleitenden zu einer lebensgestaltenden Funktion: Lebens- und Erfahrungsraum). Dem steht häufig entgegen die berufliche Sozialisation der Lehrer, die an einer Vermittlungsdidaktik orientiert ist und andere Qualitäten von Unterrichts- und Lernstrukturen schwer zulassen kann.

Begriffliche Abklärungen

Mit dem Begriff „Freiarbeit – Selbstverantwortetes Lernen" wird ein wichtiges Stück praktischer Schulreform bezeichnet. Da in der schulpädagogischen Diskussion die Begrifflichkeit schnell ungenau wird, seien ein paar begriffsanalytische Überlegungen an den Anfang gestellt.

Freiarbeit

 Arbeit hat im Allgemeinen etwas mit verpflichtender Tätigkeit zu tun. Dass für Lernprozesse gern der Begriff „Arbeit" verwendet wird (Lernarbeit, auch Projektarbeit u. Ä.), meint dann, dass aufgegebene, zur Pflicht gemachte Arbeiten erledigt werden sollen.

 Mit diesem Verständnis von Arbeit kontrastiert der Begriff „Freiarbeit". Was frei ist, kann eher mit Interesse, Hobby, Freizeit assoziiert werden und ist eben nicht Arbeit. Wenn in den amtlichen Erlassen der terminus technicus „Freiarbeit" in breiter Front auftritt, ist damit, wenn man es genauer fasst, selbstverantwortetes, gar selbstbestimmtes Lernen gemeint, das neben dem verordneten Lernen einen größeren Stellenwert bekommen soll. Selbstverantwortetes Lernen kann vom Anspruch und Inhalt vorbestimmt sein. Es ist dann in eigener Verantwortung auszuführen, im Ergebnis vom Ausführenden selbst zu vertreten. Der vorgegebene Rahmen kann unterschiedliche Qualitäten von Freiheit haben. Die Bearbeitungsmodi und der Zeitrahmen können beispielsweise in die Verantwortung der Lerner gegeben werden, möglicherweise auch die Wahl der Hilfen (Bücher, Karteien, Arbeitsblätter u.a.m.).

Selbstbestimmtes Lernen Wenn von selbstbestimmtem Lernen die Rede ist, d.h. von freier Arbeit im engeren Sinn, können Lernende auch die Inhalte und Aufgaben ihres Tuns selbst bestimmen, sind also von Vorgaben jeder Art weitgehend frei. Der zur Verfügung stehende Zeitrahmen wird allerdings vorbestimmt bleiben. Ein Problempunkt ist hier in aller Regel, ob Nichtstun oder Vorhaben, die vom herkömmlichen schulischen Lernen relativ weit entfernt sind (z.B. Mikado spielen), in den definierten Rahmen von Freiheiten noch hineinpassen oder ob dieser enger gezogen ist und entsprechend expliziert werden muss.

Freiarbeit gehört insgesamt in das Begriffsfeld „Offener Unterricht", das alle Bestrebungen umfasst, Unterricht gegenüber einer starken Programmierung (Ziele, Inhalte, Methoden, Medien, Leistungskontrollen werden von einem Lehrer oder einem tatsächlichen Lernprogramm vollständig vorgegeben) immer wieder zu öffnen – und zwar in zwei Richtungen:
• einmal in Richtung der Schüler und ihrer Interessen, Bedürfnisse, Lernmöglichkeiten (schülerorientierter Unterricht),
• zum anderen in Richtung variabler Lernangebote in- und außerhalb der Schule (lebensnahes Lernen).

Begründungsrahmen

Wenn selbstverantwortetes und selbstbestimmtes Lernen zu einem wichtigen Bestandteil schulischer Lehr- und Lernarbeit werden soll, sind gute Begründungen wichtig, weil die Tradition der Schule und die Erwartungen der Eltern zunächst einmal eher auf lehrerorientierten Unterricht ausgerichtet sind. Dies ist an sich verwunderlich, denn jedermann weiß, dass Bildungsprozesse sich nur bei Individuen ereignen, wenn sie sich überhaupt ergeben. Die Veranstaltung, die wir Unterricht nennen, kann nur Anregung, Hilfe dafür leisten, sie aber nicht selbst erzwingen.

Bildungstheoretische Gründe
Bildung Solange Schule als Bildungsinstitution verstanden wird, ist die Bemühung um Lernprozesse unaufgebbar, welche Individuen ermöglicht,

zur Welt ein aufgeklärtes und handlungsorientiertes Verhältnis zu gewinnen und gleichzeitig sich die Welt in ihren wichtigen Aspekten und
Problemen aufzuschließen, wobei die in der Vergangenheit erarbeiteten Wissensbestände und Vergegenständlichungen in Kunst, Literatur,
Musik, Sprachen u. a. m. entscheidende Aufschlüsselungs- und Erklä-
rungshilfe leisten können. Gegenüber einer reinen Vermittlungsdidaktik, die den Könner und Kenner zum allmächtigen Repräsentanten
von Kompetenz- und Wissensbeständen macht, kommt es aber entscheidend darauf an, dass die Schule
- genügend Anlässe und Gelegenheiten bereitstellt, mit denen und in
  denen ein lernendes Individuum eigene Interessen und Valenzen
  entwickeln kann,
- selbst etwas für wichtig erachten und entsprechend bearbeiten kann,
- das Lernen in die eigene Hand nimmt, um das eigene, sehr genuine
  Verhältnis zu den Problemen der Welt, das Wissen über sie und über
  menschliche Vergegenständlichungen zu konstituieren.

Dies ist vielleicht das Wichtigste in einer recht verstandenen Bildungsarbeit.

Unterrichtstheoretische Gründe

Frontalunterricht ist nach wie vor dominant. Es soll Klassen geben,
die Gruppen- und Partnerarbeit überhaupt nicht kennenlernen. Wenn
man Unterricht als eine Veranstaltung versteht, die bei Lernenden Lernen bewirken soll, kann man diese Art von Unterricht nur als eine
sehr archaische Form verstehen. Sie folgt der Vorstellung, dass ein von
einem Lehrer durchgeführter Unterricht immer 20 – 30 Lernprozesse
synchron initiiert, realisiert und zu einem Ergebnis führt. Dies ist sicher eine große Illusion.

Lernprozesse, die man in der Regel nicht genau und differenziert
genug indizieren kann, werden wahrscheinlich nur teilweise vollständig synchron zum abgehaltenen Unterricht laufen. Häufiger werden
sie unstet verlaufen, also später anfangen, irgendwann einmal abbrechen, wieder beginnen oder frühzeitig beendet bleiben. Auch 20 – 30
aufmerksame Augenpaare werden keine gesicherten Hinweise auf real
ablaufende Lernprozesse geben. Das kann nur heißen, dass einfalls-
reichere Arrangements gesucht werden müssen, die Lernen wirklich
realisieren helfen.

Lerntempo

Ein weiteres Problem besteht darin, dass bei lehrerorientiertem Unterricht das Lerntempo an einem angenommenen Durchschnitt orientiert
ist, nur orientiert sein kann, sodass recht viele Schüler ihr Lerntempo
nicht finden. Die Folge wird sein, dass abgebrochene, nicht in Gang

131

gekommene und im Tempo verzerrte Lernprozesse schließlich zur Kumulation von Halb-, Nichtverstandenem führen. Man bezeichnet dies dann gern als Lernschwierigkeiten, sogar Lernbehinderungen, die als individuell verschuldet angesehen werden. Selbstbestimmtes und -verantwortetes Lernen kann hier andere Lernmöglichkeiten eröffnen.

Lerntheoretische Gründe

Wenn Lernen im Kern ein individueller Prozess ist, der im günstigen Fall durch soziales Lernen angeregt wird, sind Überlegungen unausweichlich, in welcher Weise über den herkömmlichen vermittelnden Unterricht hinaus Schüler befähigt werden, ihr Lernen selbst in die Hand zu nehmen.

Konkret bedeutet dies, ihnen Möglichkeiten zu eröffnen, ihre Lernprozesse, wenn sie aus welchen Gründen auch immer mit dem Frontalunterricht nicht synchron laufen konnten, **„nachsteuern"** zu können.

Lerntypen   Weiterhin müssen sie ihren Lerntyp, ihre Lernstrategien, ihre Lern- und Arbeitstechniken finden, um selbstständig die Erreichung der gesetzten Ziele anstreben zu können. Hier scheint ein noch weithin ungenutzte Chance zu liegen, Lernen erfolgreicher zu gestalten. Die Zeit-, Handlungs- und Materialstrukturen des Unterrichts bedürfen in dieser Hinsicht einer dringenden Ergänzung durch Formen offenen Unterrichts.

So gesehen bekommt selbstverantwortetes Lernen eine gar nicht zu unterschätzende Bedeutung. Es benötigt die Lernarrangements, die schulisches Lernen erst zu der für jeden Lerner notwendigen Qualität bringt.

Sozialerzieherische Gründe

Wenn in der Schule für jeden Schüler ein zeitlicher Rahmen von mindestens vier Unterrichtsstunden pro Woche entsteht, könnte die Vision Realität werden, nach der die gegenseitige Hilfe, Anregung, Beratung, gemeinsames Lernen, tutorielle Hilfe (Schüler helfen Schüler), Ermutigung und Erklärung das Lernen in der Schule tatsächlich bestimmen. Im offenen Unterricht ist es kein Problem, bei einem Anderen zuzuschauen, wie er die gestellten Aufgaben löst, den Mitschüler zu fragen, wenn man etwas nicht versteht, mit der Mitschülerin zusammen zu arbeiten.

Solidarität, Empathie, Kooperation können Realisierungschancen bekommen, die der Frontalunterricht so nie anbieten kann. Bei selbstbestimmten Lernen erfährt man, was ein Anderer sich vornimmt, wie er arbeitet, welche Hilfen er benutzt. Man beobachtet seinen Umgang mit einer Lernkartei, wie er sich Bücher besorgt, welche Lernweisen er praktiziert. Man erfährt auch mehr von Schwierigkeiten, die ein Anderer hat, man überlegt, wie man sie selbst meistern würde, man kann Tipps geben, Mut machen kann, sich Problemlösungen zuwenden, die man sonst gar nicht als nötig erfahren würde. Freiarbeit löst den Klassenverband zugunsten individuellen und sozialen Lernens auf, um Lernen besser voranzubringen.

Die Grundfolie

Damit keine Irritationen entstehen, sei ganz, deutlich gesagt, dass lehrerorientierter, guter vermittelnder Unterricht für planmäßiges Lehren und Lernen immer wichtig sein wird. Mit zunehmender Realisierung von offenem Unterricht wird er sogar an Wert wieder gewinnen. Es geht also nicht um seine Ablösung.

Der gut vermittelnde, erörternde, erklärende Lehrer ist wichtiger denn je. Und Lehrer, die ihre Unterrichtsfächer für wichtig halten und Spaß an der Leistung in ihren Fächern vermitteln, bräuchten wir wohl in größerer Zahl! So ist die Grundfolie die Grundlage aller Überlegungen für die Unterrichtsgestaltung:

Vermittlungsdidaktik

Vermittelnder, lehrerorientierter, gar lehrgangsorientierter Unterricht ist ein wichtiges und unaufgebbares **Teilkonzept** in der Schule von heute. Seine Kennzeichen sind:

1. Ein Lehrer plant Unterricht auf der Basis einer fachlichen und didaktischen Analyse und unter Berücksichtigung eines vielfältigen Methoden- und Medienrepertoires.
2. Entsprechend der Planung wird der Unterricht durchgeführt. Dabei ist Offenheit gegenüber Schülerinteressen, -bedürfnissen, -ideen und -aktivitäten durchgehende Lehrhaltung.
3. Lernerfolgskontrollen und Leistungsmessung orientierten sich an dem tatsächlich gehaltenen Unterricht und erfahren einen möglichst hohen Grad von Objektivität.

(Randnotiz: Vermittlungsdidaktik)

Der vermittelnde Unterricht mit den Grundformen des Vortragens, Vorführens und Vormachens vergewissert sich immer wieder der selbstständigen Verarbeitung in Einzel-, Partner- und Gruppenarbeit. Der Lernprozess wird so durch intensive Phasen des Übens und Wiederholens vervollständigt.

Aus dieser Grundfolie ergibt sich eine zweite, die mit dem Begriff der Arrangementsdidaktik zu beschreiben ist.

Arrangementsdidaktik

Arrangements-
didaktik

Die Auseinandersetzung mit Sachverhalten, das Entdecken von Frage-stellungen, das Versuchen, Experimentieren, Forschen werden als wichtige Lernaktivitäten so oft wie möglich in entsprechenden Lernsi-tuationen ermöglicht.

1. Das Initiieren von **handlungsorientiertem Lernen** zielt auf konkret-handgreifliche Auseinandersetzung mit Lerngegenständen. Um-gang, Recherche, Herstellen, Entwerfen sind zentrale Lernaktivi-täten.

2. Das Provozieren von **problemorientiertem Lernen** zielt auf Prob-lembearbeitung. Lücken, Zweifel, Widersprüche, Unverstandenes und Nichtbewältigtes schaffen Lernlagen, auf die mit Problemlöse-aktivitäten zu reagieren ist.

3. Das Arrangieren von **entdeckendem Lernen** versucht „fertige" Sach-verhalte in lebendige Ausgangsfragehaltungen zurückzuverwandeln, um die subjektive Neuartigkeit von Lerngegenständen auf dem Wege des Forschens, Nacherfindens und Nachentdeckens zuguns-ten eines erarbeiteten Wissens abzubauen.

4. Das Konstruieren von **situativem** und **simulativem Lernen** zielt auf Lernkonstellationen, in denen Lernende sich spontan angesprochen fühlen und ebenso reagieren. Sprach- und Spielsituationen, Modell-wirklichkeiten sind dafür die methodischen Mittel.

Man muss sich vergegenwärtigen, dass Unterricht mit dem vorstehend in aller Kürze referierten Repertoire immer schon bemerkenswert offen und schülerorientiert sein kann. Dies ist dann die Stelle, an der ein weiterer Schritt sinnvoll wird, der Schritt zu einer **Autodidaktik** die selbstständiges, selbstbestimmtes und selbst verantwortetes Lernen fördern will.

Autodidaktik

Autodidaktik

In der schulpädagogischen Diskussion lassen sich vier Teilkonzepte relativ genau beschreiben:

1. Wahldifferenzierter Unterricht

Wahldifferenzierter Unterricht regt im Rahmen einer einzelnen Unter-richtseinheit begründetes selbstständiges und kooperatives Lernen an. Seine Grundstruktur ist so zu beschreiben:

Strukturierungsphase	Differenzierungsphase		Vermittlungs- und Reflexionsphase
	1. Wahlphase	2. Erarbeitungsphase	
• Einstieg ins Thema • Bezug zum Thema für Schüler • Übersicht/ Strukturierung • Ausfaltung von Teilthemen und Arbeitsmöglichkeiten	• Begründetes Wählen von Themenschwerpunkten • Durchsicht von Lernmaterial • Gruppen bilden • Plan verabreden	• Plan für die Bearbeitung eines Teilthemas • Bearbeitung des Teilthemas • Vorbereitung der Vermittlung vor der Klasse	• Darstellung der bearbeiteten Teilthemen • Ergänzungen durch Lehrer • Diskussion • Reflexion der Differenzierungsphase

Tab. 12: Grundstruktur des wahldifferenzierten Unterrichts

In der **Strukturierungsphase** wird der Gesamtrahmen der zur Bearbeitung anstehenden Thematik entwickelt (Überblick), Teilthemen und Arbeitsschwerpunkte werden aufgezeigt, sodass der Bezug zum Thema mit diesem Einstieg Information und Anregungen verknüpft. **Wahldifferenzierter Unterricht**

In der **Wahlphase** können sich die Schüler über die angebotenen Teilthemen orientieren, sie können sich über die dafür vorgesehenen Lernmaterialien informieren. Dann sollten sie Teilthemen mit Anderen begründet auswählen, Gruppen bilden und den Grobplan verabreden.

In der **Erarbeitungsphase** stellen sie zunächst einen differenzierten Arbeitsplan auf, machen sich dann an die Bearbeitung des Teilthemas und müssen früh genug die Vermittlung ihres Arbeitsergebnisses vor der Klasse vorbereiten (Wandzeitung erstellen, Folien erstellen, Arbeitsblätter entwerfen, Tafelbilder entwickeln, Vortrag formulieren u.a.m.).

In der **Vermittlungs- und Reflexionsphase** werden die bearbeiteten Teilthemen vorgestellt, der Lehrer/die Lehrerin kann ausgelassene Teilthemen ergänzen. Schließlich werden die Unterrichtseinheit, ihr Verlauf, ihre Ergebnisse und eventuelle Schwierigkeiten reflektiert.

Auf den ersten Blick könnte dieses Teilkonzept als ein Fall schlichter arbeitsteiliger Gruppenarbeit aufgefasst werden. Auf den zweiten Blick ist die Phase selbstständigen Arbeitens mit erheblichen Herausforderungen versehen. Die Wahl eines Teilthemas, die Prüfung der angebogenen Lernmaterialien, die Erarbeitung selbst und die Vermittlung ihrer Ergebnisse können für viele Schüler recht schwierig sein, zumal man für den eigenen Arbeitsplan und die Ergebnisse selbst verantwortlich ist.

Die **Lehrerrolle** erweitert und verändert sich. Nach der Strukturierung sind Beratung und Lernangebot entscheidend. In der Vermittlungs- und Reflexionsphase ist die Sicherung eines überzeugenden Arbeitsergebnisses über die Gruppenergebnisse und Ergänzungen wichtig.

Selbstständiges und kooperatives Lernen erfolgt in einem vorgegebenen Rahmen, für eine begrenzte Zeit (4–6 Unterrichtsstunden) und mit der Auflage, dass man sein Ergebnis präsentieren muss. Andererseits schaffen die Vorgaben (Strukturierung, Lernmaterialien) verlässliche Arbeitsbedingungen und vermeiden Desorientierung, die bei zu weitgehender Öffnung schnell Platz greifen kann. Je offener Unterricht gestaltet wird, umso wichtiger sind die **Vorstrukturierungen**.

2. Tagesplan-/Wochenplanarbeit

Tagesplan-/Wochenplanarbeit

Gegenüber dem für eine einzelne Unterrichtseinheit begrenzten Rahmen selbstständiger Lernarbeit ist die Tagesplan-/Wochenplanarbeit in ihrer Rahmenkonstruktion konsequenter. Sie will für einen veränderten Vormittag oder für die Woche Lernzeiten schaffen, in denen bei ebenfalls formulierten Aufgaben die selbstständige Bearbeitung möglich wird.

Verlaufsstruktur	Lernaufgaben
Offene Eingangsphase	Die Schüler können sich selbstständig beschäftigen.
Gebundene Lernzeit	Mit dem Lehrer werden Lerninhalte erarbeitet.
Freie Lernzeit	Die Schüler arbeiten selbstständig an gestellten Aufgaben.
Spiel- und Frühstücksphase	größere Pause
Gebundene Lernzeit	Gemeinsame Erarbeitung (wie oben)
Freie Lernzeit	Selbstständiges Arbeiten
Kleinere Pause	kleinere Pause
Fachstunden	Bestimmte Fächer (wie z.B. Sport, Kunst) werden wie bisher unterrichtet.

Tab. 13: Tagesplanbeispiel

Besonders in der Grundschule sind die Voraussetzungen für einen veränderten Lernrhythmus gegeben. An der Tafel oder auf Übersichtsblättern werden die Aufgaben und Inhalte für den Vormittag vorgegeben, sodass für alle Transparenz entsteht. Der Plan kann zunächst vom Lehrer vorgegeben sein, er kann später gemeinsam entwickelt werden. Er kann für alle Schüler gleiche Aufgaben vorsehen, er könnte vorzüglich für Maßnahmen der inneren Differenzierung genutzt werden. Die offene Eingangsphase kann in der Nutzung freigestellt sein, man kann sich jeweils für den nächsten Morgen bestimmte Erledigungen vornehmen. Dann allerdings wäre auch die Anwesenheitspflicht fest zu regeln. Die größere Pause (bis zu 30 Min. beispielsweise) könnte zu einer neuen Pausenkultur führen. Bestimmte Fächer bleiben in der herkömmlichen Unterrichtung.

Die Grundidee des **Tagesplans** ist – besonders bei den sogenannten vollen Halbtagsgrundschulen wäre sie realisierbar – das selbstverantwortliche Lernen nach eigenem Tempo, selbstbestimmter Reihenfolge der zu erledigenden Arbeiten zum alltäglichen Lernen zu machen, gleichzeitig durch die Transparenz des Vormittagsablaufs und seiner Inhalte Schüler stetig zur Mitgestaltung der Lernarbeit anzuregen.

Wochenplan

Der **Wochenplan** nimmt einen anderen Zeitrahmen, in der Regel verteilt über mehrere Stunden in der Woche, um Zeiten selbstverantworteten Lernens regelmäßig anzubieten. Mit dem Begriff der Wochenplanarbeit wie auch der Tagesplanarbeit verbindet sich zunächst einmal die Vorstellung, dass die Lernaufgaben Pflichtaufgaben sind und durch entsprechende Vorgaben (Arbeitsblätter, Tafelanschrieb, Lernkarteien u. a. m.) mitgeteilt werden.

	Mo	Di	Mi	Do	Fr	Sa
1. Std.				WPA		
2. Std.						
3. Std.	WPA					
4, Std.			WPA			
5. Std.					WPA	
6. Std.						

Tab. 14: Wochenplanbeispiel

137

Im obigen Stundenplan sind 4 Stunden pro Woche für Wochenplanarbeit vorgesehen. Für sie werden zu Beginn der Woche die zu erledigenden Aufgaben aus den beteiligten Fächern bekanntgegeben oder gemeinsam entwickelt. Die Schüler können dann nach ihrer Entscheidung die Reihenfolge, den Zeitumfang, den Modus der Bearbeitung selbst bestimmen. Bis Freitag sollen die Aufgaben erledigt sein. Ein nutzbares System von Arbeitsblättern und weiteren Lernmaterialien (Bücher, Karteien, Lernspiele u.a.m.) steht ihnen zur Verfügung. Ein praktikableres Ablagesystem (erledigte Aufgaben, durchgesehene Aufgaben, zu korrigierende Aufgaben) sorgt für den geregelten Weg zum Schüler und zum Lehrer zurück und wieder zum Schüler. Auf diese Weise wird die Erledigung der Pflichtaufgaben klar vorgegeben; auf der anderen Seite ist der Selbstverantwortungsgrad wesentlich erhöht.

3. Freie Arbeit

Freie Arbeit Mit dem Terminus „Freie Arbeit" wird in der schulpädagogischen Diskussion Unterrichtszeit benannt, in der in sehr konsequenter Weise Schüler freigestellt wird, was sie machen wollen: Frei gewählte Themen, Aufgaben im Anschluss an den Pflichtunterricht, kleine Vorhaben und Studienarbeiten, aber auch freies Lesen, Spielen, Basteln, Tiere und Pflanzen versorgen u.a.m. können Inhalt der freien Arbeit sein. Diese für die Schule in unserer Gesellschaft sicher ungewohnteste Idee stößt am ehesten auf Skepsis. Was werden Schüler schon Vernünftiges tun, wenn ihnen nichts aufgetragen ist?

Das ist eine oft gehörte Frage. Sie impliziert aber im Grunde eine pädagogische Skepsis, nach der nur gelernt wird, wenn da einer ist, der sagt, was gemacht werden soll. Man könnte dezidierter von pädagogischem Misstrauen sprechen. Man muss sich dann daran erinnern, dass sich das Wort „Schule" vom Griechischen „schole" herleitet und Muße meinte! Und man muss sich dann an den vorstehend explizierten Bildungsbegriff erinnern, nach dem die Entwicklung von eigenständigen Interessen und die Erlebnisse, selbst einmal etwas für wichtig halten zu können (auch gegen Rahmenrichtlinien und Lehrermeinung), zu den grundlegenden Intentionen der Schule gehören sollten. Der kritische Punkt ist dort, wo Zeiten für freie Arbeit i.e.S. auch zum Nichtstun und Erholen genutzt werden könnten.

Wenn man dies nicht will, kommt es auf den in einer Schule entwickelten Begründungsrahmen an. Der könnte zum Inhalt haben, dass Zeiten für freie Arbeit in Inhalt und Anspruchsniveau konsequent frei genutzt werden können, aber davon ausgegangen wird, dass etwas gearbeitet wird. Dies würde auch genau dem Terminus „freie Arbeit" entsprechen.

	Mo	Di	Mi	Do	Fr	Sa
1.				FA		
2.			Studien- oder Projekt- tag	WPA		
3.	WPA	WPA				
4.	FA					
5.					WPA	
6.						

Tab. 15: Beispiele für den Einbau freier Arbeit

In Fortführung des Wochenplanbeispiels lässt sich dann denken, dass z. B. 2 Stunden „freie Arbeit" zu den 4 Std. WPA kommen. Bei Integration von WPA und FA könnte der Wochenplan so entwickelt werden, dass neben den Pflichtaufgaben genügend Zeit frei gelassen wird, um selbstständig gewählte Aufgaben durchführen zu können. Auch wenn man weniger Unterrichtsstunden pro Woche nur vorzusehen vermag, ließe sich dieser Gedanke verfolgen.

Eine Alternative sei kurz aufgezeigt: Man könnte überlegen, wie man einen Tag in der Woche – im Beispielplan ist der Mittwoch dafür genommen, es könnte auch jeder andere Wochentag sein – ganz der selbstständigen Arbeit widmet (Studientag, Aktionstag). Er böte die Chance,den Stundenplan so zu gestalten, dass ein Tag in der Woche für WPA/FA, kleine Projekte, viele außerschulische Erkundungen zur Verfügung stehen würde. Vieles, was in der herkömmlichen Unterrichtsorganisation nur schwer oder doch recht aufwendig organisiert werden kann, bekäme dann bessere Voraussetzungen.

4. Projektarbeit
In allen Erlassen ist von Projektarbeit die Rede, für die bis zu 6 Unterrichtstage pro Schuljahr vorgesehen werden können. Projektarbeit wird hier als viertes Teilkonzept von Offenem Unterricht verstanden. Sie ist gewissermaßen die am ausgeprägtesten kommunikativ-kooperative Variante. An ihre Grundelemente sei kurz erinnert:

Projektarbeit

• Eine **Projektinitiative** entwickelt sich aus dem Pflichtunterricht, aus Interessen der Schüler, aus Angeboten von Lehrern, aus aktuellen, schulischen, kommunalen, gesellschaftlichen Problemen heraus.
• Nach ihrer Prüfung entwickelt sich im positiven Fall ein **Projektplan**, der Ziel, Inhalt, Verlauf und gedachtes Ergebnis beschreibt. Der Projektplan entsteht in der Gruppe der an einem Projekt interessierten Schüler und Lehrer und evtl. unter Beteiligung außerschulischer Personen (Eltern, Experten u. a. m.).

139

- In der **eigentlichen Projektarbeit** wird von der Projektgruppe der Projektplan realisiert. Regelmäßig wird über Stand und Verlauf reflektiert (**Metaphasen**), da die gemeinsame Steuerung des Projektes zu den zentralen Momenten gehört. Zwischengeschobene lehrgangsartige **Instruktionsphasen** können notwendig sein, um das „knowhow" für fundierte Projektarbeit zu sichern.
- Das Projekt endet in der Regel mit einem **Projektergebnis**, mit dem die Arbeit dokumentiert, vorgestellt wird oder sogar außerschulisch etwas bewirkt worden ist.

Projektarbeit in diesem Sinn ist unter dem Begriff „der offene Unterricht" zu subsumieren, weil unabhängig von den Vorgaben der Rahmenrichtlinien und Lehrpläne Lernende und Lehrende in freier Verabredung Projekte planen und durchführen können. Im Unterschied zu Wochenplanarbeit und freier Arbeit i.e.S., die entweder stärker aufgaben- (Pflicht-) orientiert sind oder die individuelle Initiative in den Vordergrund stellen, ist Projektarbeit substanziell auf Verabredung, gemeinsam entwickelten Plan und gemeinsame Projektarbeit hin orientiert. Dabei sind Metaphasen, die der Orientierung, Vergewisserung und ständiger Adaptation an den Plan, auch seiner Veränderung dienen, für die gemeinsame Steuerung hin zum Projektprodukt wesentlich. Natürlich kann es auch Projekte geben, die im Rahmen der Vorgaben (Rahmenrichtlinien, Lehrpläne) eine wichtige Rolle spielen können.

Neue Infrastrukturen

Zu betonen ist, dass für die Teilkonzepte des offenen Unterrichts gewisse **Infrastrukturen** entwickelt werden müssen, die auf Dauer entscheidende Voraussetzung und Grundlage sein werden.

Kommunikative Klammern

Kommunikative Klammern

Offener Unterricht hat sein Äquivalent in effektiver Kommunikation. Wenn Freiarbeit sinnvoll werden soll, dass ist sicher schon klar geworden, bedarf sie der Entwicklung von Sinn, Begründung, Beratung, Besprechung. Mit kommunikativen Klammern sind gemeint

- **Wochenanfangsgesprächskreise**, in denen die Arbeit besprochen wird, Pläne, erläutert werden, Ideen entwickelt werden, Aufgaben beispielhaft durchgesprochen werden, Zeit- und Inhaltsprobleme erörtert werden.
- **Wochenschlusskreise**, in denen Arbeitsergebnisse vorgestellt diskutiert werden, Nichterledigtes neu angesetzt wird, Probleme der Arbeit besprochen werden,

- **Vermittlungsphasen**, in denen wichtige Vorgehensweisen und Arbeitstechniken eingeführt und durchprobiert werden,
- **Diskussionsphasen**, in denen Zwischenstände ausgetauscht und bilanciert werden, Kooperationsprobleme und Bearbeitungsschwierigkeiten besprochen werden, der Sinn des Gemeinten immer wieder neu gefunden wird, Regeln verabredet werden.

Stundenplantechnische Hilfen

Um die Gefahr von vornherein zu vermeiden, dass Stunden für selbstständiges Lernen relativ isoliert angesetzt werden, weil sie von Erlassen gefordert werden, ist besonders bei ausgeprägtem Fachunterricht – wie etwa in der Sekundarstufe I – der Hinweis auf einige stundenplantechnische Hilfen von Nutzen:

Stundenplan

- Möglichst viele Stunden des Klassenlehrers in seiner Klasse,
- die Organisation von Epochenunterricht,
- die Einrichtung von Blockstunden für die sogenannten Langfächer,
- die Einrichtung von Lehrerteams für einzelne Klassen/Jahrgänge, um die Möglichkeiten der Absprache und Kooperation für die Arbeit in einzelnen Klassen zu erhöhen (Teammodell),
- die Planung und Durchführung von fächerübergreifendem Unterricht. Die damit verbundene zeitweise Zusammenfassung von Fachstunden erleichtert den Einbau von Freiarbeit in ihren verschiedenen Varianten.

Lernmaterialien, Bibliothek, Mediothek

Für selbstbestimmtes bzw. selbstverantwortetes Lernen bekommt die Organisation und Bereitstellung von Lernmaterialien und Arbeitsgeräten eine neue Bedeutung. Gegenüber der Arbeitsblatt- und Textkopien-Methodik (Stunde für Stunde) sind die Umrüstung der Klassenräume zu Arbeitsräumen und die Einrichtung einer jederzeit zugänglichen Bibliothek wie Mediothek wichtige schulinfrastrukturelle Maßnahmen. Klassenbücherei, Lexika, Sachbücher, Rechtschreib- und Rechenkarteien, Lük-Material, Heinevetter-Material, Lernspiele, Arbeitshefte, Mal- und Werbematerialien, Arbeitsgeräte (Scheren, Schreibmaschine, Kopiergerät u. a. m.) gehören dazu. Die Schulbibliothek mit Arbeitsplätzen, die Mediothek mit Bildsammlungen, Dia-Serien, Filmen, Videobändern, Tonträgern, auch schnell verfügbares Experimentiergerät sind wünschenswerte Arbeitshilfen. Computerräume oder -stationen gehören heute eigentlich zur selbstverständlichen Ausrüstung einer Schule.

Lernumgebung

Das Klassenzimmer als Arbeitsraum

Um das Klassenzimmer zum Lern- und Studienraum zu machen, das in seiner Funktion dann über einen Raum für Unterricht weit hinausgeht, gilt es, ihn multifunktional einzurichten. Regale, Raumteiler, Funktionsbereiche (Lese-, Info-, Experimentier-, Arbeitsecken) können das Anregungspotenzial schaffen, das dazu anleitet, sich der Bücher und Materialien zu bedienen, sich einen Arbeitsplatz einzurichten. Tafel, Pinnwände (Raumteiler) können wie ein Ausstellungstisch auch zur Dokumentation der Arbeiten beitragen. Gleichzeitig muss es unkompliziert möglich sein, einen Stuhlkreis zu bilden oder für vermittelnden Unterricht eine gute Plenumsformation (Hufeisen o. Ä.) zu bilden. Pflanzen, Terrarien, Aquarien mögen ergänzende Wirkungen haben. Das Sich-wohl-fühlen im Lernraum ist lange Zeit vernachlässigt geblieben.

Arbeitstechniken, -strategien, -regeln

Strategien,
Techniken,
Regeln

Selbstständiges Lernen bedarf der Verabredungen und der Kompetenzen. So bekommt das **Curriculum der Arbeitstechniken und -strategien** seine besondere Bedeutung. Wenn nicht mehr Aufgabe und Ausführung schlicht angeordnet werden, muss man lernen, mit Zeit umzugehen, sich einen Plan zu machen, Vorgehensweisen zu verabreden, einen Plan einzuhalten, ggf. zu korrigieren. Man muss Lexika benutzen können, Karteien selbstständig bearbeiten können, Medien nutzen können. Die Präsentation von Arbeitsergebnissen bedarf der eigenen Kultur. Wenn viele Menschen in einem Raum oder mehreren Räumen arbeiten, sind bestimmte Regeln wichtig (Störe nicht Andere, bewege dich leise, wenn du nicht zurechtkommst, frage jemanden, stelle das benutzte Material wieder an seinem Platz u. a. m.).

Deutlich wird, dass Freiarbeit in viel intensiverer Weise die Mitverantwortung und -gestaltung jedes Beteiligten verlangt, als dies lehrerorientierter Unterricht erfordert. Die Vielfalt des Lernens und gleichzeitig entlastende Handlungs- und Verhaltensgerüste brauchen eine gute Balance. **Klare Strukturen** sind ein notwendiges Äquivalent zur Offenheit. Sie verhindern Unsicherheit, Unruhe, Chaos.

Zwischenbilanz

Lehrerorientierter Unterricht ist im Grunde bequemer als Phasen selbstständigen Lernens. Die Muster für seine Gestaltung sind bekannt. Routine schafft den Rest. Die schulpädagogische Herausforderung durch stärker selbstbestimmtes und -verantwortetes Lernen ist daher nicht unerheblich. und sie mag in einer Anfangsphase auch

142

mehr Arbeit mit sich bringen. Wer immer aber erlebt hat, wie bereichernd schließlich diese Organisation des Lernens werden kann – für Schüler wie für Lehrer – ist für diesen „qualitativen Sprung" vielleicht doch zu gewinnen, auch wenn 10 bis 20 Jahre Unterrichtserfahrung relativ festgefahrene Routinemuster geschaffen haben. Dem Anliegen, mit Freude und Interesse lernen zu können, wäre es zu wünschen.

8.2 Modell des wahldifferenzierten Unterrichts und Probleme seiner Umsetzung im Schulalltag

Grundlagen und Beispiele

Nachdem im vorigen Abschnitt im Kontext „Offener Unterricht" bereits eine Kurzdarstellung wahldifferenzierten Unterrichts erfolgt ist, soll auf dieses Teilkonzept nun näher eingegangen werden, weil es gerade für die Sekundarstufe I, die traditionell viel stärker fachorientiert ist, eine Möglichkeit sein kann, selbstbestimmtes und selbstverantwortetes Lernen auf den Weg zu bringen. Zudem ist es in seiner Reichweite überschaubar. Es kann von Unterrichtseinheit zu Unterrichtseinheit eingesetzt und auch wieder abgesetzt werden. Es bleibt in der Verfügung eines einzelnen Lehrers und es ist zunächst einmal nicht auf unterrichtsorganisatorische Voraussetzungen oder eine besondere Kooperation unter mehreren Kollegen angewiesen.

Neben der jetzt ausführlichen Darstellung der Theorie werden variierende Beispiele gegeben, um das (Teil-)Konzept möglichst plastisch zu beschreiben. Die Ehrlichkeit gebietet es, auch von den Realisierungsproblemen zu sprechen.

Wahldifferenzierung und das Konzept des wahldifferenzierten Unterrichts

Mit „Wahldifferenzierung" sind die Differenzierungsformen gemeint, die für die Schüler zur Wahl zwischen unterschiedlichen Lernangeboten und einem dementsprechend unterschiedlichen Unterricht führen. Häufig wird statt von „Wahldifferenzierung von „Neigungsdifferenzierung" bzw. „Interessendifferenzierung" gesprochen. Damit kommen bestimmte Ziele einer Wahldifferenzierung ins Spiel: Es sollen unter-

**Wahl-
differenzierung**

143

schiedliche Neigungen und Interessen der Schüler berücksichtigt bzw. entwickelt und damit soll der kindlichen und jugendlichen Individualität Rechnung getragen werden. Die Bezeichnung „Wahldifferenzierung" erscheint aber zweckmäßiger, weil mit ihr das ganze Bündel von Wahlmotiven und Intentionen dieser Differenzierungsart besser gefasst werden kann. Diese Komplexität von Wahldifferenzierung kommt in den Blick, wenn man die unterschiedlichen Wahlmöglichkeiten bedenkt:

- Wahl von Schultypen / Schulzweigen,
- Wahl von Fächerkombinationen / Fächern,
- Wahl von Kursen oder Themen innerhalb von Fächern,
- Wahl von Themenschwerpunkten und
- Arbeitsmöglichkeiten innerhalb einzelner Unterrichtseinheiten.

Wahl-differenzierter Unterricht

Wahldifferenzierter Unterricht ist zugleich der Versuch einer offeneren Unterrichtsgestaltung. Mit diesem Unterricht wird die didaktische Absicht verbunden, selbstständiges und kooperatives Lernen von Schülern bei der Arbeit in Kleingruppen an selbstgewählten Lernschwerpunkten ingangzusetzen und zu fördern. Wahldifferenzierter Unterricht intendiert damit auch **soziales Lernen**.

Dieser wahldifferenzierte Unterricht findet in der Institution Schule statt und ist insofern in die gesellschaftlich-politischen Funktionen von Schule eingebunden. Er ist allerdings als ein Versuch zu verstehen, den Handlungsspielraum von Schule im Sinne einer kritischen Didaktik für eine individuelle Förderung und eine demokratische Sozialerziehung zu nutzen.

Die genauere Beschreibung des Modells

Das Modell des wahldifferenzierten Unterrichts ist durch fünf Aspekte genauer zu beschreiben. Die Differenzierungsmöglichkeiten sind dabei auf verschiedenen Ebenen anzusiedeln:
- auf der schul- und unterrichtsorganisatorischen Ebene einschließlich curricularer Rahmenentscheidungen und
- auf der im engeren Sinne didaktischen Ebene, auf der Entscheidungen über Ziele, Themenaspekte, Methoden und Medien im Rahmen einer Unterrichtseinheit zu treffen sind.

Sie deuten zugleich unterschiedliche Zielsetzungen einer Wahldifferenzierung an:
- Gesellschaftliche Zielaspekte wie Bedarf des Arbeitsmarktes an Arbeitskräften und Bedarf des kulturellen und politischen Sektors an erwünschten Qualifikationen
- Individuelle Zielaspekte wie Entwickeln/Fördern von Neigungen und Interessen, Mitbestimmen über das eigene Lernen, „Motivationssteigerung" und engagiertes Lernen, Verfolgen individueller Berufsperspektiven.

Das Modell des wahldifferenzierten Unterrichts ist hier einzuordnen und zugleich zweifach zu bestimmen:
Wahldifferenzierter Unterricht ist eine didaktisch orientierte Form der Wahldifferenzierung, d.h. sie ermöglicht den Schülern innerhalb einer Klasse, Stammgruppe oder Kursgruppe die Wahl von Themenschwerpunkten und Arbeitsmöglichkeiten im Rahmen von Unterrichtseinheiten. Der wahldifferenzierte Unterricht kann aber auch Aspekte der Leistungsdifferenzierung verfolgen.

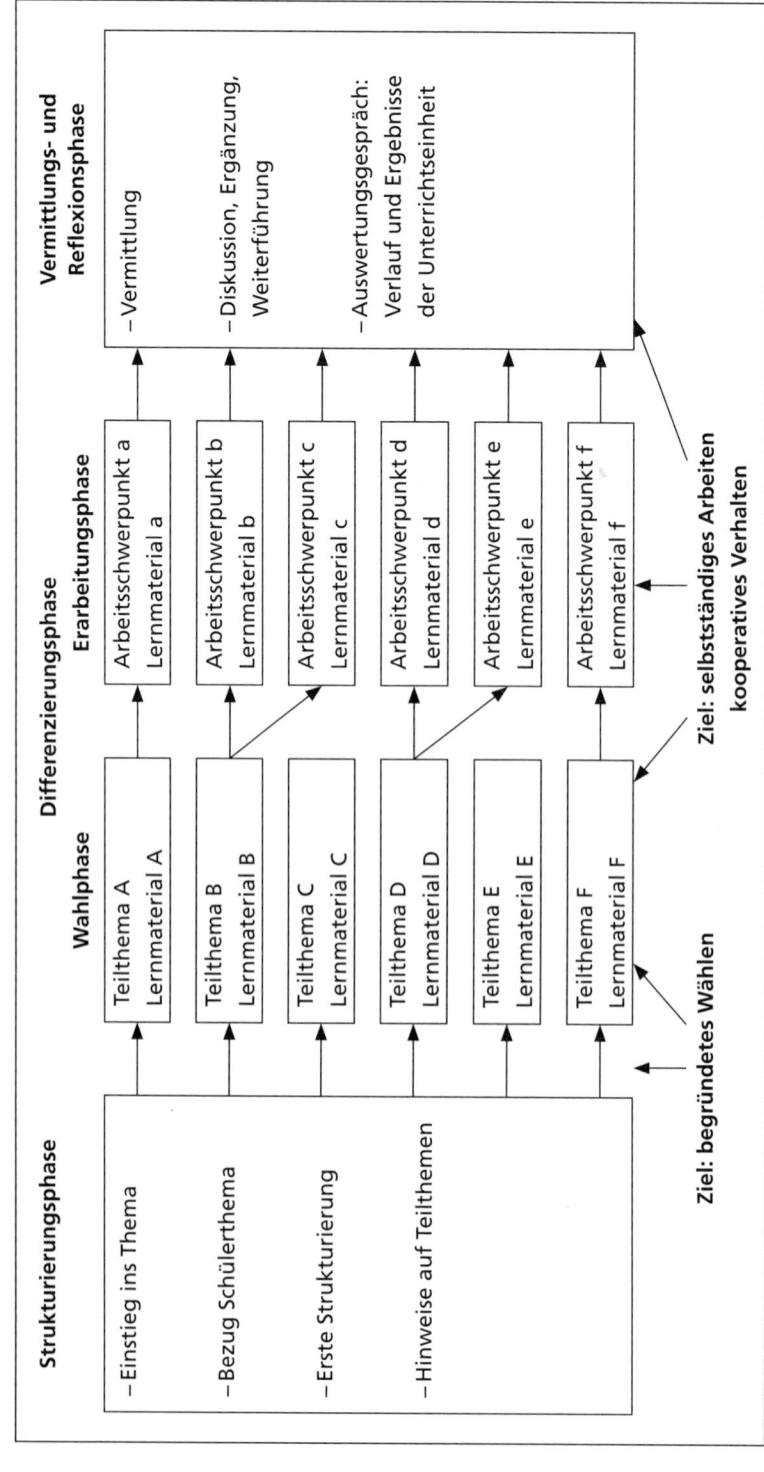

Abb. 31: Aspekte eines wahldifferenzierten Unterrichts

146

1. Aspekt: Ziele

Im wahldifferenzierten Unterricht werden themenbezogene Ziele – die Ziele im Hinblick auf das zur Diskussion stehende Thema – und zugleich allgemeine Ziele angestrebt. Die drei allgemeinen Ziele sind:

- Begründetes Wählen
- Selbstständiges Lernen
- Kooperatives Arbeiten

Begründetes Wählen

Die Schüler können im Rahmen einer Unterrichtseinheit nach dem gemeinsamen Einstieg ins Thema zwischen unterschiedlichen Themenschwerpunkten wählen und die einzelnen Schwerpunkte dann in Kleingruppen bearbeiten. Die Wahlsituation ist so vorzubereiten, dass die Schüler über die zur Wahl stehenden Alternativen informiert sind und sich zunehmend – für sich allein oder im Gespräch mit anderen – über ihre **Wahlmotive** klar werden. Befreundete Schüler können sich hierbei vorher absprechen, gemeinsam in einer Gruppe einen Schwerpunkt zu bearbeiten. Angestrebte Gruppierungskriterien (manifeste Differenzierungskriterien) sind also: Interesse für besondere Aspekte des Themas und soziale Beziehungen zu einzelnen Mitschülern.

Nach der Wahl des Schwerpunktes sollen die Schüler in ihren Gruppen weitgehend selbstständig arbeiten. Sie sollen ihren Arbeitsschwerpunkt selbstständig festlegen – also Ziele, thematische Aspekte, Methoden und Medien für ihre Arbeit –, ihr Vorgehen selbst planen und es dann auch weitgehend allein durchführen.

Das selbstständige Arbeiten der Schüler findet in Kleingruppen statt und soll kooperativ gestaltet sein. Das Arbeiten in Kleingruppen bringt für die Schüler viele Interaktionen und fordert von ihnen gemeinsame Aktivitäten zur Bewältigung der thematischen und arbeitsorganisatorischen Aufgaben.

2. Aspekt: Thematische Strukturierung

Für jede Unterrichtseinheit stellt sich als Planungsaufgabe, das gewählte Thema abzugrenzen, es in Teilthemen aufzugliedern, die einzelnen Themenaspekte entsprechend ihrer Bedeutung für die Schüler zu gewichten usw. Die thematische Strukturierung ergibt sich als eine besondere Aufgabe für den wahldifferenzierten Unterricht, weil die problemorientierte Auseinandersetzung mit dem Thema in Kleingruppen anhand ausgewählter Themenschwerpunkte geschehen soll. Vor allem drei Fragen sind hierzu beantworten:

Thematische Strukturierung

- Wie kann man das Thema strukturieren, und welche Teilthemen / Problembereiche können ausgegliedert werden? Diese Strukturierungs-

147

aufgabe wird anfangs vom Lehrer oder Lehrerteam allein, später zunehmend mit den Schülern übernommen.
• Welche Themenaspekte eignen sich als Einstieg in das Thema? Die Fragestellungen für die erste Auseinandersetzung mit dem Thema müssen zeigen, wieweit es ein die Schüler betreffendes Problemfeld ist.
• Welche Fragestellungen sind aus der Sicht des Lehrers besonders wichtig? Der Lehrer / das Lehrerteam muss prüfen, welche Fragen ihm so wichtig sind, dass er / es sie ggf. von sich aus anschneidet, wenn die Schüler sie abwählen oder vernachlässigen.

3. Aspekt: Verlaufsstrukturierung
Die thematische Strukturierung hängt eng mit der Verlaufsstrukturierung zusammen. Das Grundmodell zeigt drei Phasen, sodass sich folgende Verlaufsstrukturierung ergibt.
• In der Strukturierungsphase wird in das Thema eingeführt, zugleich auf eine erste Weise strukturiert. Und es wird der Bezug der Schüler zum Thema hergestellt.
• In der Differenzierungsphase wählen die Schüler (1. Teil: Wahlphase) die von ihnen gewünschten Schwerpunkte und bilden entsprechend ihrer Wahl Kleingruppen. In der nächsten Phase (2. Teil: Erarbeitungsphase) bestimmen die Schüler ihren Arbeitsschwerpunkt, klären ihr Vorgehen und antizipieren schon einmal, welche Ergebnisse sie wie vorstellen wollen.
• In der Vermittlungs- und Reflexionsphase geht es um zwei Aufgaben:
  - Einmal werden die Arbeitsergebnisse vorgestellt und im Plenum diskutiert. Eventuell werden weiterführende Fragen aufgegriffen.
  - Zum anderen nimmt die Klasse zum Verlauf und zu den Ergebnissen Stellung.

4. Aspekt: Lernmaterialien

Lern-materialien

Eine wichtige Rolle spielen anregende und unterstützende Lernmaterialien. Für die Wahlphase sind Informationen zu den angebotenen Teilthemen erforderlich. Für die Erarbeitungsphase sind Materialangebote zu entwickeln, die Informationen, aber auch Arbeitshinweise und -vorschläge für besondere Arbeitsmöglichkeiten (Interviews, Erkundungen, Internetrecherchen, Rollenspiele u.a.m.) enthalten. Eine zu starke Steuerung ist dabei zu vermeiden, andererseits sind hilfreiche Angebote wichtig. Das Angebot darf nicht zu eng gehalten sein. Das Auswählen ist durchaus beabsichtigt.

5. Aspekt: Die Rolle des Lehrers

Die Lehrerrolle im wahldifferenzierten Unterricht ändert sich. Eine starke Steuerung ist zu vermeiden, um Handlungsspielraum und Eigeninitiative zu ermöglichen. Trotzdem sind Beratung, Anregung und Unterstützung wichtig, um Schwierigkeiten nicht zu groß werden zu lassen. Wichtig ist die Rolle des Helfers in gruppendynamischen Prozessen. Gruppenaktivitäten sind zu beobachten. Gegebenenfalls ist helfend einzugreifen. Die Aufgaben sind vor allem die des Beraters, Moderators, Lernprozessbegleiters. Auf das früher schon dargestellte Grundmodell wird hier noch einmal verwiesen.

Lehrerrolle

Umsetzungsprobleme im Unterrichtsalltag

Auf den ersten Blick mögen sich keine größeren Realisierungsprobleme erkennen lassen, da das entwickelte Konzept nicht weit über die bekannte arbeitsteilige Gruppenarbeit hinauszugreifen scheint. Bei Realisierungen zeigten sich aber doch mehrere Problemstellen, auf die kurz hingewiesen werden soll:

Die erste Problemstelle ist die **Strukturierungsphase**. Der unterrichtende Lehrer ist schnell geneigt, gezielt und steuernd vorzugehen, zu viel vorzugeben. Eine Art explorierende Ausgangsphase zu schaffen, ist nicht leicht.

In der **Bestimmung des Arbeitsschwerpunktes** liegt eine weitere Problemstelle, da sie von Schülern ein hohes Maß von Planungsfähigkeit verlangt, das nicht immer gegeben ist. Die inhaltliche Frage ist häufig nicht so wichtig, eher die Frage nach dem Vorgehen. Das kann zwar zu schneller Aktivität (Aktionismus) führen, nicht aber zu wirklich problemorientiertem Arbeiten.

Der **gewährte Handlungsspielraum** kann schnell als zu groß empfunden werden. Arbeitsschwerpunkte zu finden, wenn man gerade mit einem Thema bekanntgemacht worden ist, fällt schwer. Einen Plan für die eigene Arbeit zu entwerfen, ist ein eigenes Problem.

Problem stellen

Kooperationsprobleme können schnell auftreten. Die Aufstellung eines gemeinsamen Plans, die Verteilung der Aufgaben untereinander, zielstrebig auf ein Ergebnis hinzuarbeiten, die Vermittlung der Arbeitsergebnisse einfallsreich zu organisieren, das alles ist schwer, besonders dann, wenn Missstimmigkeiten, Dominanzen einzelner Schüler, Verweigerung anderer auftreten.

Die **Vermittlung der Arbeitsergebnisse** ist ein altes Problem arbeitsteiliger Gruppenarbeit. Häufig werden Ergebnisse verlesen, es entsteht aber überhaupt keine Diskussion. Mitunter sind Gruppen nur an der Weitergabe ihres Ergebnisses interessiert, nicht aber an den Ergebnissen der anderen Gruppen. Eine Kultur der Vermittlung muss sich erst entwickeln.

Die **gemeinsame Auswertung der Arbeit** an einer Unterrichtseinheit ist immer wieder schwer. Auf einer Art Metaebene über Fragen der Planung, der Realisierung, der Effektivität und der Kooperation zu sprechen, kann schnell als überflüssig angesehen werden.

Beispiele für Unterrichtseinheiten nach dem Konzept des wahldifferenzierten Unterrichts

1. Unterrichts-beispiel Nach der Darstellung des Theorieansatzes sollen nun in Kurzform Konkretisierungen aus verschiedenen Unterrichtsfächern vorgestellt werden.

Beispiel: Unterrichtseinheit „Ausländer unter uns"

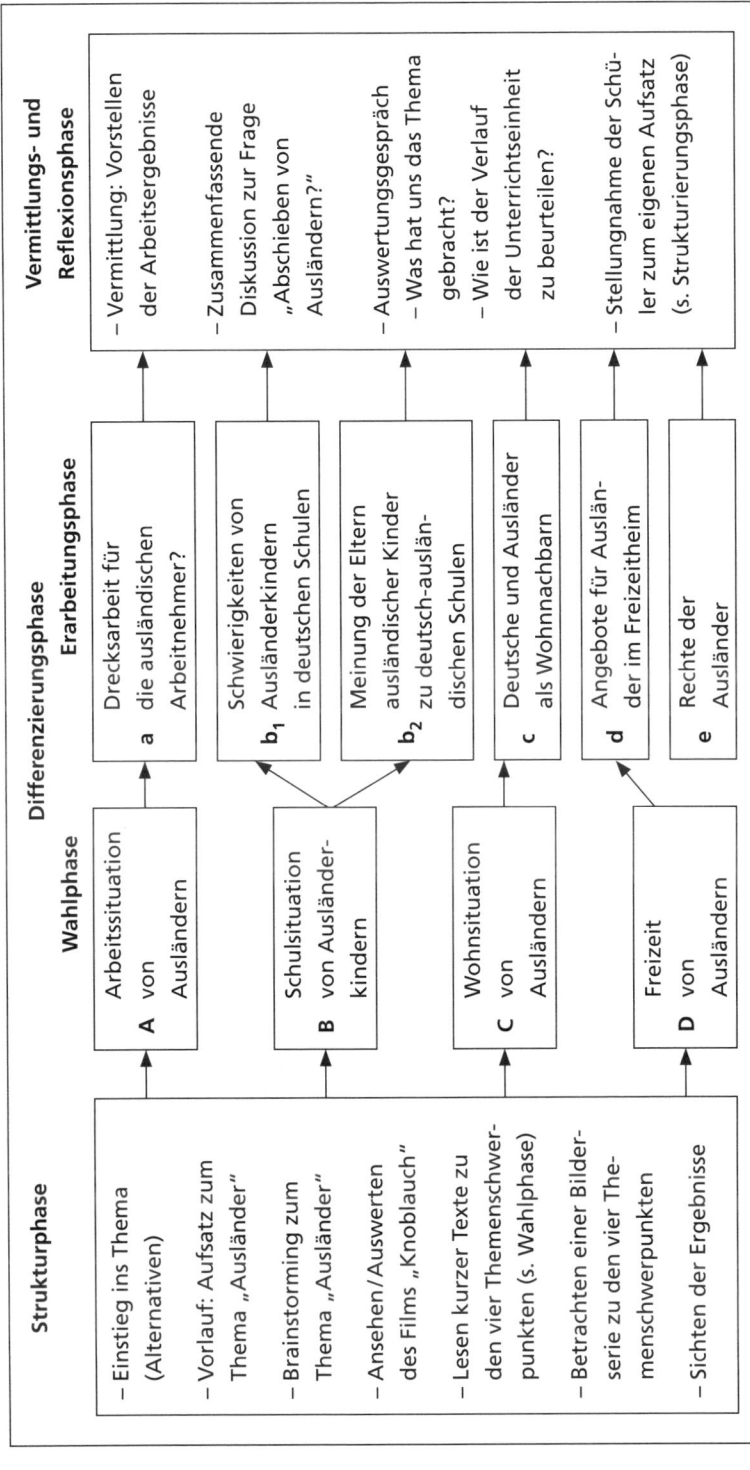

Abb. 32: Unterrichtseinheit „Ausländer unter uns"

Inhaltliche Struktur

Die inhaltliche Struktur für die Unterrichtseinheit ist mit der Abb. 32 gut vorzustellen. Die inhaltliche Struktur ist deshalb so wichtig, weil mit ihr Anspruch und Systematik deutlich werden können. Für den Einstieg ins Thema werden mehrere Möglichkeiten in Erwägung gezogen. Im konkreten Fall wird man natürlich nicht alle wählen. Für die Wahlphase werden vier Themenschwerpunkte angeboten, die sich bei Erprobungen interessanterweise spezifizierten (a, b1, b2, c, d). Zusätzlich entstand ein neuer Arbeitsschwerpunkt (Rechte der Ausländer). Bei der Vorstellung der Arbeitsergebnisse kam es zu einer zusammenfassenden Diskussion unter der Fragestellung „Integration oder Abschiebung?" Dies wird hier erwähnt, um auf unerwartete und produktive Aspekte hinzuweisen.

Als ein weiterer Schwerpunkt soll bei dieser Unterrichtseinheit auf das Problem der Aufgabenvorschläge eingegangen werden. In ihm liegt die Frage nach direktiv-vorschreibenden bzw. anregend-offenen Aufgabenvorschlägen.

Die folgende **Aufgabensammlung** enthält vor allem handlungsorientierte Aufgaben. Dies kommt Schülern häufig entgegen. Die Rezeption von Literatur, Texten, Dokumentationen ist in aller Regel weniger geliebt. Grundsätzlich müsste ein Materialienset genügend Texte zur Verfügung stellen. In diesem Beispiel waren es vor allem die folgend genannten Aufgaben:

Aufgaben zum Themenschwerpunkt „Arbeitssituation von Ausländern"

Arbeitsaufgaben

Diese Aufgabensammlung will euch Anregungen für eure Arbeit bieten. Ihr könnt daraus eine Aufgabe wählen oder auch mehrere. Vielleicht findet ihr noch ganz andere!

• Erkundigt euch in einem Betrieb mit ausländischen Arbeitnehmern über deren Arbeitssituation. Fragt nach der Anzahl deutscher / ausländischer Arbeitnehmer, nach dem Herkunftsland der ausländischen Arbeitnehmer, nach ihren Tätigkeiten und Qualifikationen. Stellt die Informationen in einer Tabelle zusammen und erläutert sie.

• Fragt in einem Betrieb nach den Kontakten zwischen deutschen und ausländischen Arbeitnehmern, bei der Arbeit wie evtl. privat.

• Erkundigt euch beim Arbeitsamt, wie hoch der Anteil der Jugendlichen – deutsche wie ausländische – an der Arbeitslosenzahl ist. Versucht, Informationen über die vorhandenen und notwendigen Qualifikationen zu erhalten. Stellt eure Ergebnisse in einer Wandzeitung zusammen.

• Sprecht mit einem Gewerkschaftsvertreter über die Arbeitssituation und die arbeitsrechtliche Lage von ausländischen Arbeitnehmern. Schreibt einen Bericht über das Gespräch.

- Interviewt ausländische Arbeitnehmer und fragt sie, wie sie ihre Chancen einschätzen, einen Arbeitsplatz zu erhalten. Nehmt die Interviews auf Kassette/Handy/mp3-Player auf.
- Fragt einen Türken, einen Griechen, einen Menschen aus dem Balkan, einen Iraner über die Arbeitslage in dem jeweiligen Herkunftsland. Erkundigt euch auch, weshalb sie in die Bundesrepublik gekommen sind, wer ihnen geraten hat zu kommen, welche Erwartungen/Hoffnungen sie hatten, wieweit sie mit ihrer Arbeit zufrieden sind.
- Bittet Passanten um Stellungnahme zu zwei Aussagen:
  - Alle Arbeiten, die die Deutschen nicht machen wollen, müssen die Ausländer machen.
  - Wenn alle Ausländer die Bundesrepublik verlassen müssten, bricht unsere Wirtschaft zusammen.
- Schreibt eine Geschichte zu folgender Situation: Ein ausländischer Arbeitnehmer kommt an einer Hauswand vorbei, auf der geschrieben steht: Ausländer raus! – Was mag er fühlen, denken?
- Denkt euch ein Rollenspiel zu folgender Situation aus: eine ausländische Arbeitnehmerin hat Arbeit, ihr später in die Bundesrepublik gekommener Ehemann hat nur die Aufenthaltsgenehmigung, aber nicht die Arbeitserlaubnis.
- Habt ihr schon einmal davon gehört, dass in den 1950er Jahren ausländische Arbeitskräfte angeworben wurden? Sucht Informationen über die Situation damals und über die Werbemethoden wie die Bedingungen des Kommens.
- Versucht ausländische Arbeitnehmer zu finden, die schon lange in Deutschland leben und arbeiten. Befragt sie nach den Gründen für ihr Hierbleiben. Sprecht mit ihnen auch über die Situation ihrer Familie, vor allem ihrer Kinder.
- Denkt euch Szenen zu folgender Situation aus: Ein türkischer Junge ist erst vor wenigen Jahren hierher gekommen. Er hat die Schule lustlos besucht und keinen Schulabschluss bekommen. Vergeblich sucht er eine Arbeitsstelle. Schreibt ein kleines Hörspiel und nehmt es auf.

Die Beispiele sollen zeigen, wie vielfältig sich die Arbeit entwickeln könnte, wie unterschiedlich die Arbeitsansätze sein könnten.

Beispiel: Unterrichtseinheit „Negative Zahlen"
Während für die geistes- und gesellschaftswissenschaftlichen Fächer in der Regel eher Möglichkeiten für wahldifferenzierten Unterricht gesehen werden, ist die Skepsis größer, wenn es um Mathematik oder Naturwissenschaften geht. Deshalb soll nun ein Beispiel aus dem Fach

2. Unterrichtsbeispiel

153

Mathematik kurz dargestellt werden. Gleichzeitig kann die Frage verfolgt werden, ob Wahldifferenzierung auch unter dem Leistungsaspekt praktikabel erscheint.

Als Ziele der Unterrichtseinheit „Negative Zahlen" wurden in der Planung formuliert:
• Die Schüler sollen die Ordnung insbesondere der negativen rationalen Zahlen kennen und in Anwendungsbereichen richtig verwenden.
• Die Schüler sollen zwei rationale Zahlen addieren bzw. subtrahieren und diese Rechenoperationen in Anwendungsbereichen richtig verwenden können.

Als **Voraussetzung** wurde angenommen, dass die Schüler Addition und Subtraktion positiver rationaler Zahlen beherrschen (Bruchrechnung, Rechnen mit Dezimalzahlen).

Vorphase   Im Fall dieser Unterrichtseinheit wurde bei der Durchführung eine sogenannte Vorphase (Dauer etwa 14 Tage) eingerichtet, in der sich die Schüler in zwei Sachbereichen mit dem Gebrauch negativer Zahlen vertraut machen sollten: Kontoführung auf einem Girokonto und Temperaturmessungen.

Dazu bekamen sie zwei Arbeitsblätter mit vorstrukturierten Antwortblättern, die sie außerhalb des Unterrichts möglichst selbstständig bearbeiten sollten (Einholen und Verarbeiten von Informationen). Jeder Schüler sollte sich mit beiden Sachbereichen befassen.

In der **Einstiegs- / Strukturierungsphase** (3–4 Unterrichtsstunden) wurden zuerst die in der Vorphase gesammelten Erfahrungen aufgearbeitet und dann zwei weitere Sachbereiche vom Lehrer vorgestellt, in denen negative Zahlen verwendet werden:
• Höhenangaben in Bauzeichnungen
• Fortschreibung der Einwohnerzahl einer Gemeinde.

Auch dazu wurden schriftliche Unterlagen vorgelegt. Die Sachbereiche wurden in herkömmlichem lehrerorientierten Unterricht soweit aufgearbeitet, dass die Schüler grundlegende Zusammenhänge durchschauen, einfache Fragen und Aufgaben formulieren und die Terminologie der Sachbereiche verstehen konnten.

In der **Wahl- und Erarbeitungsphase** konnten die Schüler weitere Aufgaben aus den bearbeiteten Sachbereichen wählen und bearbeiten.

In der **Vermittlungs- und Reflexionsphase** trugen die Gruppen ihre Arbeitsergebnisse der ganzen Klasse vor.

154

Wie anspruchsvoll die Aufgaben waren, soll wieder wenigstens an einem Beispiel veranschaulicht werden:

Eine Temperaturkarte für G (Schulort)
Sind eigentlich die Erwärmungen und Abkühlungen in G überall gleich (in der Mitte des Ortes, in Ortsteilen, am Rande der Bebauung, an geschützten und an offenen Stellen)? Versucht, dies in folgender Weise zu erforschen:
• Jeder nimmt bei sich zu Hause draußen Messungen vor.
• Überlegt, mit welchen Thermometern die Messungen durchgeführt werden können. Messt die Bodentemperaturen. Das Thermometer soll rund 5 cm über dem Boden messen.
• An den Messstellen sollt ihr dann für eine Woche (Montag bis Samstag)
  - morgens um 7.00 Uhr,
  - mittags um 14.00 Uhr,
  - abends um 21.00 Uhr
  die Temperaturen ablesen und in folgende Tabelle eintragen. Die mit den Messdaten möglichen Berechnungen werden wir danach durchführen.
• Wer Lust hat, könnte auf ähnliche Weise das Deutschland-Wetter mithilfe der täglichen Angaben in der Zeitung notieren (Messpunkte: Lübeck, Hamburg, Hannover, München, Garmisch-Partenkirchen).

Die Qualität der Arbeitsergebnisse sei an einem anderen Sachbereich aufgezeigt:

Wandzeitung der Klasse X: Einwohnerstatistik (Fortschreibung)
+ (g) positiv (g) Geburten (g), Zuzüge (g)
–(r) negativ (r) Sterbefälle (r), Wegzüge (r)

Geburten (g)	Sterbefälle (r)	Zuzüge (g)	Wegzüge (r)
30 (g)	28 (r)	15 (g)	10 (r)

$(+30)$ (g) $+$ $(+15)$ (g) $= (+45)$ (g)
(-28) (g) $+$ (-10) (g) $= (-38)$ (g)

(45) (g) $+ (-38)$ (r) $= +7$ (g)

Die +7 (g) heißt, dass sieben dazugekommen sind.

Leistungsbewertung im wahldifferenzierten Unterricht
Immer wieder unklar ist, ob man bei den Subkonzepten des offenen Unterrichts Leistung genügend deutlich feststellen kann. Abgesehen

davon, dass neben den herkömmlich erwarteten kognitiven Leistungen noch ganz andere Leistungen gefordert werden (Selbstständigkeit, Kooperation, planorientiertes Arbeiten), kommt es zu beachtlichen Leistungen, wenn man z. B. gezielt daraufhin arbeitet. Im hier beschriebenen Beispiel war von vornherein beabsichtigt, die Unterrichtseinheit mit einer Klassenarbeit abzuschließen. Es wurde so vorgegangen, dass die im folgenden dargestellte Arbeit schon in der Strukturierungsphase vorgestellt wurde, sodass alle Schüler sich an den geforderten Kompetenzen in ihrer Arbeit orientieren konnten. Für die tatsächliche Arbeit sind dann die Zahlen ausgewechselt worden. Für das Anstreben guter Leistungen ist wohl wichtig, dass das letztendlich Geforderte früh transparent gemacht wird.

Leistungsmessung

Klassenarbeit zum Abschluss der Unterrichtseinheit

1. Bearbeite zwei der folgenden Aufgaben I, II oder III:
I) Auf einem Konto mit dem Stand von Euro 150,00 Haben wird gebucht:
a) 130,00 Euro Soll
b) 170,00 Euro Soll
Schreibe die zugehörigen Aufgaben auf und rechne den neuen Kontostand aus.

II) Früh um 8.00 Uhr ist die Temperatur -3 Grad, abends -7 Grad und am nächsten Morgen -1 Grad.
a) Welche Temperaturunterschied gibt es? Schreibe die Rechnungen auf.
b) Welchen Temperaturanstieg, welchen Temperaturabfall gibt es? Rechne aus.

III) In einer Gemeinde hat sich der Einwohnerstand während eines Jahres verändert:
a) 120 Geburten und Zuzüge, 165 Todesfälle und Wegzüge,
b) 15 Todesfälle und 27 Wegzüge.
Schreibe die zugehörigen Rechenaufgaben auf. Rechne aus, wie sich der Einwohnerstand jeweils verändert hat.

2. Rechne die Aufgaben in der folgenden Tabelle aus. Kreuze in der entsprechenden Spalte an, in welchem Sachbereich du rechnest.

	Konto	Thermo-meter	Hausbau	Einwohner-zahl
(+5) + (+7) =				
(+2,3) + (4,5) =				
(+5) + (–7) =				
(+4,8) + (–9,2) =				
(–5) + (–7) =				
(–2,7) + (–8,4) =				
(–5) + (–7) =				
(–3,5) + (5,3) =				
(+12) – (+3) =				
(+10,5) – (+5,8) =				
(+12) – (–4) =				
(+7,4) – (+3,2) =				
(–5) – (–12) =				
(–6,2) – (–4,2) =				

3. Erkläre in einem Sachbereich, der dir besonders vertraut ist: Was kann die Aufgabe bedeuten? Wähle nur eine Aufgabe!
a) (+2) – (–7) = (+9)
b) (–2) + (–8) = (–10)
c) (–9) + (+7) = (–2)

Die Aufgaben sind insgesamt gesehen recht anspruchsvoll. Die Ergebnisse waren gut, wohl nicht zuletzt deshalb, weil sich die Schüler gezielt um das kümmern konnten, was ihnen zunächst fremd, unverständlich war (Wirkung von advance organizers).

Beispiel: Unterrichtseinheit „Sinnesorgane und Regelungsvorgänge"
Mit einem dritten Beispiel – diesmal aus einem Wahlpflichtkurs Biologie in einer 10. Klasse einer Realschule sollen weitere Variierungsmöglichkeiten des Grundkonzepts „Wahldifferenzierter Unterricht" dargestellt werden.

3. Unterrichtsbeispiel

Nach einer Einstiegsphase (Einführung in das neue Thema; Wiederholung der letzten Unterrichtseinheit; Information über das geplante Unterrichtskonzept) wurden 11 Arbeitsschwerpunkte angeboten, von denen 4–6 in selbst zu bildenden Gruppen in vorgegebener Zeit (Biologiestunden im Zeitraum von 7 Wochen) bearbeitet werden sollten.

Stationen-lernen
Die Basis der Lernarbeit war die Idee der **Lernstation**. Aus arbeitsorganisatorischen Gründen wurden die Gruppen gebeten, je einen Arbeitsplan für zunächst zwei Wochen vorzulegen. Nach der Gruppenkonstituierung war also zunächst Planarbeit angesagt. Wegen des relativ langen Zeitraums wurde auch die Möglichkeit gegeben, Gruppen aufzufüllen oder neu zu konstituieren.

Der Überblick über die Arbeitsschwerpunkte

Arbeits-schwerpunkte
• Wasserabgabe durch die Haut (Versuch)
• Druckempfindung der Haut (Versuch)
• Verteilung der Druckpunkte auf der Haut (Versuch)
• Berührungsreize unter einem bestimmten Gesichtspunkt (Versuch)
• Betäubung des Schmerzsinnes (Versuch)
• Temperatursinn und Drucksinn (Versuch)
• Zusammenwirken von Druckempfindung und optischer Wahrnehmung (Ergänzungsversuch)
• Die Temperaturempfindung der Haut: Kälte- und Wärmepunkte (Versuch)
• Relativität der Temperaturempfindung (Versuch)
• Zuverlässigkeit der Temperaturbestimmung (Versuch)
• Die menschliche Haut und die Hautsinne (Literaturarbeit)
• Die Wärmeregulation des Körpers: Temperaturregelung durch die Haut (Literatur, Film, Folie)

Ein Beispiel für einen Arbeitsschwerpunkt: Verteilung der Druckpunkte auf der Haut
Ziel: Wir wollen feststellen, wie dicht die Druckpunkte auf verschiedenen Körperstellen verteilt sind.

Zeit: ca. 35 Minuten

Material: Stechzirkel, Augenbinden, Lineal mit mm-Einteilung, verschiedene Gläschen, Reagenzgläser, Münzen

Ausführung: Einer Versuchsperson aus der Gruppe werden die Augen verbunden. Ein Gruppenmitglied setzt nun die Spitzen des Stechzirkels unbedingt gleichzeitig, mit nur geringem Druck (Vorsicht: Verletzungsgefahr) auf die Haut. Die Versuchsperson hat anzugeben, ob sie eine oder zwei Druckempfindungen wahrnimmt.

Zunächst die Spitzen des Stechzirkels 15 mm weit öffnen und auf verschiedene Körperstellen aufsetzen: Fingerkuppe, Handinnenfläche, Daumenballen, Wange, Handrücken, Oberarm, Unterarm, Unterschenkel, evtl. Nacken.

Dann wird die Winkelstellung des Zirkels verändert (größer und/oder kleiner). Die Versuchsperson soll jedes Mal die Druckempfindungen angeben.

Wichtig: Für jeden geprüften Körperteil die Entfernung der Zirkelspitzen feststellen, bei der bei gleichzeitiger Berührung gerade noch zwei Reize empfunden werden.

Überlegt, wie man die Versuchsergebnisse aller Gruppenmitglieder in einer Tabelle oder in einem Schaubild übersichtlich darstellen könnte.

Ergänzungsversuch: Prüft, welche Empfindungen Glasröhrchen verschiedener Stärke verursachen. Sie sollen mit ihren Öffnungen auf die genannten Körperstellen aufgesetzt werden.
Versucht, verschiedene Münzen durch Betasten der Ränder nach ihrer Dicke zu unterscheiden.

Anregung: Zur weiteren Vertiefung und für die Präsentation erbittet vom Lehrer die Folie „Sinnespunkte der Haut". Schaut auch in verschiedene Bücher unserer Handbibliothek, die für die Unterrichtseinheit zur Verfügung steht.

Hilfen für die Vermittlungsphase
• Folienzeichnung – Erläuterung des Arbeitsschwerpunktes durch Gruppenmitglieder
• Tafelzeichnung, Vortrag oder Entwicklung einer Tafelskizze
• Tonbandaufnahme über den Arbeitsschwerpunkt; zum Beispiel: Beschreibung des Versuchsaufbaus, Ergebnisse, Probleme
• Videoaufnahme eines Versuchs oder von Versuchsabschnitten – mit oder ohne Ton
• Vortrag/Referat über einen oder mehrere Arbeitsschwerpunkte
• Demonstrationsversuch mit Erläuterung
• Ausstellung vorbereiten (1–2 Arbeitsschwerpunkte) – vorhandene Stecktafeln nutzen
• Eigene Ideen nutzen!

Die jeweils ausgewählten Konkretisierungen werden sich zu einem Gewebe von Vorstellungen verbinden und zeigen, wie einfallsreich und wie differenziert Lernarbeit organisiert werden kann. Der Leser hat das Grundmodell immer vor Augen und kann die vorgestellten unterschiedlichen Ideen einordnen. Die Reihe der Beispiele ließe sich verlängern.

8.3 Wochenplanarbeit – ein Subkonzept offenen Unterrichts

Die Grundkonfiguration dieses Teilkonzepts ist früher schon dargestellt worden. Es soll hier ebenfalls näher betrachtet werden.

Argumente für und Merkmale von Wochenplanarbeit

Begründung **Wochenplanarbeit** wird im Bereich der Grundschule verbreitet diskutiert und realisiert. Im Sekundarstufenbereich besteht in dieser Frage ein Nachholbedarf. Mit der einsetzenden Diskussion über veränderte Zeitstrukturen z. B. am Gymnasium aber wird Wochenplanarbeit auch da aktuell werden. Argumente für Wochenplanarbeit sind:

- Die Schule hat von jeher den Auftrag, Bildung zu ermöglichen. Das heißt, dass Lernprozesse tendenziell in die Verfügung von Lernenden gegeben werden müssen. Lernen nur nach Auftrag wird Bildung als ein persönliches Verhältnis zu den Menschen, zur Welt und zu den Objektivationen der Menschheit nur schwer fördern können.
- Lernprozesse bedürfen des Sinns, der Begründung. Diese haben umso eher eine Chance, je mehr Lernende Lern- und Arbeitsprozesse für sich und andere selbst verantworten und begründen lernen.
- Da dies alters- und fachspezifisch nach den Möglichkeiten der Schüler dosiert werden muss, ist Wochenplanarbeit ein Ansatz, der Anspruch, Umfang und Differenziertheit variabel halten kann und sich deshalb besonders eignet.

Die zentralen Merkmale sind

Merkmale
- In der Vorform des **Tagesplans** werden bestimmte Lernzeiten durch einen von Lehrerseite aufgestellten Plan (Pflicht- und Wahlaufgaben) gesteuert.
- Der Wochenplan gibt Aufgaben für die Zeit vor, die im Rahmen einer Woche für selbstständiges Lernen vorgesehen werden.
- Die Lerninhalte sind an Rahmenrichtlinien / Kerncurricula angelehnt.

- Die Schüler sollen zunächst einmal das selbstständige Lernen in solchen begrenzten Phasen lernen.
- Der Zeitrahmen kann unterschiedlich dimensioniert werden: Von zunächst 1–2 Unterrichtsstunden bis zu 4 und mehr, je nach Beteiligung von Fächern und Lehrern.
- Die Schüler haben im Grunde nur die Entscheidung über Reihenfolge der zu bearbeitenden Aufgaben, den Zeitumfang, den sie für einzelne Anliegen wählen wollen, die Bearbeitungsmodi und die Sozialformen (Partner- oder Gruppenarbeit).
- Die Lehrpersonen eröffnen Möglichkeiten der Selbstkontrolle, werden aber selbst die Übersicht über die ausgeführten Arbeiten und deren Richtigkeit behalten wollen.
- Wochenplanarbeit kann inhaltlich von einem Fach bestimmt sein, sie kann aber auch fächerübergreifend organisiert werden.
- Wochenplan ist von freier Arbeit zu unterscheiden, da sie Vorgaben macht, während freie Arbeit auch die Inhalte in die Entscheidung der Lernenden gibt. Die Konzepte lassen sich aber leicht verbinden.
- Wochenplanarbeit kann sehr gut das alte Problem lösen helfen, unterschiedliche Lerntempi von Schülern zu berücksichtigen, und kann daher erfolgreicheres Lernen begünstigen.
- Die folgende Übersicht führt die Gesichtspunkte an, die insgesamt zu beachten sind.
- Die Einführung von Wochenplanarbeit wird man zunächst zeitlich enger halten, vielleicht vor allem Übungen und Wiederholungen ansetzen. Wichtig sind am Anfang Erklärungen und gemeinsame Planungsphasen. Pläne sind am besten schriftlich vorzulegen.
- Je extensiver sie im Lauf der Zeit wird, umso wichtiger sind eine klare Struktur, Regeln und Ordnungssysteme (für die zu benutzenden Lernmaterialien).
- Zunächst mag der Planungsaufwand recht groß erscheinen. Das Äquivalent wird man bald in einer viel entspannteren Lernarbeit bekommen.

Gesichtspunkte für Wochenplanarbeit/ Freie Arbeit

1. Gründe
Selbstständigkeit, Kreativität, Freude an der Sache, Selbsttätigkeit, Problemlösung, Interesse entwickeln, Planungs- und Realisierungsfähigkeit, Zeitmanagement, Lern- und Arbeitstechniken (kreativitätsfördernde und lernfördernde Funktion)

Infrastrukturelle Elemente

161

2. Biotop Klassenraum

- Anregende Lernumgebung
- Regale / Raumteiler
- Funktionsbereiche (Lese-, Bau-, Info-, Arbeitsecken), Raum für Stuhlkreis, Tischformation
- Ausstellungstisch, Pinnwände
- Aquarien, Herbarien, Terrarien, Pflanzen und Blumen

3. Lern- und Arbeitsmaterialien

- Klassenbücherei, Lexika, Bücherkiste für aktuelle Themen
- Kartenmaterial, Sachbücher
- Rechtschreibkarteien, Rechenkarteien, Sachunterrichtskarteien
- Spiele verschiedener Art (vor allem Lernspiele)
- Naturmaterialien, Mal- und Werkmaterial
- Computerstationen, Internetzugang
- Werkzeuge zur Materialbearbeitung (Scheren u. a. m.)

4. Regeln

- Bewege dich leise im Raum
- Wenn du nicht zurecht kommst, frage jemanden
- Störe nicht andere Kinder
- Führe zu Ende, was du angefangen hast
- Kontrolliere deine Ergebnisse
- Stelle das benutzte Material wieder an seinen Platz u. a. m.

5. Arbeitstechniken

- Informationsentnahme aus Lexika, Büchern, Arbeitsheften
- Aufgabenbearbeitung z. B. mithilfe von Karteikarten
- Präsentation von Arbeitsergebnissen
- Umgang mit technischen Geräten (Kassettenrecorder, Fernsehen, Computer u. a. m.)

6. Vorgehensweisen

- Mit kleinen Schritten anfangen (Aufgaben, Zeitumfang)
- dann langsam ausweiten
- ständig Materialien sammeln, ergänzen, ersetzen – diese übersichtlich halten
- Klare Struktur schaffen (Regeln, Materialien, Ablagen, Abläufe)
- Kooperation ist wichtig (Anregungslevel, Austausch, offene Klassentür, Raumwechsel)

Wenn man jetzt **Planungsdimensionen** in aufsteigender Linie betrachtet, könnte ein ganz einfacher Plan so aussehen (für 1–2 Stunden pro Woche):

Deutsch	Mathematik	Spielen
Arbeite das Arbeitsblatt zum Thema „Namen" durch. (Du findest es auf meinem Arbeitstisch)	Rechne mindestens zwei Textaufgaben auf den Seiten 67 und 69 im Mathebuch durch. Übe dann die schriftliche Division weiter. (Seiten 66–68)	In der Spielecke sind ein paar neue Spiele. Die Reihenfolge der Spiele bestimmst du. Achte aber auf die Zeit.

Diese Aufgaben können für alle Schüler der Klasse formuliert sein. Man könnte aber auch nach Übungsnotwendigkeiten (Beispiel Mathematik) für Gruppen oder sogar einzelne Schüler differenzieren.

Recht ausgearbeitet ist das zweite Beispiel:
In einem 4. Schuljahr sind 4 Stunden Wochenplanarbeit fest installiert. Im Wochenanfangskreis der nun beginnenden Woche beginnt die Planung des Schulfestes. Seit einiger Zeit schon läuft das Projekt „Unsere Grundschulzeit", mit dem die Bilanz der zu Ende gehenden Grundschulzeit gezogen werden soll. So gibt es zur Zeit neben den 4 Stunden Wochenplanarbeit 3 Stunden pro Woche Projektarbeit. Mit dem Beginn der Planung des Schulfestes wird dafür pro Woche eine Stunde genommen. Für das Projekt hängen zwei Wandzeitungen aus, die Anregungen geben sollen:

Ausweitungen

Unser Grundschulbuch „Unsere Grundschulzeit"	So kannst du arbeiten
Inhalt des Buches kann sein: • Themen aus dem Sachunterricht • Ich – Heft • Witze, Späße, Abenteuer • Lieder, Spiele bei Feiern • Schullandheimaufenthalte • unsere Theaterbesuche • Projektwochen • Lieblingsgeschichten • selbst gedruckte Geschichte • Fotos aus Klassenalben • meine besten Tests • Einschulung • u.a.m.	So kannst du arbeiten: • Schuljahr für Schuljahr durchgehen und nach Themen suchen (Geschichten, Projekte, interessante Themen, Spiele, Witze, Fotos, Mappen usw.) • Unterlagen sortieren • nachdenken, worüber du schreiben willst, oder: • alles erst sammeln, • dann ordnen, • dann schreiben oder: • einen eigenen Plan machen • danach dann arbeiten

In diesem Beispiel entwickelt sich das selbstständige und kooperative Arbeiten nun schon in beträchtlichem Ausmaß. Umso wichtiger ist es, dass die Arbeit gut strukturiert wird, dass das Anregungspotenzial neben dem Ordnungs-, Regel- und Materialrahmen groß genug ist. Dem alten Trugschluss, dass die Schaffung von Leerräumen schon genüge, damit sich Initiative und Selbstbestimmung entwickeln, ist dann entschieden vorgebeugt.

Elaborierte Varianten der Wochenplanarbeit

Inzwischen sind die Erfahrungen mit Wochenplanarbeit fortgeschritten, sodass dieses Subkonzept offenen Unterrichts professionell und elaboriert zur Anwendung kommen kann. Die folgende Übersicht gibt – von links nach rechts gelesen – mögliche Entwicklungsstufen an.

Die **einfache Variante** der beschriebenen Idee, einen bestimmten Zeitrahmen zu schaffen, innerhalb dessen Aufgaben zur Erledigung aufgetragen werden. Bei einem Langfach in der Sekundarstufe I könnten z. B. zwei von vier Stunden dafür genommen werden. Die Aufgaben werden in Pflicht- und Wahlaufgaben unterteilt. Selbstkontrollmöglichkeiten werden immer angeboten. Lernmaterialien sind in genügendem Umfang vorhanden. Diese Variante dürfte kein ernsthaftes Problem mehr darstellen.

Anspruchsvoller sind die sogenannten **differenzierten Varianten**, die auf einzelne Schüler oder Kleingruppen abgestellt sind und der Idee der diagnostischen Differenzierung folgen. Das heißt, dass nicht mehr generell geltende Tages- bzw. Wochenpläne aufgestellt werden, sondern dass auf spezifische Lernbedürfnisse und -notwendigkeiten von Schülern eingegangen wird. Defizite bzw. noch nicht zu Ende gebrachte Lernprozesse sind identifiziert worden, sodass die Lernvorschläge / -aufgaben darauf eingehen (siehe die in der Übersicht genannten Beispiele).

Varianten

Einfache Varianten (aufgabenorientiert)	Differenzierte Varianten (auf Schüler abgestellt) (diagnostische Differenzierung)	Gemeinsam aufgestellte Pläne

• Ein Fach
• 2 Stunden pro Woche
• Pflicht-/Wahlaufgaben
• Kontrollmöglichkiten
• Offene – geschlossene Aufgaben
• Materialhilfen
  – Aufgabenblätter
  – Informationshilfen
  – Medien
	• Absprachen über mehrere Fächer
	• Zeitliche Ausweitung: 4–6 Stunden pro Woche
	• Individuelle bzw. kleingruppenspezifische Pläne
	• Spezielle Ansprachen
	  – Du musst dich noch einmal genauer …
	  – Beachte besonders die Fehlerhäufigkeiten …
	  – Übe mit deinem Partner die Matheaufgaben, bis …
		• Für die kommende Woche stellen wir folgenden Plan auf: …
		• 4 Unterrichtsstunden stehen zur Verfügung
		• Ich (der Lehrer) habe folgende Aufgaben für dich: …
		• Was hältst du für wichtig?
		• Wir machen folgendes Programm:
		
		Bedingung: Planungszeit steht zur Verfügung (am Freitag oder am Montag)

Tab. 16: Varianten der Wochenplanarbeit

Gleichzeitig kann der Zeitrahmen ausgeweitet werden, wenn Absprachen über verschiedene Fächer hinweg möglich sind: Mehrere Lehrer schaffen von ihren Zeitkontingenten einen Stundenpool für die Wochenplanarbeit.

165

Planungszeit Die weitestgehende Variante ergibt sich, wenn die Wochenpläne mit den Schülern gemeinsam aufgestellt werden. Die Bedingung dafür ist, dass am Freitag der auslaufenden Woche oder am Montag der neuen Woche eine **Planungszeit** eingerichtet wird (1–3 Stunden!?), in der der Plan aufgestellt wird.

Er hat zwei Ausgangspunkte: Einmal gibt der Lehrer notwendige Arbeitserledigungen in die Planung ein, zum anderen sollen die Schüler ihre Lernstände / -schwierigkeiten reflektieren und Arbeitsvorschläge einbringen (… ich habe immer noch Schwierigkeiten mit den neuen Regeln der Zeichensetzung und müsste da noch einmal genauer herangehen.).

Die Grundidee dabei ist, dass Schüler Zug um Zug lernen, ihr Lernen in die eigene Hand zu nehmen, sich „über die Schulter schauen", um Lernaktivitäten bewusst anzugehen (Metalernen). Das immer wieder geäußerte Bedenken, **Planungszeit** sei verlorene Unterrichtszeit, kann dahingehend pariert werden, dass das alles Entscheidende beim Lernen wohl dann passiert ist, wenn ein Lerner um seine Stärken und Schwächen weiß und reflektiert und zielorientiert darauf reagieren kann. Er ist dann immer in der Lage, sich um Defizite, Rückstände, Schwierigkeiten zu kümmern. Schlecht ist, wenn er in Misserfolgen verharren muss und nicht weiß, wie er da herauskommen soll (Lageorientierung). Wenn er aber über Wege der Selbstdiagnostik die Ursachen von „Vorläufigkeiten" identifizieren kann, kann er in eine Handlungsorientierung überwechseln.

Insofern ist die dritte Variante mehr als eine organisatorische. Sie ist lernstrategisch wichtig.

8.4 Infrastrukturen offenen Unterrichts

Sind die Modellierungen der Teilkonzepte deutlich genug vorgenommen worden – auf die detailliertere Darstellung von Projektarbeit wird hier verzichtet – ist nun auf die Infrastrukturen offenen Unterrichts einzugehen. Der Begriff „Infrastruktur" war früher schon verwendet worden. Er meint Arrangementselemente, die die Realisierung befördern. In diesem Kapitel wird es um Aufgabentypen, Materialstrukturen, Regeln und Rituale gehen. Wer offenen Unterricht praktiziert, weiß, dass dieser recht hohe Ansprüche stellt. Es handelt sich wahrlich nicht um „leistungsirrelevante Spielweisen für ein buntes Allerlei". Der Anspruch, Grundlagen für individuelles und kooperatives Lernen zu legen, wird größer.

Aufgabentypen für offenen Unterricht

Einleitende Bemerkungen

Offener Unterricht soll gegenüber lehrerorientiertem Unterricht selbstbestimmtes und selbstverantwortetes Lernen ermöglichen. Wenn man
die weitestgehende Öffnung („Ihr könnt heute wieder machen, was ihr
wollt.") als nicht sehr sinnvoll ansieht, haben Aufgaben, die Anre-
gungs- und Steuerungsfunktion haben, eine entscheidende Bedeutung.

Aufgabentypen

Allgemein können **Aufgaben** als Aufforderungen, Anregungen oder
Verpflichtungen zur Bewältigung / Realisierung von Aktivitäten im kognitiven, psychomotorischen oder affektiven Bereich definiert werden.
Sie sind ziel-, mindestens zielbereichsorientiert und von unterschiedlicher Reichweite. So können sie beispielsweise Lern- und Denkanre-
gungen beinhalten, Probleme zur Lösung empfehlen oder auch Ge-
lerntes weiter zu üben. Sie steuern direkt Lernaktivitäten oder sie
machen Angebote für mögliche Lernaktivitäten. Wichtig ist also zu
klären, ob sie als **Vorschrift** konzipiert sind oder als **Vorschlag**, dem
man direkt folgen kann, den man modifizieren kann, den man ggf.
auch verwerfen kann, weil man bessere Ideen hat.

Die Offenheit oder Geschlossenheit von Aufgaben ist für offenen
Unterricht ein entscheidendes Problem, weil sie den Grad der Fremd-
oder Selbststeuerung maßgeblich bestimmen.

Erste Systematisierung: Arbeitsaufträge, Impulsaufgaben, Anre-gungen (1. Dimension)

Bei dem Versuch, eine Ordnung über die Vielfalt möglicher Aufga-
benstellungen zu gewinnen, kann man folgende erste Systematisierung
vornehmen:

1. Arbeitsaufträge (geschlossene Aufgaben)

Arbeitsaufträge sind durch einen Lehrer verbindlich und konkret formuliert. Sie schreiben Lernaktivitäten genau vor, lassen in der Regel
nur eine Lösung zu und sind mit der Intention der Lernerfolgskontrolle
verbunden. Beispiele:

**geschlossene
Aufgaben**

- Rechnet die Aufgaben 1a bis 1d auf S. 29 in eurem Mathematikbuch.
  Nehmt das rote Heft dafür. Legt mir die Lösungen zur Kontrolle
  vor.
- Schreibt das Gedicht „Sommerzeit" aus dem Lesebuch in Schön-
  schrift ab und verziert es.
- Arbeite das Arbeitsblatt „Haupt- und Nebensätze" durch und kontrolliere mit dem bei mir abzuholenden Kontrollblatt, ob du alles
  richtig gemacht hast.

167

Die Beispiele machen deutlich, dass die Aufträge und Durchführungsvorschriften entsprechende Ausführungsaktivitäten in fast jeder Hinsicht bestimmen. Im Kontext offenen Unterrichts haben solche geschlossenen Aufgaben erst dann eine sinnvolle Funktion, wenn sie im Rahmen offener Lernzeiten (etwa Wochenplanarbeit) einen sinnvollen Stellenwert haben: etwa den des Übens und Wiederholens, der genaueren Bearbeitung von Bekanntem.

2. Impulsaufgaben (mittlerer Grad der Öffnung)

Impuls-aufgaben

Impulsaufgaben sind für Schüler ebenfalls verbindlich, sie geben ihnen aber mehr Spielraum in Bezug auf die Wahl des Inhaltes, der Vorgehensweise und des Ergebnisses. Sie öffnen damit den Rahmen für selbst initiiertes Lernen erheblich, ohne aber auf eine inhaltliche Hilfe zu verzichten. Beispiele:

- Welches Gedicht zum Thema „Sommer" gefällt dir am besten? Wir haben vier kennengelernt. Kannst du deine Vorliebe begründen?
- Versuche einmal ein eigenes Gedicht zum Thema „Sommer" zu schreiben. Du kannst dir auch eine Hilfe (Gedichtanfang) bei mir abholen, wenn du willst.
- Spielt die Kurzgeschichte „Ein Anfang" ohne Worte in Form einer Pantomime nach.
- Schreibe eine Geschichte zu dem Bild, das dir vorliegt. Denke dabei an die Gestaltungshinweise, die wir erarbeitet haben.
- Stelle dir vor, du könntest einen Hund halten. Welchen würdest du dir aussuchen und an was müsstest du alles denken? Mache dir Notizen für einen Bericht im Stuhlkreis morgen früh.
- Für diese Woche hängen vier Karten aus unserer Sachunterrichtskartei aus. Wähle dir zwei aus und bearbeite sie in unseren Freiarbeitsphasen.

Die Struktur dieser Aufgaben wird mit den Beispielen deutlich. Da werden Aktivitäten in einem bestimmten inhaltlichen Feld aufgetragen. Der konkrete Inhalt und/oder die Ausführung und das schließliche Ergebnis lassen Entscheidungs-, Denk- und Handlungsspielräume zu. Die Schüler sind eingeladen, die Qualität ihrer Arbeit selbst zu konzipieren.

3. Anregungen (hoher Grad von Offenheit)

Anregungen

Mitunter wird mit dem Terminus „freie Aufgaben" etwas missverständlich (schon der Terminus selbst enthält Widersprüchlichkeiten: frei und Aufgabe) eine Aufgabenart bezeichnet, die einen hohen Grad von Offenheit haben soll. Beispiele:

- Bereitet euch in eurer Gruppe auf die nächste Klassenarbeit in Mathematik vor. Entscheidet selbst, was ihr üben und durchsprechen wollt.
- Macht bitte einen ersten Entwurf für das Einleitungskapitel unseres Geschichtenbuches, das wir schreiben wollen.
- Suche dir ein noch unbekanntes Buch aus der Bücherkiste und lese ein bisschen. Vielleicht entdeckst du ein neues Lieblingsbuch.
- Beschäftige dich mit einem Thema, das dich interessiert. Unsere Themenkartei und die dort angegebenen Bücher und Texte können dir bei der Wahl und bei der Bearbeitung helfen.

Die Beispiele zeigen, dass hier jetzt die **Offenheit** bis zur Wahl von Themen und Materialien, zur Festlegung des Ziels, zur Aufstellung des Bearbeitungsplans reicht. Die Denk- und Handlungsaktivitäten werden komplexer. Das Suchen von Informationen, die eigene Herstellung von Texten oder Gegenständen, das Erkunden, kreatives, problemlösendes Denken sind gefragt. Wenn es sich um Kooperationsanliegen handelt, sind zusätzlich Kompetenzen der Kommunikation und Kooperation gefordert.

Zwischenbilanz

Von den Beispielen her wird deutlich, dass sich eine Stufung von Offenheiten ergibt, die einhergeht mit größer werdenden Anforderungen. Von vorschreibenden und schlicht auszuführenden Aufgaben (hohe Lenkung) geht es zu Impulsen und Anregungen, die einen höheren Grad von Offenheit (weniger Lenkung) und größere Selbstständigkeit erwarten.

Der Kontext von Wochenarbeitsplänen für die Gruppierung von Aufgaben (2. Dimension)

Im Kontext der Planung von offenem Unterricht erweitert sich das Repertoire der Aufgabenstellung. Wochenpläne (und auch Tagespläne für den Tag) geben wie schon dargestellt für einen bestimmten größeren Zeitrahmen die Aufgaben an, die in dieser Zeit zu erledigen sind. Meistens werden Aufgaben nach Pflicht-, Wahlpflicht-, Wahl- oder Alternativaufgaben unterschieden.

Pflichtaufgaben sind in der ausgewiesenen Zeit in jedem Fall zu bearbeiten. Sie können für alle Schüler einer Klasse gelten oder für Gruppen / einzelne Schüler differenziert formuliert sein (Individualisierung). Sie gehören in der Regel zu der Gruppe der Arbeitsaufträge und sind häufig Übungs-, Wiederholungs- und Anwendungsaufgaben.

Wahlpflicht- bzw. Wahlaufgaben gruppieren sich in einem Angebot, aus dem gewählt werden kann, das andererseits in einem klar definierten Pflichtrahmen steht.

Ganz frei zu wählende Aufgaben wollen Anstöße, Anregungen für verbleibende Zeit geben. Interessen, Kooperationswünsche, auch empfundene Defizite können Ausgangspunkt sein. In jedem Fall sollen die Schüler einen Teil der Unterrichtszeit selbst gestalten lernen.

Wenn sich mit den Aufgabentypen entsprechende Materialangebote verbinden, also sowohl Informationsangebote wie auch Handlungsaufgaben anbieten, kann der Anregungsgehalt so groß sein, dass sich im Lauf der Zeit Selbstständigkeiten entwickeln. An kleinen Beispielen soll wieder konkretisiert und analysiert werden.

Eng gehaltene Aufträge

Wochenplan A
Wochenplan von ... bis ... für Klasse 3a (5 Stunden)

Mathematik	Buch, S. 8: Nr. 1, 2. 9, 15
	S. 9: Nr. 38
	S. 10: Nr. 10, 11, 12, 13, 14, 15, 16, 17, 18
	Arbeitsblatt Nr. 7
	1 x 8 bitte wiederholen
Schreiben / Rechtschreiben	Sprache und Sprechen 2, S. 36 als Wiederholung
	Sprache und Sprechen 3, S. 35 ganz
	Arbeitsblatt Nr. 9
Lesen	Arbeitsblatt Nr. 8 und Nr. 9
	Lesebuch, S. 83
	Sachbuch S. 100
Sachunterricht	Testblatt zum Sachbuch (siehe Wochenplan von ... bis ...)
Sonstiges	Nimm bitte jeden Tag etwas als Hausaufgabe mit.
Vorschläge Anregungen u. s. w.	

Dieser Plan gibt das Beispiel einer recht **geschlossenen Aufgabenstellung**. Er gibt vor allem Aufgaben des Übens, Festigens und Wiederholens. Er liest sich fast wie die Notierungen im Hausaufgabenheft. Differenzierungen werden nicht vorgenommen. Nur mit der letzten Zeile werden die Schüler zu eigenen Überlegungen angeregt.

Wochenplan B
Wochenplan von ... bis ... für Klasse 3b (6 Stunden)

Fach	fertig	kontrolliert
Sprache Übe die Rechtschreibung mit einem Arbeitsblatt (Kontroll-blatt)		
Mathematik Auf dem Arbeitsblatt Nr. 2 findest Du Aufgaben zur Wieder-holung und Übung. Schreibe die Lösungen auf das Arbeitsblatt. Prüfe die Lösungen sorgfältig mithilfe des Kontrollblattes am Info-Brett. Zusatzaufgaben für fixe Rechner.		
Sachunterricht (Unterrichteinheit Haustiere) In dieser Woche beschäftigen wir uns mit dem ältesten Haus-tier, dem Hund. Du kennst ihn als Helfer und treuen Gefähr-ten des Menschen, als Wachhund, Spürhund, Blindenhund. Vielleicht kennst Du den Hund auch als verzärtelten Schoß-hund und als verwahrlosten Straßenhund. Weißt Du, wie der Hund vor 10 000 Jahren zum Haustier wurde? Weißt Du, was Hunde von Natur aus kennen und was sie erst lernen müssen? Auf den Arbeitsblättern findest Du weitere Informationen. Bücher über Hunde liegen im SU-Regal. Beachte auch den Aushang am Info-Brett. Sonderauftrag für fleißige Forscher. Du hättest die Möglichkeit, einen Hund zu halten. Welchen Hund würdest Du Dir aussuchen? Begründe Deine Wahl aus-führlich!		
Mo Di Mi Fr 1./2. Std. 3. Std. 3./4. Std. 5. Std.		

Wochenplan B weist auch einige Arbeitsaufträge als Pflicht auf. Kon-trollblätter für die Selbstkontrolle und Zusatzaufgaben für fixe Rech-ner zielen auf Eigenständigkeit und Differenzierung. Der Sachunter-richtsteil zeigt gegenüber Plan A eine neue Qualität: Er gibt

Selbstkontrolle

Informationen, Hinweise und Anregungen für die selbstständige Bearbeitung des anstehenden Themas. Die Schüler müssen sich das Vorgehen (kleiner Plan) überlegen, Material suchen, prüfen, ob sie allein oder mit jemandem zusammen die Arbeit durchführen. Angesichts des Beispiels ergibt sich für die Aufmachung eines Wochenplans die Frage, ob er in Übersicht, Informationsdichte, grafischer Aufmachung interessanter gestaltet werden könnte (z.B. visuelle, auflockernde Zutaten (Signets, Figuren, u.a.m.)).

Wochenplan C

Das sollst Du schaffen	erledigt und kontrolliert
Schlage im Lesebuch S. 137 auf. Lies Dir den Text aufmerksam durch. Bearbeite ein Arbeitsblatt zum Text: Arbeitsblatt 1 oder Arbeitsblatt 2 Kontrolliere mit dem Lösungsblatt	
Bearbeite ein Arbeitsblatt zum Umgang mit dem Wörterbuch. Du brauchst dein Wörterbuch und ein Arbeitsblatt. Arbeitsblatt 1 oder Arbeitsblatt 2 Kontrolliere mit dem Lösungsblatt.	
Nächste Woche schreiben wir ein Übungsdiktat. Übt es als Partnerdiktat. Lest euch die Anleitung auf dem Arbeitsblatt genau durch.	Partner:_____
Bearbeite ein Rätsel. Du kannst ein Rätsel aus dem Ordner oder eine Karte (Rätseltisch) nehmen.	
Schreibe eine Geschichte! Hole dir dazu das Arbeitsblatt „Das Geisterhaus".	
Wähle dir eine gelbe Karte (Grammatik) aus und bearbeite sie. Überlege, was Du noch nicht so gut kannst und üben willst.	Karte: _____
Spiele mit anderen einmal Memory (Rätseltisch). Ihr könnt zu dritt oder zu viert spielen.	

Das sollst Du schaffen	erledigt und kontrolliert
Viel Spaß! Du hast in dieser Woche fünf Stunden Zeit. Streiche jeden Tag ab: Di Mi Do Fr 5.3. 6.3. 7.3. 8.3.	

Nun weiten sich Zeitrahmen und Aufgabenarten aus. Es gibt klar for- **Anregungen**
mulierte Aufgaben weiterhin, andererseits gibt es Informations-, Anre-
gungs- und Arbeitshilfen, auch wieder Kontrollhilfen. Das Programm
insgesamt ist umfangreich und anspruchsvoll. Die Schüler müssen nun
schon ganz gut planen und so etwas wie ein **Zeitmanagement** praktizieren können. Es liegt hier ein Wochenplan vor, der Selbstständigkeiten und Offenheiten in bemerkenswerter Weise anbietet, gleichzeitig aber Verlässlichkeit und Sicherheit in großem Maße gibt. Betrachtet
man die Wochenpläne A, B und C in aufsteigender Linie, so erkennt
man die differenzierte und sich ausweitende Strategie offenen Unterrichts. Am Beispiel des Wochenplans C kann man auch noch einmal
darauf verweisen, dass ein ausgebautes System der Materiallagerung,
der Wege (Arbeitsblätter holen – Ablage für Kontrollen) vorhanden
sein muss.

Monatsplan
Um die aufsteigende Linie in Anspruch und Umfang weiter zu zeich- **Monatsplan**
nen, soll das folgende Beispiel aus der Sekundarstufe I genommen
werden. Der Zeitrahmen ist nun auf einen Monat ausgeweitet. Woche
für Woche stehen vier 50-Minuten-Sequenzen zur Verfügung (je nach
den Gegebenheiten in einer Schule und ihren Stufen, die von verschiedenen Fächern „beschickt" werden können). Es handelt sich also um
eine fächerübergreifende Organisation selbstständigen Lernens. Vom
gesellschaftswissenschaftlichen Fachbereich gibt es folgenden Plan,
der im Zeitraum von vier Wochen bearbeitet werden soll:

Thema: Rigoberta Menchu

Pflichtaufgaben
A) Wir informieren uns
• Betrachte die Abbildungen und lies die Texte Seite 66/67
• Erledige die Übung 2 auf S. 68 schriftlich
• Lies den Text auf S. 68
• Betrachte das Bild auf S. 68 und beschreibe es schriftlich

B) Wir wollen mehr erfahren
- Lies die Autobiografie Rigoberta Menchus auf S. 70–73
- Erledige die Übung 2 auf S. 71 schriftlich
- Erledige die Übung 1 auf S. 74 schriftlich; wertvolle Tipps zur Inhaltsangabe findest du auf S. 74 unten

C) Rigoberta Menchu und die Menschenrechte
- Lies den Text auf S. 75
- Erledige die Übung 1 auf S. 75 schriftlich
- Lies den Text auf S. 76

D) Wir
- Schreibe einen Brief an Rigoberta Menchu ! Oder: Stell dir vor, du bist Journalist und verfasst einen Artikel über diese Frau

E) Partnerarbeit
- Entwirf und gestalte mit deinem Partner ein Plakat zu Rigoberta Menchu und Guatemala

F) Worterklärungen
- Schlage alle schwierigen Begriffe aus den einzelnen Texten in einem Wörterbuch und/oder Lexikon nach und notiere sie in einer übersichtlichen Tabelle. Schreibe auch die im Buch abgedruckten Worterklärungen auf!

G) Grammatik
- Erledige eine Übung im Passiv; das dazugehörige vorgefertigte Blatt, das du ausfüllen musst, holst du dir beim Lehrer ab. Die Regeln zur Bildung des Passivs findest du im Arbeitsheft auf S. 70/71 (falls du sie noch einmal brauchst)

Wahlaufgaben
- Erledige Übung 5 auf S. 68; kopiere eine Karte mit den betreffenden Ländern aus dem Atlas oder dem Internet
- Erledige weitere Aufgaben auf den Seiten 69 bis 73
- Informiere dich in einem Lexikon oder im Internet über die Menschenrechte; notiere anschließend, wann, wo, weshalb und von wem diese verfasst wurden
- Sammle Informationen über den Friedensnobelpreis und notiere das wichtigste
- Lies das Gedicht auf S. 78 und entwerfe selbst eine Strophe hinzu
- Lerne das Gedicht von Rigoberta Menchu auswendig und trage es vor.

Als Arbeitsmaterial steht zur Verfügung
- Sprach- und Lesebuch
- Wörterbuch
- Lexikon
- Atlas
- Internet
- Heft/Ordner

Mit diesem Beispiel eines **Monatsplans** wird das Lernen sehr viel komplexer. Es muss eine fortgeschrittene Situation vorliegen. Es gibt ständig Phasen für selbstständiges Lernen. Die Aufgaben kommen aus allen drei beschriebenen Dimensionen. Die Schüler müssen auf recht anspruchsvolle Weise ihre Arbeit organisieren:
- Sie müssen sich zuerst einen Überblick verschaffen;
- sie müssen sich selbst einen Plan machen; **Planerstellung**
- sie müssen mit Zeit außerordentlich sorgfältig umgehen (Zeitmanagement); **Zeit- management**
- sie müssen recht diszipliniert ihren Plan verfolgen;
- sie müssen in der Lage sein, von Zeit zu Zeit Plan, die benutzte Zeit, die erreichten Ergebnisse zu überprüfen und ggf. den eigenen Plan neu justieren.

Materialstrukturen für offenen Unterricht

Wenn man die Begründung für offenen Unterricht akzeptiert, die Teilkonzepte als realisierbar ansieht, wird die Bearbeitung einiger praktischer Fragen wichtig. Die Frage nach den Aufgabenarten ist behandelt worden. **Material- strukturen**

Eine andere Frage bezieht sich auf die **Lernmaterialien**. Sie sind ebenfalls eine Basiskomponente für offenen Unterricht. Ihre Beschaffung bzw. Herstellung wird am Anfang meist als schwierig, zeitaufwendig und teuer angesehen. Um dem manchmal erdrückenden Vielerlei vorzubeugen, ist eine Typisierung wichtig.
Ein älterer Versuch unterscheidet nach unterrichtlichen Funktionen:
- Mittel zur Stoffvergegenwärtigung (Präparate, Texte, Bilder Dias, Filme etc.),
- Mittel zur Stofferarbeitung, -verarbeitung und -sicherung (Arbeitsanweisungen, Arbeitsbücher, Arbeitshefte, Karteikarten, Lernspiele etc.).

175

Ich selbst habe früh schon einen Systematisierungsversuch unternommen:

- Aussageträger (Arbeitsblätter, Bücher, Bilder, Filme, Tonkassetten, Videobänder, Modelle etc.),
- Präsentationsmodi (didaktisch aufbereitete Darstellungsweisen von Sprache und Bild: Protokolle, Lernprogramme, Fernsehspiele, Lückentexte, Hörsendungen etc.),
- Aussagemodi wie Informationsblätter, Dokumentationen, Bildgeschichten etc. und
- Lerngeräte (Schreibmaschinen, Steckflächen, Druckereien, Videorecorder, Filmgeräte, Kopierer, Computer etc.).

Versuch, eine Übersicht zu gewinnen

Wenn der leitende Gesichtspunkt der ist, Materialien für konkrete Lernmöglichkeiten zu bekommen, könnte man wie folgt vorgehen:

In einer ersten Ordnung werden unterschieden:

Sinnesmaterial	Kreativmaterial	Didaktisches Material
• Farbtäfelchen zur optischen Differenzierung • Geräuschdosen • Glockensätze • Metallstäbe • Riechbüchsen • Geschmackstabletts • Tasttafeln • Sandpapierbrettchen • geometrische Körper • u. a. m.	• Ton • Papier, Pappe • Staffelei mit Farben • Freinet-Druckerei • Stoffe verschiedenster Art • u. a. m.	• allgemeine Lernspiele (nicht didaktisch vorstrukturiert) – Belebungsmaterial (Fahrzeuge, Puppen, Tierfiguren u. a. m.) – Gesellschaftsspiele • spezielle Lernspiele – Strategiespiele – Kombinationsspiele – Denkspiele – Kooperationsspiele • Didaktisches Lern- und Arbeitsmaterial (siehe gesonderte Übersicht)

Tab. 17: Unterscheidung von Materialien für konkrete Lernmöglichkeiten

Das **Sinnesmaterial** soll bekanntlich die differenzierte Wahrnehmung durch Sinne gezielt fördern. Auf weit ausgefächertes Material kann die Montessori-Pädagogik verweisen. **Kreativmaterialien** sollen die Kinder in ihrer Kreativität anregen und fördern. In einer eher kognitiv orientierten Schule stehen die **didaktischen Materialien** im Vordergrund. Lernspiele versuchen noch am ehesten, den Spielcharakter trotz didaktischer Absichten zu erhalten. Die speziellen Lernspiele haben vielfache Gestalt. Drehscheiben, Puzzles, Memories, Lege- und Anlegespiele, Zusammen- oder Aufsteckspiele (Stöpselkarten, Fischertechnik), Brettspiel, Quartette, Rätsel, logische Blöcke, Geschicklichkeitsspiele (Mikado), Knobelspiele, Papier-Bleistift-Spiele (Stadt-Land-Fluß) sind konkret zu nennen. Sie erlauben mannigfache Aktivitäten (handlungsorientiertes Lernen) und können leicht einer Lernintention folgen.

Das im engeren Sinne didaktische Lern- und Arbeitsmaterial soll im folgenden geordnet werden: Von relativ geschlossenen Lernprogrammen über Karteien zu informierenden Materialien reicht die Übersicht. Versuchsmaterial und sogenannten Rohmaterial ergänzen die Übersicht.

Lernprogramme (gedruckt oder Computersoftware)	Auditive und audiovisuelle Medien	Printmedien	Versuchsmaterial	Karteien	Rohmaterial
• Rechtschreibprogramme • Mathematikprogramme • Physikprogramme • Chemieprogramme • Geschichtsprogramme • Erdkundeprogramme	• Videos • Tonkassetten • CDs • Schulfunksendungen • Schulfernsehsendungen • DVDs • Ton-Dia-Schauen • Dia-Serien • Bildtafeln • Lesemappen • Hörbücher • Internetnutzung • CD-Roms	• Nachschlagewerke • Sachbücher • Arbeits-(Schul-)bücher • Broschüren • Arbeitshefte • Dokumentationen • Bild- und Gedichtsammlungen • Zeitschriften, Journale • selbst produzierte Arbeitsblätter, Infosets	• Heinevettermaterial • LÜK-Material • Orff-Instrumente • Chemie- und Physik-Kästen • Fischer-Technik • Legetafeln • Rechenkästen • Klang- und Musikinstrumente • Puppenspiel • logische Blöcke • Lesekino	• Ideenkarteien mit Anregungen • Übungskarteien zur Wiederholung und gezielten Einzelförderung • Themen- (Sach-) Karteien zum Sammeln und Auffinden von Sachbezügen	• Gips • Sand • Pappen • verschiedene Papiersorten • Klebstoff • Farben • Schnüre • Bänder • Folien • Tapeten • Bausteine • Hölzer • Kartons • leere Karteikarten • Kleiderfundus

Tab. 18: didaktisches Lern- und Arbeitsmaterial

Anforderungen und Zur-Verfügungstellung

Wenn man die Übersicht gewonnen hat, ist auf Nutzungsgesichtspunkte hinzuweisen. Anforderungen an Materialien sind in verschiedener Hinsicht zu formulieren. Wichtig ist wohl ein **ansprechendes Äußeres**. Dieses Kriterium ist bei industriell gefertigten Materialien häufiger erfüllt als bei selbst hergestellten.

Wichtiger ist die **Zugänglichkeit**, nicht im Sinne schneller Erreichbarkeit – obwohl dies auch wichtig ist – sondern im didaktisch-methodischen Sinn: Materialien müssen sich in Intention und Nutzung von den Schülern schnell erschließen lassen (Übersichtlichkeit, Sprache, Informationsdichte). Sie müssen sich im Prinzip selbst erklären. Gut ist, wenn sie quasi-dialogischen Charakter haben, also mit dem Schüler „sprechen", ihm Mut machen, Aufgaben leicht verständlich formulieren, Selbstkontrolle ermöglichen. Sofern ein kreativ-produktiver Umgang intendiert ist, ist eine Wechselwirkung günstig: man lässt sich vom Material anregen, man kann es aber auch für eigene Ideen nutzen.

Ein anderes Problem ist das **Zur-Verfügung-haben** von Lernmaterialien. Ein reich ausgestatteter Klassenraum kann mit seiner Vielfalt von Angeboten geradezu erdrücken und ratlos machen. Im Prinzip stehen zwei Wege zur Verfügung, um dies zu vermeiden: Entweder füllt sich ein Klassenraum nach und nach, sodass jedes neu hinzukommende Material von den Schülern bewusst wahrgenommen werden kann, oder vorhandene Materialien werden in konkreten Nutzungssituationen vorgestellt. Der Charakter einer **Lernwerkstatt** ist gut, der Eindruck eines Supermarktangebotes ist problematisch.

Unterrichtssituationen und adäquate Materialstrukturen

Wenn Lernmaterialien nicht nur als Transportvehikel für Einführungen oder als Lückenbüßer für übriggebliebene Zeit bzw. für Vertretungsstunden verstanden werden sollen, ist immer wieder ihre didaktische Verortung wichtig. Gerade im offenen Unterricht ergeben sich charakteristische Nutzungssituationen, die ihrerseits auch spezifische Materialiensets verlangen. Prototypisch kann man folgende Konstellationen beschreiben:

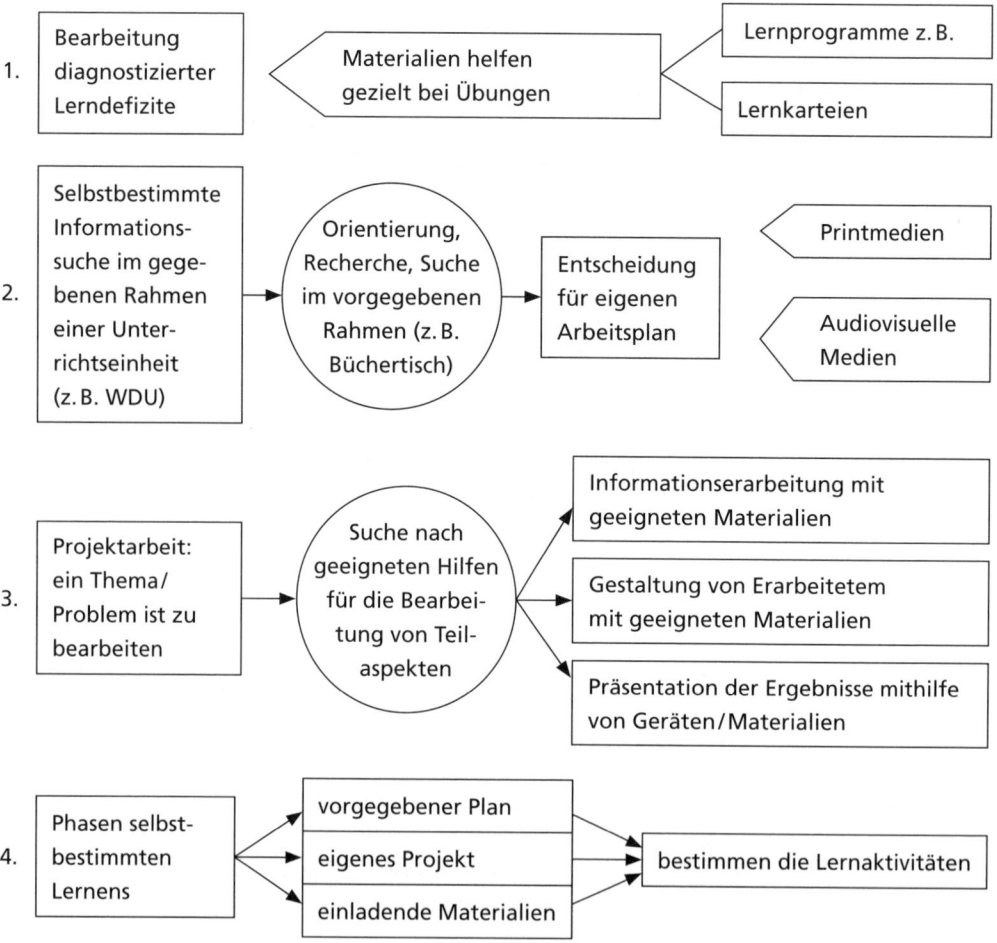

Abb. 33: Unterrichtssituationen

Lernfunktionen Wenn man sich die vier prototypisch zu verstehenden Unterrichtssituationen ansieht, erkennt man, dass die Lernmaterialien unterschiedliche Funktionen haben:

- Im ersten Fall übernehmen sie **Lehrfunktionen** und fordern zu einer gezielten Bearbeitung von Aufgaben auf.
- Im zweiten Fall haben sie zunächst einmal **Orientierungsfunktionen**, ehe eine andere Gruppe von Lernmaterialien Informationsfunktionen übernimmt.
- Im dritten Fall haben sie je nach Aufgabe **Informations- oder Gestaltungsfunktionen**.
- Im vierten Fall haben sie einladende, Informationen verschaffende und **planerfüllende Funktionen**.

Im konkreten Fall werden sie multifunktional Aufgaben erfüllen. In jedem Fall müssen sie sich in konkrete Lernzusammenhänge einpassen lassen. Die Passung von Lernsituation und Materialangebot ist wichtig, um Vielerlei, aber Belanglosigkeit zu vermeiden. Im Grunde ist immer wieder der zentrale Ausgangspunkt das **Lernkonzept**, das für Schüler im offenen Unterricht handlungsleitend ist.

Lernumgebungen

Die Weiterentwicklung von Lernkulturen wird eine weitere Dimension zu gewinnen haben. Mit dem Begriff der Lernumgebung ist sie am besten zu markieren. Er meint das Insgesamt von Lernangeboten in einer Schule. Die folgende Übersicht gibt eine Idealvorstellung wieder. Wenn man sie von unten nach oben liest, kann man die Struktur am besten erkennen.

Lernumgebungen

Ausgehend vom **Einzelarbeitsplatz**, den zunächst einmal jeder Schüler hat, ist das **Klassenzimmer** die erste Lernumgebung. Sie ist wesentlich durch Funktions- / Lernecken bestimmt (Mathematik-, Deutsch-, Lese-, Forscherecke, Druckerei) und stellt die Ordnung für die tägliche Lernarbeit durch Regale und Ablagesysteme her. Aktuelle Bücherkisten, -tische mögen für aktuelle Unterrichtseinheiten bzw. Projekte Material zur Verfügung stellen.

Die zwei darüber liegenden Bereiche beschreiben Ausstattungen einer Schule in Gestalt von **Selbstbildungszentren** für alle Schüler: Ateliers, Lernbörsen, Lernlabors, Lernwerkstätten, Außenanlagen gehören dazu. Schließlich sind die Großeinrichtungen zu nennen: Bibliothek, Mediothek, Fotolabor, Computerladen im Sinne der breiten Nutzung von Informations-, Bearbeitungs- und Präsentationsvorhaben.

Natürlich wird die Entwicklung einer Schule zu einer produktiv gestalteten Lernumgebung durch fehlende Finanzmittel, Raumenge, fehlende personelle Kapazitäten immer wieder behindert. Die Entwicklungsrichtungen aber sind klar: Wenn produktives und erfolgreiches Lernen das Ziel ist und nicht nur Inhalt von Sonntagsreden bleiben soll, sind die hier dargestellten unterrichtlichen Strukturen und die dafür notwendigen Infrastrukturen unverzichtbar.

181

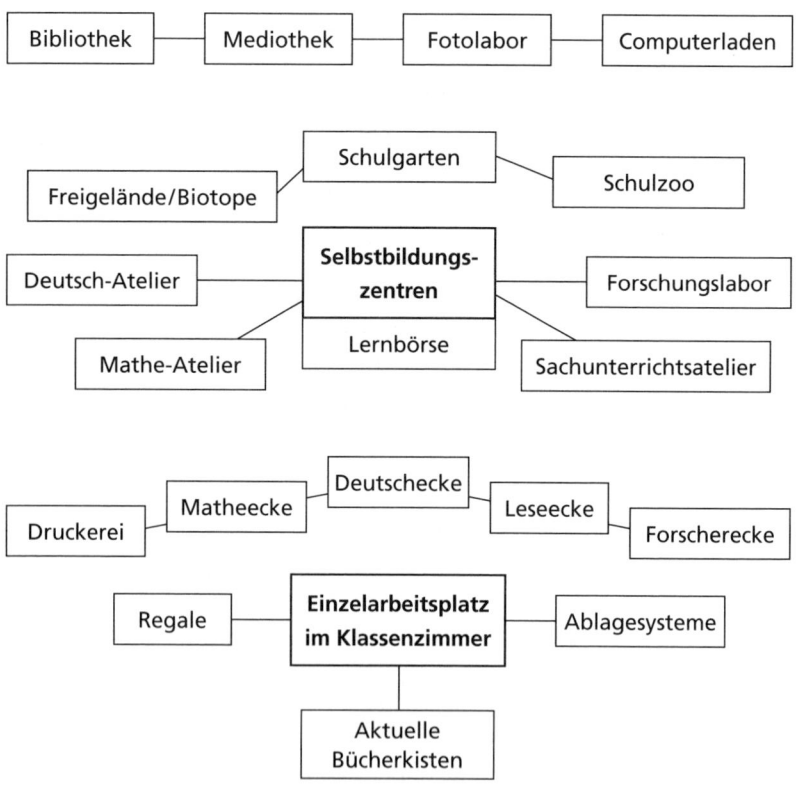

Abb. 34: Lernumgebungen

8.5 Das demokratische Klassenzimmer – Regeln und Rituale für offenen Unterricht

Gelegentlich ist der Ansatz offenen Unterrichts missverstanden worden. Davon war immer schon einmal die Rede. Assoziationen wie Spielwiese, Laisser-faire, Leistungsabfall können leicht entstehen. Und wenn der Glaube und das Zutrauen an Selbstständigkeit und Verantwortungsbereitschaft der Schüler fehlen, hat offener Unterricht schon verloren. Die folgenden Ausführungen dienen dem Zweck, den hohen Anspruch an soziales Lernen, an individuell und kooperativ entwickelte Handlungsentwürfe deutlich zu machen und Unübersichtlichkeiten durch klare Strukturen zu ersetzen.

Grundannahmen

Mit dem offenen Unterricht verbinden sich folgende Grundannahmen, die vornehmlich auf Verhaltensdispositionen und -entwicklungen zielen.

Kommunikative Strukturen

- Offener Unterricht will eine Atmosphäre der Achtung und der stabilen Beziehungen erreichen. Eine im wirklichen Sinn demokratische Organisation des Lernens schließt Anarchie und Laisser-faire aus. Sie zielt auf die Ausbalanzierung von Freiheiten und Ordnungen.
- Struktur- und Orientierungslosigkeit provozieren häufig Desinteresse und Auflehnung. Jungen Menschen Anerkennung und Verantwortung zu geben, heißt, die **Balance** von Rechten und Pflichten, Freiheiten und Bindungen, Anforderungen und Interessen immer wieder neu zu schaffen.
- **Gegenseitige Achtung** – Achtung vor der Würde des Anderen und Selbstachtung – ist ein entscheidendes Gut. Sie muss in Wort und Tat zum Ausdruck gebracht werden, in der Art zu sprechen, in der Bereitschaft zuzuhören, im Verständnis für die Gefühle/Empfindungen des Anderen.
- Es kann sich dann ein **Erwartungshorizont** entwickeln, dem sich keiner entziehen kann, an dem er also das eigene Verhalten orientieren muss, wenn er selbst glaubwürdig sein will. Die Freundlichkeit des einen hat bekanntlich einen verpflichtenden Anspruch an den anderen.

Der Führungsstil des Lehrers

So ist zunächst noch einmal an den Verhaltensstil zu erinnern, der Voraussetzung für das angestrebte soziale und demokratische Verhalten im offenen Unterricht. Seit den Untersuchungen von Lewin und denen Tauschs lassen sich wünschenswerte und nicht wünschenswerte Verhaltensweisen gegenüberstellen:

Führungsstil

Autorität	Demokratisch
• Machtausübung	• teilnehmerorientierte Leitung
• Befehlen	• einladen, bitten
• Druck ausüben	• begründend Einfluss nehmen
• scharfe Stimme	• freundliche Stimme
• Ausführung fordern	• anregen
• Aufgaben aufzwingen	• zur Mitarbeit gewinnen
• häufig kritisieren	• oft ermutigen
• öfter strafen	• öfter helfen
• Entscheidungsmonopol	• Vorschläge und Verabredungen
• asymmetrische Kommunikation	• tendenziell symmetrische Kommunikation
• vorschreibender Sprachduktus	• vermittelnder Sprachduktus

Tab. 19: Verhaltensweisen von Lehrern

Die Liste der Merkmale könnte erweitert werden, die Richtung des kommunikativen Verhaltens aber wird deutlich. Das Interessante an den Lewinschen Untersuchungen war, dass sich Korrespondenzen zwischen dem Leiterverhalten und dem Verhalten der Gruppenmitglieder ergaben. Die autoritär geführte Gruppe arbeitete nur, wenn der Leiter anwesend war, die demokratisch geführte Gruppe arbeitete auch allein, also bei Abwesenheit des Gruppenleiters. Letztere zeigte auch eine viel größere Breite einfallsreichen, helfenden, unterstützenden Verhaltens. Für offenen Unterricht sind dies wichtige Befunde.

Disziplin und Ordnung in demokratischer Sicht

Ordnungen Dreikurs/Grunwald/Pepper (2007) haben Grundregeln für demokratisches Verhalten formuliert:

- **Ordnung** ist unter allen Umständen notwendig. Eine Gruppe / Klasse kann ohne Ordnung und Grundregeln nicht produktiv arbeiten.
- **Grenzen** sind notwendig. Regeln können falsch oder unangemessen sein. Solange sie bestehen, müssen sie befolgt werden. Freilich müssen sie veränderbar sein, wenn sie sich als sinnlos erweisen.
- Kinder und noch mehr Jugendliche sollen von Anfang an an der Aufstellung und Einhaltung von **Regeln** beteiligt sein. Nur so können sie sich auf Dauer mit ihnen identifizieren.
- Ohne **Vertrauen** und **gegenseitige Achtung** können Gruppenmitglieder nicht demokratisch miteinander umgehen. Es kann mitunter schwierig sein, diese Grundlagen erst einmal zu schaffen.
- **Teamgeist** ist wichtiger als Wettbewerb.
- Eine freundliche Klassenatmosphäre ist unerlässliche Voraussetzung.

- Der sozialintegrative Führungsstil eines Lehrers ist beispielgebend für die Entwicklung guter Beziehungen.
- Gruppenarbeit und -gespräche sind ständige Realität.
- Schüler müssen ermutigt werden, Neues auszuprobieren und aus Fehlern zu lernen.
- Innerhalb der gesetzten Grenzen müssen Freiheiten wahrnehmbar sein. Nur so kann individuelle Verantwortlichkeit entstehen.
- Disziplin und Ordnung werden am ehesten anerkannt, wenn sie jedem helfen, sich einzubringen, und wenn sie allen helfen, befriedigende Kontakte und Arbeitsmöglichkeiten zu schaffen.

Die zugrunde liegende pädagogische Philosophie
Schüler wollen lernen. Wenn sie Zuspruch und Ermutigung erfahren, bleiben sie interessiert auch für die nüchternen Pflichten des Alltags. Für ein positives Lernklima, das sich in der Balance von Pflichten und Freiheiten entwickelt, sind dann aber auch Unterrichtsstrukturen (offener Unterricht) wichtig, die Zeit gibt, sich zu entwickeln, Fehler als Chance zu Verbesserungen zu begreifen, nach eigenem Tempo lernen zu können, Regeln zu verstehen und zu akzeptieren, selbst Interessen und Aktivität zu entwickeln. Herkömmliche Unterrichtsstrukturen sind häufig stark vorschreibend, in den Zeitsequenzen eng bemessen, vorschreibend und schnell korrigierend. Sie produzieren daher schnell konkurrenzorientierte Egoismen. Soziales Lernen im offenen Unterricht (Bönsch 2006) ist mehr als ein ausgeklügeltes System von Egoismen.

Die Maximen sind:
- Verantwortung für das eigene Handeln tragen zu lernen
- Achtung vor sich selbst und der eigenen Arbeit zu gewinnen
- Achtung vor anderen und ihrer Arbeit zu haben
- Toleranz für das Verhalten anderer zu entwickeln
- Verantwortung für gemeinsames Arbeiten und Lernen wahrzunehmen
- Verständnis dafür zu gewinnen, was um einen herum vorgeht
- Zur Entwicklung eines Wir-Gefühls beitragen zu können, ohne dass dies schnell harmonisierende Züge trägt.

Handlungsmaximen

Die formulierten Maximen beinhalten, dass autoritäres Lehrerverhalten eher ein Störfaktor ist. Da es langfristig um innere Haltungen und gute Gewohnheiten geht, ist die Stärkung des Selbstwertgefühls wichtig. Entmutigte Schüler haben mit sich und anderen leicht Schwierigkeiten.

Zu vermeiden ist auch eine „doppelte" Moral – eine für Lehrer und eine für Schüler. In einer demokratischen Gestaltung des Unterrichts muss im Prinzip jeder die gleichen Rechte und Pflichten haben. Besonders wichtig ist eine positive Pädagogik.

Konstruktive Möglichkeiten (Verhaltensansätze)
Jedem Kundigen ist klar, dass die formulierten Soll's nicht ohne weiteres Praxis werden, dass viele Störfaktoren im Alltag beeinträchtigend wirken können. Die erwünschten Kommunikations- und Kooperationsformen sind nur in einem längeren Prozess zu entwickeln. Zwei Strategien sollen kurz als Hilfe entwickelt werden: Verhaltensansätze für Lehrer (1.) und Verständigungsformen in Klassen (2.).

1. Verhaltensansätze für Lehrer
Störendes Verhalten von Schüler hängt in der Regel mit falschen Einschätzungen, der Unbekanntheit des Unterrichtskonzepts und kontraproduktiven Verhaltensweisen, die die Schüler in die Schule mitbringen, zusammen. Wenn Kinder und Jugendliche von Verhaltensweisen wie
• Macht und Überlegenheit erlangen,
• Rache und Vergeltung üben,
• Aufmerksamkeit auf eigene Rechnung erlangen
bestimmt sind, lassen sich die formulierten Maximen erst einmal nur schwer verfolgen. Falsche Vorstellungen bezüglich der eigenen sozialen Stellung in der Klasse führen zu Störungsverhalten. Wenn Freiheiten und Verantwortlichkeiten noch nicht wahrgenommen werden können, weil man bisher anderes erfahren hat (Gehorsam, Unterordnung, schnelle Bestrafung), ist offener Unterricht schwer zu realisieren, treten schnell Störungen auf. Mit dem Begriff der Störung ist in diesem Zusammenhang **konzeptwidriges Verhalten** gemeint.

Moral- und Überzeugungsarbeit

Lehrer müssen daher versuchen, an die Verursachungen störenden Verhaltens heranzukommen, um nicht zu schnell zu verurteilen (Das geht in dieser Klasse nicht.) oder zu resignieren. Das Interesse an künftigem Verhalten ist wichtiger als das am vergangenen. Probleme müssen besprochen werden. Ursachen des Fehlverhaltens müssen aufgedeckt und Alternativen entwickelt werden. Insofern ist ständige Moral- und Überzeugungsarbeit wichtig (Fend 1986). Gutes Verhalten ist das Ergebnis gemeinsamer Bemühungen. Beleidigtsein ist keine hilfreiche Reaktion. Produktive Verhaltensansätze sind:
• Freundlichkeit ist mit **Festigkeit** zu verbinden. Schüler sollten immer spüren, dass der Lehrer ihr Freund ist, aber auch immer wahrnehmen können, dass bestimmte Verhaltensweisen nicht akzeptiert werden. Von Anfang an sind Grenzen zu setzen, weil nur so gegenseitiges Verständnis, Verantwortungsgefühl und Rücksichtnahme

186

aufzubauen sind. Es war ein Missverständnis, das Prinzip der Selbst-regulation so zu verstehen, dass, wenn man die Kinder alles machen lasse, alles gut werde.

- **Eindeutige Handlungsanweisungen**, Regeln und Verhaltensvor-schläge sind wichtig. Sie schaffen Verlässlichkeit und Orientierung. Dazu gehört Konsequenz in der Verfolgung getroffener Entschei-dungen und bestehender Regeln. Orientierungslosigkeit verunsi-chert.

- Der Mensch wächst in seiner Persönlichkeit an dem Maß an **Verant-wortung**, das ihm zu tragen zugemutet wird. Verantwortung zu über-nehmen, muss man aber wohl erst lernen. So können anfangs Hand-lungsanweisungen noch wichtig sein. Wenn aber dann über gemeinsame Planung, gemeinsame Zielsetzungen, ständige Reflexion der gemeinsamen Arbeit sich der kommunikative Rahmen ändert, wird der Weg für immer ein Stück mehr an Verantwortungsüber-nahme frei. Die Teilkonzepte offenen Unterrichts lassen unterschied-liche Freiheits- und Verantwortungsgrade zu, sodass sie den jewei-ligen Gegebenheiten entsprechend bemessbar werden. Im Prinzip gilt der Satz: Verantwortung wird gelehrt, indem sie übertragen wird (Dreikurs/Grunwald/Pepper 2007).

- Schüler erwarten Hilfe und Führung. Diese müssen auch gegeben wer-den. Entscheidend ist, wie sie Zug um Zug zugunsten von Selbststän-digkeit und Verantwortungsübernahme zurückgenommen werden können. Überforderungen können schnell entstehen, sodass immer zu prüfen ist, inwieweit die „stellvertretende" Führung Hilfe ist.

2. Verständigungsformen in Klassen

Menschen sind soziale Wesen. Das Individuum ist nie nur aus sich selbst heraus Person, sondern immer auch „Produkt" der sozialen Be-ziehungen, in denen es steht. Deshalb ist die Art und Weise des Mit-einanderlebens, -lernens, -spielens, -arbeitens, -feierns so wichtig. Sie schaffen nicht nur Anlässe und Aktivitäten, sie sind immer auch Me-dium des Lernens. Insofern sind die Strukturen des Schullebens und des Unterrichts entscheidend. Offener Unterricht schafft Strukturen, die Selbstständigkeit und Kooperation, Verantwortung und Freiheiten, Regeleinhaltung und Initiative verlangen.

Verständigungs-formen

Aber ebenso wichtig ist die **Kultur der Metaebene**. Dies meint die Gelegenheiten des Miteinandersprechens über Intentionen und Reali-sierungen, Verabredungen, Regeln und die Schwierigkeiten, die entste-hen können. Das Gespräch am Tagesanfang im Stuhlkreis, die Fix-punkte zwischendurch (15 Minuten, in denen man einhält, um Probleme zu besprechen), die Reflexion am Ende der Woche – das sind wichtige **Rituale**, die die Woche bestimmen.

Gespräche helfen nicht nur, bessere soziale Beziehungen zu entwickeln, sie fördern das Lernen. Der Austausch von Ideen führt zu besseren Problemlösungen. Im Gespräch werden die für wichtig gehaltenen Wertmaßstäbe entwickelt und sie werden dadurch verstehbar und akzeptabel. Gespräche bieten Gelegenheiten für emotionale und intellektuelle Teilnahme. Sie vermitteln die Erfahrung, dass man nicht allein ist. Schwierige Aufgaben werden leichter, wenn man sich austauscht. Man lernt, mit Frustrationen umzugehen, man lernt, dem anderen zuzuhören.

Regeln können sein:
• Wir helfen uns gegenseitig und verletzen uns nicht.
• Es ist gut, wenn einer die Gesprächsleitung übernimmt.
• Die Reihenfolge des Sprechens wird aufgrund der Meldungen festgelegt.
• Jeder hat das Recht des Sprechens, jeder hat die Pflicht zuzuhören.
• Jeder kann zu Vertrauen und gegenseitiger Achtung beitragen.
• Jeder spricht für sich (Ich-Form), die Sache, das Problem wird gemeinsam bedacht.
• Es ist aber auch wichtig, auf den anderen einzugehen, sich auf sein Anliegen einzulassen.
• Der Lehrer hat eine Stimme wie jeder andere auch. Er sollte Regelungs- / Weisungsfunktionen nur wahrnehmen, wenn das für das Wohl der Klasse unerlässlich ist.
• Vorwürfe helfen nicht. Besser ist es zu sagen, was man warum gut und weniger gut findet.
• Auch der Lehrer macht Fehler. Es ist gut, diese zuzugeben und zur Besprechung zuzulassen.
• Gruppenentscheidungen gelten so lange, bis sie in einem Gespräch geändert werden.
• Jeder hat das Recht, Besprechungspunkte zu beantragen. Termine und Tagesordnungen für Gespräche in der Klasse sollten immer frühzeitig festgelegt werden (Pinnwand). Es müssen aber auch kurzfristig Klärungen möglich sein.

Zum Schluss: Noch einmal zum Lehrerverhalten

Der vorstehend entwickelte Ansatz gelingt nur, wenn er wirklich gewollt ist. Deshalb hängt alles von den Grundeinstellungen ab. Sind diese im Kern nicht zustimmend, eher misstrauisch in Bezug auf demokratisches Lernen, wird nicht viel gelingen. Deshalb ist die Klärung der eigenen Position sehr wichtig. Nicht in allen Fragen kann die Entscheidung bei der Klasse liegen. Das muss auch klar sein. In der Verfolgung offenen Unterrichts aber gibt es Entscheidungs- und Handlungsspielräume genug.

Wichtig ist zum Schluss immer wieder das Beispiel, das man im Miteinandersprechen gibt. **Sprache** ist der entscheidende Indikator für soziales und demokratisches Verhalten. Am besten kann man den adäquaten Sprachduktus Beispielen deutlich machen:

- Du hast da einen Punkt genannt, über den wir genauer nachdenken müssen.
- Ich verstehe jetzt, worum es dir geht.
- Was ist deine Meinung dazu?
- Wie würdest du mit diesem Problem umgehen?
- Welchen Rat würdest du geben?
- Wie würden wir ihm/ihr helfen können?
- Nach meiner Meinung müssten wir folgendes tun.
- Ich möchte folgenden Vorschlag machen.
- Ich fühle mich sehr unwohl bei diesem Vorgehen.
- Ich würde gern auf diesen Ratschlag eingehen, aber es müsste dann noch dieses bedacht werden.
- U. a. m.

Die Grundintention wird hoffentlich klar: Über den Sprachduktus werden Wahrnehmungen, Empfindungen, Denkweisen ausgedrückt. Wenn jeder die Chance hat, so zu reden und sich einzubringen, entsteht eine Kultur des Miteinanders, die für offenen Unterricht, eigentlich für Schule generell entscheidend ist!

Quellen

Zu 8.1
Bönsch, M./Schittko, K. (Hrsg.): Offener Unterricht. Curriculare, kommunikative und unterrichtsorganisatorische Aspekte. Hannover 1979
Zu 8.5
Bönsch, M.: Beziehungslernen. Pädagogik der Interaktionen. Baltmannsweiler 2006
Dreikurs, R./Grunwald, B./Pepper, F.: Lehrer und Schüler lösen Disziplinprobleme. Weinheim, Basel 2007
Fend, H.: „Gute Schulen – schlechte Schulen. In: Die Deutsche Schule. 1986, S. 275–293
Lewin, K.: Die Lösung sozialer Konflikte. Nauheim 1953
Tausch, R. u. A.: Erziehungspsychologie. Göttingen 1970

Literatur

Zu 8.1
Bönsch, M.: Variable Lernwege. St. Augustin 2008
Zu 8.3
Bönsch, M. (Hrsg.): Selbstverantwortetes Lernen in der Schule. Braunschweig 2006
Herold, M./Landherr, B. (Hrsg.): SOL. Selbstorganisiertes Lernen. 2 Bde. Baltmannsweiler 2005
Peschel, F.: Offener Unterricht. 2 Bde. Baltmannsweiler 2006
Zu 8.4
Bönsch, M.: Praxishandbuch gute Schule. Baltmannsweiler 2000
Bönsch, M.: Variable Lernwege. St. Augustin 2008
Siebert, H.: Methoden für die Bildungsarbeit – Leitfaden für aktivierendes Lernen. Bielefeld 2008
Wahl, D.: Lernumgebungen erfolgreich gestalten. Bad Heilbrunn 2006

9 Erneuter Versuch einer Systematisierung: Innere Differenzierung

9.1 Ein Weg zur Modellierung von individuellen und kooperativen Lernwegen

Das alte Problem: Linearität und Gleichschritt sind eine Lernbehinderung

Lernhilfesets

Nach wie vor ist der weitaus größere Teil des Unterrichts in allen Schularten durch lehrergeführtes lineares Fortschreiten und Lernen im Gleichschritt gekennzeichnet, obwohl seit langem gute Gründe und gute Wege für die innere Differenzierung angeboten werden. Mit steigenden Schülerzahlen in den Klassen mögen sich diese Gegebenheiten sogar noch verstärken. Hier wird der Begriff der Lernbehinderung nicht auf Insuffizienzen bei Schülern angewendet, sondern auf eine desolate Unterrichtsrealisierung: Wenn die Art der Bearbeitung, das Tempo des Vorgehens und die Übungsaufgaben uniform gehalten werden, entstehen für nicht wenige Schüler Lernbehinderungen einfach dadurch, dass ihre Lernpräferenzen, ihr Lerntyp, ihr Lerntempo, ihre aktuellen Lernschwierigkeiten (im Sinne des Noch – nicht – verstanden – habens, des nicht gleich Mitkommens, des Noch – Fragen – habens) nicht genügend beachtet werden. Jeder erwachsene Lerner weiß, dass bei ihm sehr fremden Lerninhalten sich seine Zugriffs- und Verstehensmöglichkeiten anders darstellen als bei Wissenserweiterungen in einem vertrauten Gebiet. Das Tempo wird langsamer, die Nachfragen häufiger, es entwickelt sich ein Bedürfnis nach speziellen **Lernhilfesets**. Können diese bereitgestellt werden, schreitet Lernen voran. Können diese nicht bereitgestellt werden, kommt es schnell zu Misserfolgen und evtl. sogar Resignation (Das packe ich wohl doch nicht mehr.). Es spricht also alles dafür „intelligentere Unterrichtsstrukturen" zu entwickeln und zu praktizieren, als sie die klassische Vermittlungsdidaktik anbieten kann.

Die Modellierung von individuellen und kooperativen Lernwegen

Beim derzeitigen Diskussionsstand lassen sich im Anschluss an die Diskussion offenen Unterrichts **fünf Subkonzepte** darstellen. Diese sind sehr gut ausgearbeitet und brauchen hier nicht wiederholend näher ausgeführt zu werden.

Modelle selbst-verantworteten Lernens

Modell	Lerngelegenheiten	Grad der Selbstverantwortung
Wochenplanarbeit	Der Wochenplan (vorher Tagesplan) gibt Aufgaben in einem Fach oder mehreren Fächern vor: Pflichtaufgaben, Wahlaufgaben; Selbst- oder Fremdkontrolle sind gesichert	Die Schüler können Reihenfolge, Zeitumfang, Bearbeitungsmodi selbst bestimmen.
Freie Arbeit	Es wird Raum für inhaltlich selbstbestimmtes Lernen gegeben: Übungen, Materialangebote, Lernspiele, kleine Projekte	Die Schüler können in einem gegebenen Zeitrahmen auch Anliegen, Inhalte, Anspruch selbst bestimmen.
Wahldifferenzierter Unterricht	Nach einer Einführung in ein Thema aus Arbeitsangeboten wählen und diese einzeln oder in Gruppen bearbeiten. Anschließend wird berichtet.	Die Schüler können informiert Teilthemen wählen und bearbeiten. Sie müssen ihre Ergebnisse vorstellen und verantworten.
Stationenlernen	Mehrere Lernstationen (Aufgaben, Materialien, Geräte) bieten Lernaufträge an.	Die Schüler können die Stationen in freier oder gebundener Reihenfolge nach ihrer Arbeitsweise und eigenem Arbeitstempo „abarbeiten".

Modell	Lerngelegenheiten	Grad der Selbstverantwortung
Lernwerkstätten	Eine Lernwerkstatt bietet mannigfache Lerngelegenheiten an (Druckerzeugnisse, Computer, Medien, Geräte, Lernspiele u. a. m.). Sie steht als Lernkabinett ständig offen.	Die Schüler können in dafür bestimmten Zeiten völlig frei wählen, sich einer Thematik, die vorbereitet ist, zuwenden (Büffetmodell). Sie können Lernwege wählen (z. B. Computerprogramm).

Tab. 20: Modelle selbstverantworteten / selbstbestimmten Lernens

Sie alle folgen dem Grundanliegen, das Lernen Zug um Zug in die Hand von Lernenden zu geben – dorthin also, wo es ohnehin nur liegen kann, da Unterricht in jedweder Form nur Hilfe zum Lernen sein kann. Wenn man das wichtige Anliegen der Interessenentwicklung und -differenzierung im weiteren beiseitelässt und sich nur auf innere Differenzierung unter dem Aspekt zielerreichenden Lernens – also unter dem Leistungsaspekt – betrachtet, geht es um die im folgenden Abschnitt beschriebenen infrastrukturellen Aspekte.

9.2 Didaktische Differenzierung

Differenzierungsstrategien Nach wie vor ist das Problem völlig ungeklärt, inwieweit sich Lernschwierigkeiten durch die schlichte Tatsache ergeben, dass Sachverhalte schlecht erklärt / vermittelt werden. Man könnte die Hypothese wagen, dass Schüler häufiger etwas schwer oder gar nicht verstehen, weil der Lehrer einen Lerninhalt schlecht vermittelt oder erklärt. Wenn schlechte Vermittlungsressourcen ehrlich hinterfragt werden könnten – meistens liegt die Schuld für schlechte Lernergebnisse bei den Schülern – ergäbe sich schnell der Ansatz der didaktischen Differenzierung. Er geht von der grundlegenden Frage aus, mit welchen Differenzierungsmodi ein Lerninhalt variabel dargestellt werden kann, um Verstehensmöglichkeiten zu verbessern. Folgende Strategien lassen sich nennen:

Stofforientierte Differenzierungsstrategien

Die Elementarisierungsstrategie

Ein an sich komplexer Sachverhalt wird elementarisiert (z. B. Prozentrechnung), indem von anschaulich gemeinten, aber doch komplexen Sachaufgaben erst einmal abgesehen wird, um die drei Grundaufgaben (Grundwert, Prozentsatz, Prozentwert) in Ruhe zu klären, um sie später als Lösungsansätze zur Verfügung zu haben.

Elementarisierungsstrategie

Die Reduktionsstrategie

Ein an sich umfangreicherer Sachverhalt wird auf ein Beispiel reduziert (z. B. Tiere und Pflanzen an und in Binnengewässern), indem sowohl von der biologischen Systematik als auch von Biotopzusammenhängen abgesehen wird und an wenigen ausgewählten Beispielen (Tiere, Pflanzen) die Morphologie, die Lebensbedingungen und Lebenswelten behandelt werden.

Reduktion

Die Variabilität der Erarbeitungsmodi

Wenn man weiß, dass Lerner unterschiedlich lernen – und dies ist an sich ja eine Binsenweisheit – kann man von vornherein für das gleiche Thema unterschiedliche Herangehensweisen anbieten. In der Verkehrserziehung z. B. könnte man bei der Klärung der Bedeutung von Verkehrszeichen

Variabilität

- das Nenn- und Merkwissen für eine Gruppe anbieten (ein Arbeitsblatt und dem Gebot/Verbot, das sie aussprechen);
- das Strukturwissen gleich in den Vordergrund stellen (die Zusammenhänge von aktuellen Verkehrslagen – bekannte Straßen / Kreuzungen – und deshalb verwendeten Zeichen);
- das Transfer- und Anwendungswissen favorisieren: Konkrete Verkehrsgegebenheiten werden mit der Frage vorgestellt, was man da wohl tun müsste, um Unfälle / Gefährdungen zu vermeiden. Die gefundenen Antworten würden dann zu der Feststellung führen: Dafür gibt es die und die Verkehrszeichen.

Lerntechnisch orientierte Differenzierungsstrategien

Verlangsamungsstrategie

Die Abschätzung des individuell angemessenen Lerntempos ist schwer, besonders wenn über 30 Schüler zu einer Klasse gehören. Zweifellos aber wären Verlangsamungen häufig für nicht wenige Schüler wichtig, um ihren Rezeptionsmodi zu entsprechen. Man kann die Regel aufstellen: Je fremder ein Sachverhalt ist, umso stärker variieren die Tempi

Verlangsamung

193

des Aufnehmens und Verstehens. Dies gilt natürlich auch für den umgekehrten Fall, dass Verschnellerungen sinnvoll wären.

Wiederholungs- und Schleifenstrategien

Schleifen Für das Verstehen und Beherrschen eines Lerninhaltes ist die Zahl von Wiederholungen und Bearbeitungsschleifen wichtig. Auch dies ist eine Binsenweisheit aus der Lernpsychologie. Didaktisch-methodisch ist dann aber wichtig, in welcher Weise z. B. vier Unterrichtsstunden wöchentlich im Fach Englisch nicht nur für den Fortgang in der Bearbeitung von Lektionen verwendet werden, sondern auch ein Angebot unterschiedlich konzipierter Wiederholungen z. B. bestimmter Grammatikregeln zur Verfügung steht, wie häufig jemand in Bearbeitungsschleifen gehen darf, um etwas, das er immer noch nicht verstanden hat, in Ruhe zu bearbeiten. Dafür sind die vorstehend aufgeführten Subkonzepte alternativen Lehrens und Lernens elementar wichtig.

Tutorielle Strategien

Tutoren Längst nicht ausgeschöpft scheinen bis heute die sogenannten tutoriellen Strategien zu sein. Das Lesementoring ist eigentlich gut ausgearbeitet (ältere Schüler lesen mit jüngeren). Feste Tutoren (klassenintern oder jahrgangsübergreifend) für Mathematik, Englisch oder andere Fächer wären ein zweiter Ansatz. Das sogenannte Chefmodell könnte innerhalb einzelner Unterrichtseinheiten greifen. Gemeint ist im Kern die Nutzung der Tatsache, dass Schüler, die in bestimmten Bereichen gute Lerner sind, etwas schon sehr gut können, in diesen Bereichen zu (Lern-)Chefs berufen werden, um Hilfen zu geben, zu erklären, zu begleiten und auch zu kontrollieren. Recht zuverlässig sind Befunde, nach denen Schüler Schülern Sachverhalte besser erklären als Lehrer, weil sie besser das Denken und die Sprache von Mitschülern vergegenwärtigen können.

Metastrategien

Noch stärker im Ungewissen (hinsichtlich ihrer Realisierung) liegen Strategien, die mit dem selbstständigen Lerner rechnen. Sie folgen konsequenter dem Ansatz, Unterricht als Angebot und Lernen als eigene Angelegenheit zu verstehen. Auch hier wieder Konkretisierungen.

194

Den Lehrplan zum Lernplan machen: Transparenz schaffen

Von wahrscheinlich nicht geringer Wirkung ist der Ansatz, Woche für Woche (z. B. für vier Stunden Deutsch) den Lehrplan in der Klasse auszuhängen und damit bekanntzumachen. Wer weiß, um was es geht, kann sich anders verhalten und selbst aktiv werden. Wer nicht weiß, um was es geht, muss abwarten, erst einmal passiv bleiben. Die Veröffentlichung des Lehr- / Lernplans erlaubt die Prüfung, was man schon weiß oder kann, wo etwas sehr fremd ist, schwierig wirkt. Zu erwarten / erhoffen ist der Effekt, dass die eigene Lernarbeit aus eigenem Antrieb beginnen kann, wenn man den Plan kennt.

Transparenz

Arbeitspläne (Wochen-, Tagespläne)

Im Rahmen des Diskussion um Wochenplanarbeit / Freiarbeit liegt gut ausgearbeitet der Vorschlag vor, für bestimmte Unterrichtszeiten die Ausführung von Lernaufgaben in die Hand der Schüler zu geben. Anfangs für vielleicht 20–25 Minuten, später für mehrere Unterrichtsstunden in der Woche gibt ein Arbeitsplan Pflicht- und / oder Wahlaufgaben vor, die die Schüler nach Tempo, Präferenzen, Kooperationsmodi selbstständig ausführen. Noch wenig beachtet ist die Chance der Differenzierung dabei. Wenn man Wochen- bzw. Tagespläne nach Lerngruppen oder im Idealfall für jeden einzelnen Schüler konzipiert, hätte man die Chance, differenziert Aufgaben für aktuelle Lernanliegen (z. B. schriftliche Multiplikation) und beobachtete / diagnostizierte „Fehlernester" den betreffenden Lernern zu stellen.

Pläne

Lernprogramme für freigebende Differenzierung

Wenn das schulische Lernen erst flexibler und intelligenter organisiert werden wird, könnten Langzeitlernprogramme (der Mathematikstoff für die Schuljahre 7–10 liegt in programmierter Form über Printmedien oder Computer vor) Tempo und Intensität frei nutzbar machen. Das krampfhafte Zusammenhalten in der Jahrgangsklasse wäre nicht mehr nötig. Die Lernwege könnten freigegeben werden. Die einen haben den Lernstoff vielleicht in zwei Jahren bewältigt und bekommen Lernzeit für andere Fächer frei, die anderen nehmen sich die Zeit, die sie brauchen. Die Lerntrassen sind jederzeit nutzbar. Auch da, wo ein Modulsystem vorhanden ist, könnte man diesen Gedanken verfolgen.

Freigebende Differenzierung

9.3 Diagnostische Differenzierung (self – mastered – learning)

Wenn man von diesen weitreichenden Gedanken zurückkehrt in kleinrahmigere, aber dem Schulalltag wohl näherliegende Überlegungen, wird der Aspekt der **diagnostischen Differenzierung** wichtig. Hier liegt vielleicht der Punkt, an dem am dringlichsten ein Durchbruch nötig wäre. Folgender Gedankengang soll kurz entwickelt werden.

Diagnostik Es besteht Grund zu der Annahme, dass Lernen immer noch erfolgreicher gestaltet werden kann, als dies im Allgemeinen der Fall ist. Lernzielerreichendes Lernen ist für alle Schüler essenziell wichtig, da sie nur so zu den gewünschten Schulabschlüssen kommen werden. Die Kultur der **Lerndiagnostik** ist in der Schule aber unterentwickelt. Warum jemand bei Vokabeltests oder Klassenarbeiten nicht die gesetzten Ziele erreicht, bleibt häufig für Lehrer wie für Schüler unklar. Fehler werden festgestellt, aber nicht die Verursachungen. Um dies an einem kleinen Beispiel zu konkretisieren:

- Wenn ein Schüler Aufgaben wie 53919 x 233 = ? mit auffallender Häufigkeit falsch ausrechnet, sind die Ursachen dafür zu finden. Kann er sich z. B. Zwischensummen einfach nicht merken, macht er Fehler in der Notierung im Stellenwertsystem oder hat er den Rechenmodus insgesamt noch nicht rezipiert? Unaufmerksamkeiten oder noch gravierender Teilleistungsschwächen in Mathematik können hier vorliegen.
- Wenn ein Schüler ständig mit dem Vokabellernen nicht zurecht kommt, stellt sich die Frage, wie er Vokabeln lernt, ob überhaupt und welche Hilfen günstig wären.

Diagnostische Differenzierung heißt:

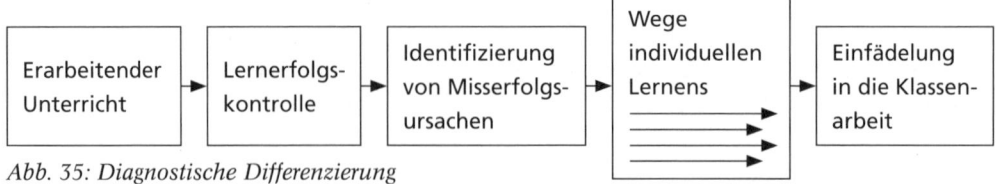

Abb. 35: Diagnostische Differenzierung

Zwei Realisierungsvarianten sind denkbar:

- Der Lehrer kann über den diagnostischen Test Fehler und ihre Ursachen erkennen und darauf individuelle Lernhilfen anbieten (u. U. mit Mehrfachschleifen).
- Die Schüler werden früh dazu angehalten, mit entsprechend konzipierten Hilfen Fehlerfeststellung und -analyse selbst zu realisieren. Die Häufung bestimmter Fehler (z. B. in der Rechtschreibung), die Feststellung sogenannter **Fehlernester** würden es möglich machen, adaptiv Lernhilfen anzubieten oder bereitzustellen, sodass der individuelle Zugriff auf Hilfen selbstständig möglich wäre.

9.4 Lernpfade zur Differenzierung anbieten (Adaptiver Unterricht)

Ein anderer Ansatz wäre der, Angebote von Lernpfaden unterschiedlichen Anspruchs, variabler Vorgehensweise und differierenden Umfangs zu machen. Die folgenden Überlegungen gehen von den Prämissen aus, dass Unterrichtsthemen häufig nicht in enzyklopädischer Vollständigkeit bearbeitet werden (können) und dass Schüler immer wieder ein mehr oder weniger großes Vorwissen bei einem anstehenden Unterrichtsthema haben, die Adaption an Lernvoraussetzungen und Lehr-/Lernintentionen also eigentlich differenzierend erfolgen muss.

Wenn man also die Grundsachverhalte einer Unterrichtseinheit erst einmal darstellt (Überblick und Grundinformationen), könnte man dann unterschiedliche Lernpfade anbieten. Weil es zum Thema gut passt, sei diese Idee exemplarisch an dem Sachverhalt „Offener Unterricht" konkretisiert. Der Überblick über das Themenfeld (Landkarte) lässt sich in folgender Weise geben:

Lernpfade

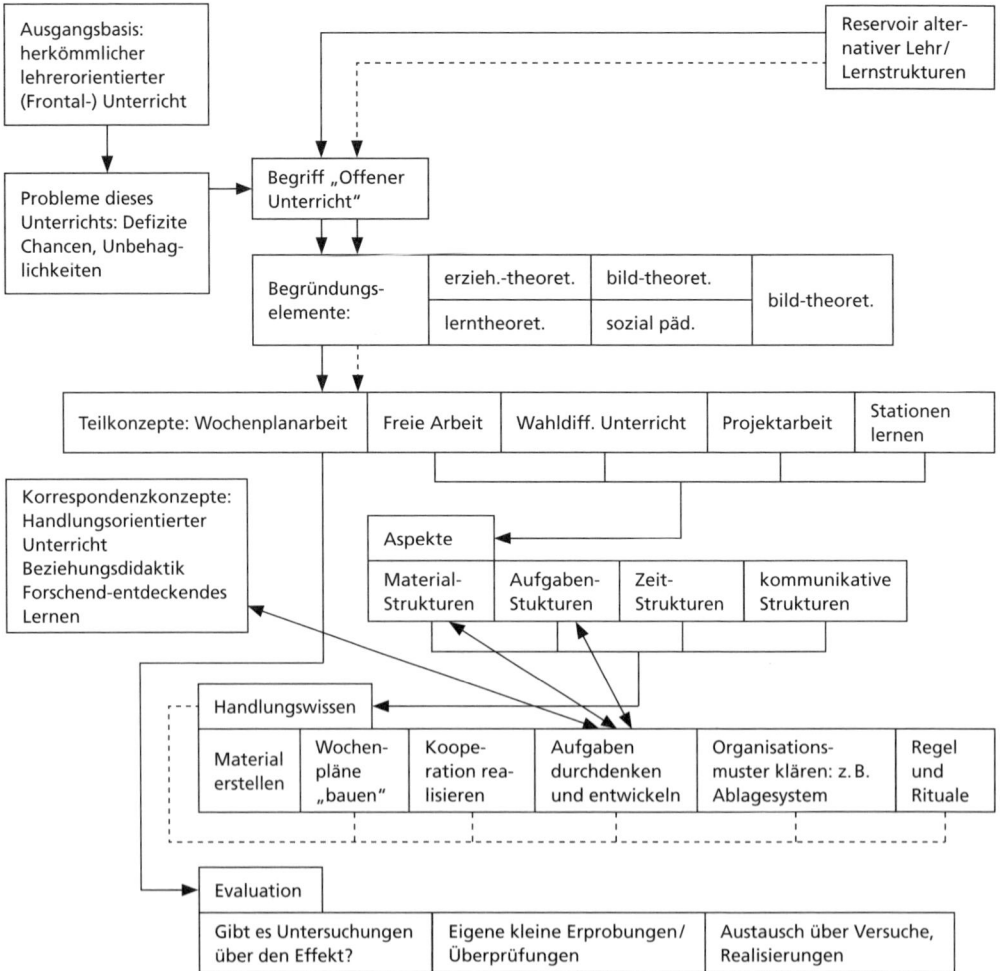

Abb. 36: Überblick über ein Lernfeld

Dies ist das konkrete **Lernfeld**. Je nach den eruierten Ausgangslagen kann man dann unterschiedliche Lernpfade anbieten. Drei seien beispielhaft skizziert:

Der Orientierungspfad

Auf diesen Pfad kann sich der begeben, der eine erste Orientierung über das Thema „Offener Unterricht" sucht. Die Lernstrecke ist eine kürzere. Sie ist im Überblick (Abb. 36) gestrichelt markiert. Sie führt vom Ausgangspunkt „Reservoir alternativer Lehr- / Lernstrukturen"

198

zum Begriff „Offener Unterricht", weiter zu den Begründungsele-
menten und endet bei den Teilkonzepten. Dieser Weg gibt eine ganz
gute detaillierte Übersicht, mehr aber nicht; mehr will er aber auch
nicht. Die folgende Übersicht zeigt herausgezogen die **Teillandkarte**
für diesen Lernpfad.

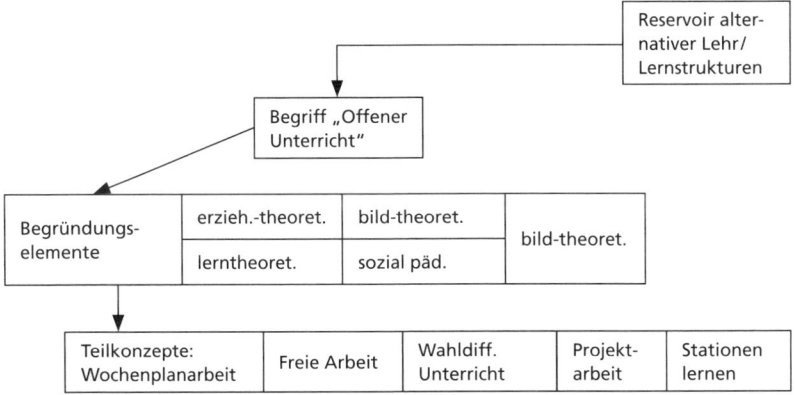

Abb. 37: Teillandkarte

Der Fitness-Lernpfad

Wer sich im gesamten Themenfeld fit machen will, muss wohl alle
Wege abgehen, wie sie in Abb. 36 mit den durchgezogenen Pfeilen angegeben werden. Vollständigkeit in Bezug auf die entwickelte Lern-
landkarte wäre erreicht, wenn alles bearbeitet worden ist, wobei Verzweigungen, Vorwärts-, Quer- und Rückwärtsschritte frei zu wählen
wären. Entweder braucht man mehr Zeit oder das Lerntempo ist
höher. Das hängt von den Pfadwanderern ab.

Der handlungsorientierte Lernpfad

Nehmen wir eine dritte Ausgangslage an: Jemand weiß theoretisch
ganz gut Bescheid, aber ihm fehlt Handlungswissen, d.h. er weiß nicht
so recht, wie er offenen Unterricht praktizieren könnte. Dann wäre
das Angebot, den mit Strich-Punkten gekennzeichneten Lernpfad zu
gehen. Es könnte sich ergeben, dass er doch noch Theorieteile braucht.
Die Dickstrichverbindungen machen Vorschläge. Es wäre natürlich
auch der Rückgriff auf die Korrespondenzkonzepte möglich. Der Lernpfad sähe dann so aus:

199

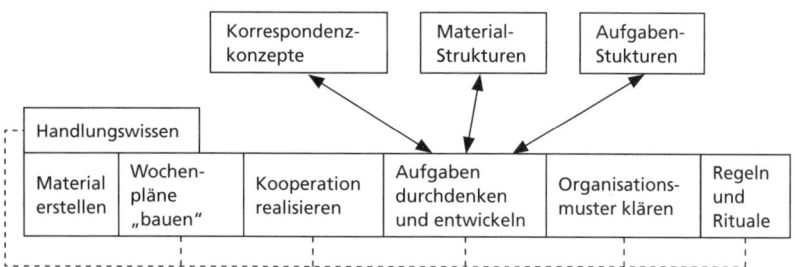

Abb. 38: Teillandkarte

Adaptiver Unterricht

Mit den Metaphern „Landkarte" und „Lernpfad" kann man also – und dies ist die Kernaussage – die Lerninhalte so organisieren, dass für Lernende Struktur / Ordnung / Überblick (Grundlernpläne) entstehen und damit individuelle Lernpläne konstruierbar werden. Die Adaption an Lernvoraussetzungen (Lernpräferenzen, Andockung an Vorwissen) wäre möglich, Überflüssigkeiten können vermieden werden (Zeitökonomie) und selbstverantwortliches Lernen wäre Zug um Zug zu entwickeln. Der Ausbau des Lernpfad-Gedankens lässt sich in Richtung **Trainings-Lernpfade** (Wege des Kompetenzausbaus) und **Forschungs-Lernpfade** (Wege entdeckenden Lernens) leicht weiterdenken.

9.5 Kurze Bilanz

• Innere Differenzierung als Modellierung von individuellen und kooperativen Lernwegen wird immer noch durch das Konstruktionsprinzip „Linearität" behindert.
• Das Repertoir alternativer Lehr- / Lernstrukturen liegt an sich gut ausgearbeitet vor.
• Die didaktischen, diagnostischen und lernorganisatorischen Infrastrukturen sind weniger entwickelt.
• Vorschläge dafür sind vorstehend entwickelt worden. Sie werden in der Abschlussübersicht noch einmal gebündelt.
• Der Grundgedanke ist immer: Dem Lernen kann zu größerem Erfolg verholfen werden, wenn didaktische Differenzierung genügend Adaptionen an die faktischen Lernmöglichkeiten erlaubt, wenn diagnostische Differenzierung früh genug auf Lernstopps (Verstehens- / Lernschwierigkeiten) reagieren kann, wenn Lernpfade die selbstverantwortliche Organisation des Lernens fördern.
• Deutlich muss aber auch sein, dass damit die Planung von Unterricht ganz andere und neue Dimensionen bekommt. Sie wird aufwendiger und schwieriger. Der zu erwartende Effekt muss dies tragen.

Didaktische Differenzierung	Diagnostische Differenzierung	Lernlandkarten/ Lernpfade

• Elementarisierungs-strategie
• Reduktionsstrategie
• Variabilität der Bearbeitungsmodi
• Verlangsamungsstrategie
• Wiederholungs- und Schleifenstrategien
• Tutorielle Strategien
• Metastrategien
  – Transparenz
  – Pläne
  – Lernprogramme
	• Frühe Lernerfolgskontrollen als diagnostische Tests
	• Schülerorientierte Fehleranalyse: Fehlerhäufungen und deren Ursachen
	• Wege individuellen Lernens
	• Differenzierte Lernhilfen und -materialien
	• Einfädelung in die gemeinsame Fortsetzung der Arbeit
		• Die Konstruktion von Lernlandkarten (Überblick, Struktur, Ordnung, advanced organizer)
		• Lernpfade
		  – Orientierungslernpfad
		  – Fitnesslernpfad
		  – Handlungsorientierter Lernpfad
		  – Trainingslernpfad
		  – Forschungslernpfad

Tab. 21: Infrastrukturelle Ansätze innerer Differenzierung

Literatur

Bönsch, M. (Hrsg.): Selbstgesteuertes Lernen in der Schule. Braunschweig 2006

Bönsch, M. : Differenzierung in Schule und Unterricht. München 2004

Bönsch, M.: Intelligente Unterrichtsstrukturen. Baltmannsweiler 2008

Meister, H.: Differenzierung von A–Z. Stuttgart 2000

Moegling, K. (Hrsg.): Didaktik selbstständigen Lernens. Bad Heilbrunn 2004

Paradies, L./Linser, H.J.: Differenzieren im Unterricht. Berlin 2001

10

Methodik der Differenzierung

Endbilanzierungen

10.1 Der Gesamtansatz

Vorbemerkung: Das Problem heterogener Lerngruppen

Nach wie vor hat das Thema „Differenzierung" hohe Aktualität und ebenso große Realisierungsschwierigkeiten. Obwohl die Literatur zu diesem Problem nicht unbeträchtlich ist, lohnt sich eine erneute Befassung.

Schulische Differenzierung Auch wenn schulische Differenzierung realisiert wird – in Deutschland ist das nach wie vor der Regelfall – bleibt der Tatbestand bestehen, dass jede Klasse nicht durch Homogenität in Bezug auf die Leistungsmöglichkeiten gekennzeichnet ist. **Heterogenität** ist der Regelfall.

Schulische Differenzierung ist nur eine Scheinhomogenisierung und eine problematische dazu. Die Grundschule muss mithilfe von Schullaufbahnempfehlungen bzw. Gutachten die weitere Schullaufbahn prognostizieren und kann dies nicht verlässlich genug. Einigermaßen sicher geht das bei den Eckgruppen (die besonders guten und die deutlich schwächeren Lerner). Ein sehr breites Mittelfeld aber ist zu einem (zu) frühen Zeitpunkt (4. Schuljahr) nicht genau genug zu verteilen. Die große Hamburger Untersuchung (Lehmann u.a. 2002) hat dies überzeugend nachgewiesen. Die Verteilung von Schülern und Schülerinnen auf Haupt-, Förder-, Realschule und Gymnasium hat zudem das Problem, dass die gemeinsame Erziehung der Kinder aller Schichten (Integrationsfunktion der Schule) zu früh aufgegeben wird und die Schule damit als **gesellschaftsintegrierender Faktor** ihre diesbezügliche Funktion zu früh verliert.

Unabhängig davon, ob man durch Verteilung auf Schularten das Problem der außerordentlichen Heterogenität von Schülerpopulationen zu verringern sucht – und damit übrigens neue Probleme schafft (Verringerung von Bildungschancen und desintegrierende Effekte) – bleibt Heterogenität in jeder Schulart und in jeder Klasse erhalten. Ihr wird bekanntlich immer wieder durch Formen der äußeren Differenzierung (klassenübergreifende Organisationsformen) zu begegnen versucht. Das am häufigsten verwendete Differenzierungsmodell ist in diesem Zusammenhang das sogenannte setting, also die fachspezifische Leistungsdifferenzierung mit 2–4 Niveaustufen bzw. weiteren Varianten (gleitende Differenzierung). So hilfreich sie sein mag, so birgt sie ihrerseits die Probleme der frühzeitigen Reproduktion von sich verfestigenden Leistungszuschreibungen mit dem Effekt der self-fullfilling-prophecy, die schwer korrigierbar sind. Obwohl Aufstiegsmobilität immer mitgedacht wird, ergibt sich diese faktisch nur sehr begrenzt. Für **Aufstiegs- bzw. Liftkurse** fehlen häufig die personellen Ressourcen. Viel häufiger realisiert sich wie bei der schulischen Differenzierung die berüchtigte Abstiegsmobilität. So zentriert sich die Differenzierungsfrage auf die Überlegung, ob über innere Differenzierung der hilfreichere Ansatz zu finden ist, wenn man das Lernen in heterogenen Gruppen (Klassen) erfolgreicher gestalten will.

Differenzierung mit unterschiedlichen Konsequenzen

Wenn man den archimedischen Punkt für Differenzierungsmaßnahmen sucht, ist es der einzelne Lerner mit seinen Lernressourcen, die in möglichst optimaler Weise zu nutzen und zu fördern sind. Über die Kerncurricula bzw. Rahmenrichtlinien werden die Ansprüche gesetzt. Differenzierung heißt dann Lernprozesse so zu organisieren, dass möglichst jeder Schüler die Lernmöglichkeiten, -anregungen und -hilfen findet, um den Ansprüchen erfolgreich zu genügen.

Die Differenzierungskriterien sind an sich bekannt. Bei näherem Zusehen aber schaffen sie sofort eine hohe Komplexität für das zur Rede stehende Thema. Sie seien als Orientierungshilfe für die nachfolgenden Überlegungen (Methodik der Differenzierung) kurz aufgeführt:

Differenzierungskriterien
1. Kriterium: Er-, Be- und Verarbeitungsweisen
- Unterschiedliche Begegnungsweisen (Realität, Objekte, Modell, Schema, Bild, Texte)
- Unterschiedliche Bearbeitungsweisen (Text rezipieren, Medien ansehen und analysieren, erkunden / recherchieren, lesen, hören, sehen, fühlen, experimentieren, verändern, neu strukturieren)
- Unterschiedliche Verarbeitungsweisen (Aufgaben ausführen, Texte erstellen, memorieren, trainieren, anwenden, umsetzen)

Differenzierungskriterien

2. Kriterium: Quantität der Unterrichtsinhalte
- Basistexte oder differenzierte Quellenbearbeitung
- 4 Grundoperationen oder 10 Anwendungsaufgaben
- fachliche Systematik oder exemplarische Themen

3. Kriterium: Anspruchsniveau (Qualität)
- einfache Aufgaben – komplexe Aufgaben
- schlichte Wiedergabe – selbstständige Verarbeitung
- komplexe Texte – vereinfachtes Exzerpt
- Teilkompetenzen (Vokabellernen) – mehrdimensionale Aufgaben (Text mit Vokabeln und Grammatik)
- reproduktives Denken – produktives Denken

4. Kriterium: Selbstständigkeit – Umfang benötigter Hilfen
- völlig selbstständige Bearbeitung von Aufgaben
- geringe Selbstständigkeit und größerer Beratungs-/Unterstützungsbedarf

5. Kriterium: Zeit
- schnelle Erledigung von Lernaufgaben – langsame Arbeitsweise

6. Kriterium: Kooperationskompetenz
- gute Zusammenarbeit mit anderen – geringe Kooperationsfähigkeit
- selbst gut Hilfen geben können – geringe Vermittlungsfähigkeit

7. Kriterium: Zieldifferenzierung
- Orientierung an den Zielen der Klasse – geringere Zielmargen – notwendige Zusätze

8. Kriterium: Planerfüllung oder zusätzliche Interessen
- Erledigung der Pflichtaufgaben – eigenständige Aktivitäten
- Sollerfüllung – eigenständiges Nachforschen

Mit folgendem Grundgedankengang sollen die im Prinzip möglichen Differenzierungsansätze entwickelt und ebenfalls einer Übersicht zugeführt werden (Abb. 39).

Man kann bei den alten **Sortierungsstrategien** bleiben. Das würde dann konkret heißen, dass die Gruppierung nach Schularten verbunden mit einer vorgängigen Begabungstheorie als ausreichend angesehen wird. Alternativen (IGS, KGS) werden partiell zugelassen, mitunter werden sogar einzelne Schularten einfallsreich variiert (siehe Darstellung von Hauptschulvarianten: Bönsch 2007).

Lässt man sich auf Möglichkeiten der **inneren Differenzierung** ein, kann man sehr kleinrahmig mit den sogenannten kleinen Rücksichtnahmen auf unterschiedliche Lerner beginnen. Gegenüber dem linearen Fortschreiten im Stoff mit der damit verbundenen (illusionären) Annahme, dass alle Lerner synchron dem Unterrichtsprozess erfolgreich folgen können, gilt hier zunächst einmal das **Prinzip der kontrollierten Variabilität**. Das heißt konkret, dass innerhalb einzelner Unterrichtsstunden nach Phasen herkömmlicher Vermittlung mithilfe von Arbeitsblättern differenzierte (individualisierte) Lernarbeit ermöglicht wird. Dabei wird angenommen, dass damit Schüler ihre Lernprozesse nachsteuern können, weil sie nach der Erarbeitung nicht vollständig sind und die Erreichung der gesetzten Lernziele weiterer Anstrengungen bedarf. In der nächsten Stunde wird dann der gemeinsame Unterricht fortgesetzt (business as usual).

Kontrollierte Variabilität

Die sogenannte **Arrangements mittlerer Reichweite** mithilfe der gut ausgearbeitet vorliegenden Subkonzepte offenen Unterrichts haben die Diskussion in den letzten zwanzig Jahren bestimmt. Sie erlauben ständig oder doch immer wieder die über Tages- bzw. Wochenpläne organisierte individuelle und / oder kooperative Lernarbeit an verpflichtenden Unterrichtsinhalten und geben auch Phasen für interessegeleitetes Lernen frei. Die Frage ist dabei immer, inwieweit die Differenzierung der Lernprozesse nur oder vor allem die Bearbeitungsmodi betrifft und die erreichten bzw. noch nicht erreichten Lernstände durch für alle gleiche Leistungskontrollen zum immer gleichen Zeitpunkt „eingefangen" werden oder ob die Differenzierung bis zu unterschiedlichen Leistungskontrollen zu von Schülern selbst gewählten Zeitpunkten durchgehalten werden kann.

Arrangements

Besonders im Primarbereich kann man auch ganz neue Ansätze beobachten, bei denen über im guten Sinn eigenartige **Zeit- und Organisationsstrukturen** das Lernen ganz anders organisiert wird. Die bisher wenig beachtete sogenannte KLAX-Pädagogik in Berlin kann dafür ein Beispiel sein. Ausgehend von einer durchaus eigenständigen Erziehungsphilosophie werden mit originellen Begriffen Unterrichtszeiten mit ihren je unterschiedlichen Funktionen benannt (Bezugsgruppenzeit, Saisonzeit, Früh- und Spätflex, Abschlusskreis, Kursprogramm), um eine differenzierte und rhythmisierte Gestaltung des Tages zu annoncieren. Die Montessoripädagogik und auch das Konzept der vollen Halbtagsgrundschule sind weitere Beispiele für die Beachtung von Differenzierungsaspekten aus ganzheitlicher Perspektive.

Neue Didaktik

Dalton-Plan

Neuausmessungen der Differenzierungsmethodik sind der eigentlich interessante Aspekt der Thematik. Sie können in vier Varianten beschrieben werden und führen zu recht konsequenten Modellen.

Ein schon historisch zu nennender Vorschlag liegt mit dem sogenannte **Dalton-Plan** vor. Bei ihm ist von Neuausmessung nur in dem Sinn zu reden, als er in Deutschland eigentlich immer noch der Realisierung harrt. Sein Grundgedanke ist, dass in täglich 2,5 Stunden langen Daltonphasen das individuelle Lernen auf der Basis recht stark vorschreibender Lernaufgaben, zur Verfügung stehender Lernmittel, Fachräume und dort bereitstehender Fachlehrer organisiert wird und mit verschiedenen Mitteln der Lernstandserfassung das Erreichte / Nicht Erreichte dokumentiert wird.

Kompetenzorientierter Unterricht

Ein recht neuer Ansatz ist mit dem Begriff des **kompetenzorientierten Unterrichts** zu fassen. Er wird mit Sicherheit die künftige Diskussion bestimmen. Der hier erst einmal kurz zu beschreibende Grundgedanke ist, das didaktische Denken insofern vom Kopf auf die Füße zu stellen, als die anzustrebenden Kompetenzen von vornherein mithilfe von Kompetenzrastern den Schülern bekanntgemacht werden. Sie können ihr Lernen dann daraufhin ausrichten und mithilfe entsprechender Arbeits- und Lernmittel, variabel zu nutzender Zeitressourcen und frei zu wählender Leistungskontrollen die Kompetenzen anstreben. Der Lehrer steht ihnen jederzeit als Coach zur Verfügung. Gegenüber den verschiedenen Konzepten offenen Unterrichts hat das Konzept des kompetenzorientierten Unterrichts den Vorteil, dass es eher zielorientiert als nur aufgabenorientiert ist und damit das selbstständige Lernen auf die Solls ausrichtet.

Fachlehrerkette

Die sogenannte **Fachlehrerkette** wurde vor Jahren entwickelt. Ihr Grundgedanke ist, den zu lernenden Unterrichtsstoff anders zu organisieren und anzubieten. Wenn man es organisatorisch schaffen könnte, eine Fachlehrerkette einzurichten, könnte das Lernen noch einmal anders initiiert werden: in einer vierzügigen Realschule z. B. wird in der dritten Stunde am Vormittag ein „Mathe-Band" für die Schuljahre 7–10 eingerichtet. Die dafür einzusetzenden Lehrer unterrichten nicht die Jahrgangsklassen, jeder steht für den Unterrichtsstoff eines halben Jahres zur Verfügung. An dieser Fachlehrerkette entlang können die Schüler je nach Lerntempo, Lernressourcen und Lernkapazität ungebremst entlang lernen. Jahrgangsbegrenzungen gibt es nicht mehr (**freigebende Differenzierung**). Leistungskontrollen unterzieht man sich dann, wenn man sie sich zutraut. Auf dieses Konzept kommt der Text noch einmal zurück.

Medial gesteuertes Lernen

Zunächst sei noch ergänzt, dass **medial gesteuertes Lernen** zunehmend wichtiger werden wird und für die Differenzierung weitere Chancen eröffnen wird. In dem Maße, wie gute Lernprogramme (Soft-

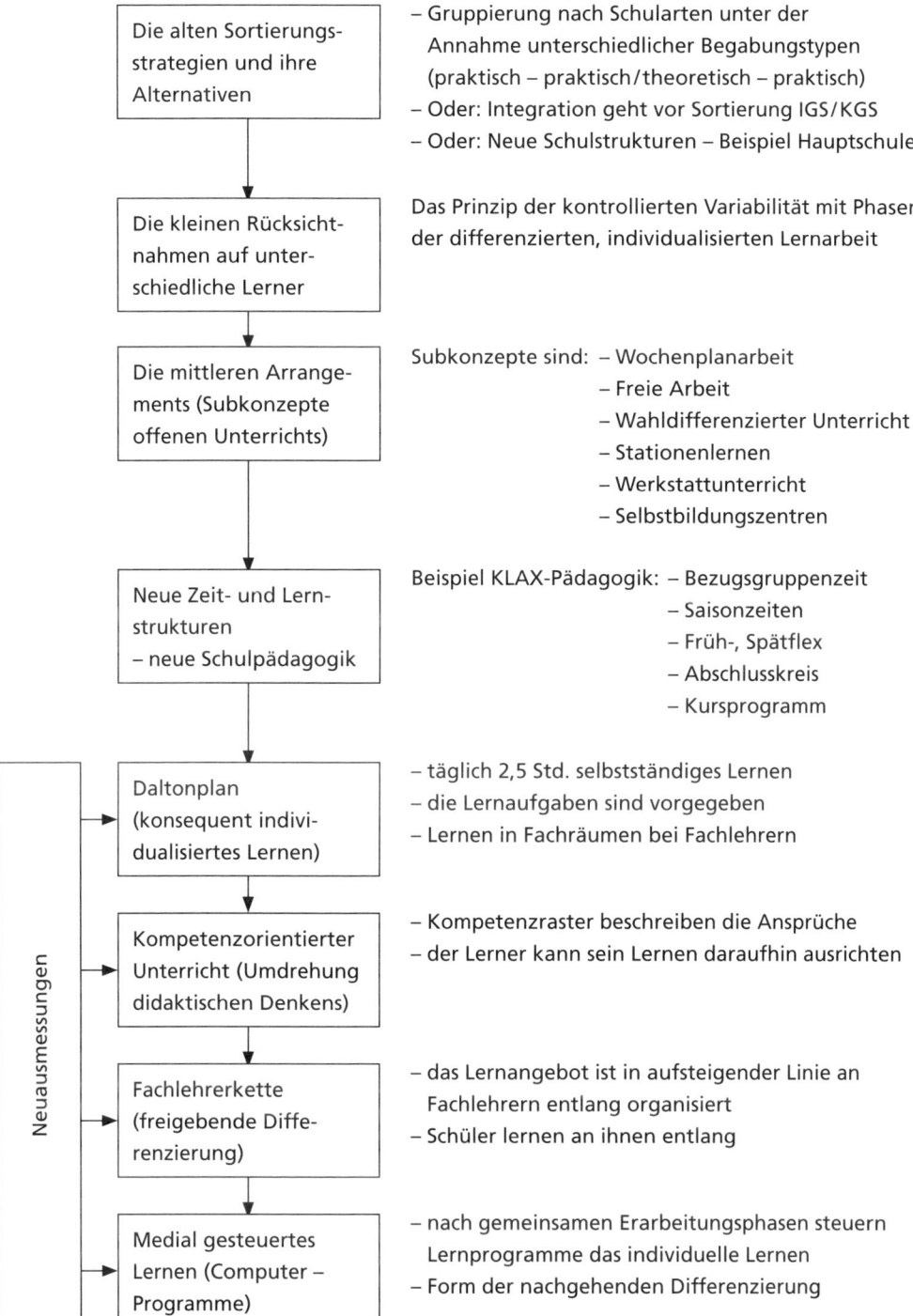

Abb. 39: Differenzierung mit unterschiedlicher Konsequenz

ware) wie auch Computerstationen/-räume bzw. sogar Laptops für jeden Schüler zur Verfügung stehen werden (Hardware), kann nach gemeinsamen Erarbeitungsphasen das Medium die vollständige Steuerung des Lernprozesses übernehmen. Computerlernprogramme bieten unterschiedliche Levels an, sie sind interaktiv eingerichtet, geben also Rückmeldung, motivieren durch Lob und Bestätigung, geben Fehleranalysen. Sie reagieren auf Lernaktivitäten also viel differenzierter, als dies ein Lehrer je tun kann. Humorvolle Elemente, Übersichten über das Geschaffte/noch nicht Geschaffte gestalten das Lernen zusätzlich anregend. Es wird sicher die Zeit kommen, in der sie nicht nur nachgehend zum Üben und Wiederholen eingesetzt werden, sondern die Vermittlung komplett übernehmen können.

Damit ist das Feld der Möglichkeiten im Überblick dargestellt. Ein weiterer Schritt kann nun gegangen werden, indem methodisch klar gestaltete Lernsets skizziert werden.

Lernsets der Differenzierung

Lernsets   Um aus dem Vielerlei und den häufig nicht konsequenten Differenzierungspraktiken herauszukommen, wird das vorstehend entwickelte Repertoire innerer Differenzierung **drei Lernsets** zugeführt. Sie haben unterschiedliche Reichweiten und müssen sicher auf konkrete Gegebenheiten hin adaptiert werden

1. Lernset: Nachgehende Differenzierung

Bei dem ersten darzustellenden Lernset beginnt der Unterricht wie immer mit der gemeinsamen Erarbeitung neuen Lernstoffes bzw. mit der Vermittlung durch den Lehrer. Mit dem Wissen, dass damit die Lernprozesse der Schüler noch nicht zum gesetzten Ziel (gesichertes Wissen, verfügbare Einsichten, realisierbare Fertigkeiten) gebracht worden sind, erfolgt konsequent eine sogenannte nachgehende Differenzierung.

1. Variante: Zielerreichung durch Differenzierung	2. Variante: Diagnostische Differenzierung
Aufgaben und Übungen sollen die Zielerreichung sichern.	Ein diagnostischer Test stellt nach der Erarbeitung die „Fehlernester", die bei Schülern noch bestehen, fest.
Die Differenzierungskriterien • Quantität (Zahl der Aufgaben), • Qualität (Anspruchsniveau), • Umfang personeller Hilfen (Lehrer, Schüler) und • Zeit (Zeit geben) können mit möglichst „passgenauen" Förderprogrammen zur Anwendung kommen.	
Methodisch gesehen können nach dem Prinzip der kontrollierten Variabilität Kurzphasen (2. Teil einer Stunde) oder längere Phasen mit den genannten mittleren Arrangements (Subkonzepte offenen Unterrichts) gewählt werden. In jedem Fall münden diese differenzierenden Lernzeiten in gemeinsame Leistungskontrollen. Das genannte medial gesteuerte Lernen wird vorläufig hier seinen didaktischen Ort haben.	

Tab. 22: Lernset „Nachgehende Differenzierung"

2. Lernset: Bearbeitungsdifferenzierung bei klaren Vorgaben

Weitergehend ist eine Differenzierung, die nach den Prinzipien selbstverantworteten Lernens auch die Erarbeitung neuer Lerninhalte in die Hand von Schülern gibt. Die Voraussetzungen sind dabei, dass die Organisation des Lernens (metakognitive Strategien) tatsächlich bei den Lernenden liegen kann. Der Lernset ist dann so zu beschreiben:

1. Variante: Erledigung von vorgegebenen Lernaufgaben	2. Variante: Adaptives Lernen anhand vorgegebener Kompetenzraster
Lernpläne, -bücher, -hefte geben Lernpensen vor, die im Unterricht, ggf. in Fachräumen bei Fachlehrern abgearbeitet werden sollen. Verschiedene Formen der Leistungsdokumentation (Portfolios, Lernstandslisten) sichern den jeweils erreichten Lernstand.	Das Lernen ist je individuell an vorgegebenen Kompetenzrastern zu orientieren. Lern- und Übungsmaterialien liegen vor. Selbstreferentielle Aktivitäten (Selbsteinschätzungen und -überprüfungen) sollen die jeweiligen Lernstände identifizieren.
Der Anspruch zielt auf die selbstständige Erledigung vorgegebener Lernaufgaben.	Der Anspruch an Lernende ist hoch, weil die ständige selbstständig vorzunehmende Adaption an die Leistungsbeschreibungen von den Lernenden selbst vorgenommen werden muss.
Methodisch gesehen ist für die Variante 1 der Daltonplan z. B. ein adäquates Modell, das bekanntlich in der Nähe der Montessorischen Freiarbeit liegt. Für die Variante 2 sind ebenfalls relativ lange Lernphasen im Stundenplan vorzusehen. Die Frage nach den Differenzierungskriterien wird hier komplizierter, da sie sich für die Lerner ständig je nach aktueller Lernlage mischen werden (Rückgang auf Grundaufgaben, zügiges Fortschreiten). Die Kriterien „Zeit", „Selbstständigkeit / Hilfesuche", „Kooperation" müssen virtuos gehandhabt werden.	

Tab. 23: Lernset „Differenzierung durch selbstständiges Lernen" (Individualisierung, Kooperationslernen)

3. Lernset: Freigebende Differenzierung

Freigebende Differenzierung

Die weitestgehende Differenzierungsvariante (Leistungsdifferenzierung mit der Chance der Interessendifferenzierung) ist mit der sogenannten freigebenden Differenzierung gegeben. Wenn man davon ausgehen könnte, dass der insgesamt zu lernende Unterrichtstoff (z. B. Mathematik für die Schuljahre 7 bis10) über eine Fachlehrerkette – acht Lehrer stehen in einem Zeitband (immer die gleiche Stunde am Vormittag) für den Stoff je eines halben Jahres bereit – angeboten werden kann, könnten Schüler nach ihrem Leistungsvermögen und ihrem Lerntempo an dieser Fachlehrerkette ohne Bremsung durch Jahrgangsklassen und ohne Rücksicht auf Schnelligkeit (jeder kann sein

Tempo gehen) entlang lernen. Sie könnten nach dem 8. Schulbesuchs-
jahr mit dem Mathematikstoff fertig sein und damit Lernzeit für anderes gewinnen, sie könnten aber auch ohne Sanktionen langsamer vorankommen.

Die Organisation des Lernstoffes nach Modulen folgt übrigens ähn-
lichen Gedanken. Bedenken gegenüber diesem Modell werden vor
allem auf den hohen Individualisierungsgrad und die Verringerung gemeinsamen Lernens verweisen. Ein intelligentes Gesamtmodell für
den Unterricht aber könnte die Balance zwischen gemeinsamem und
individualisiertem Lernen sichern.

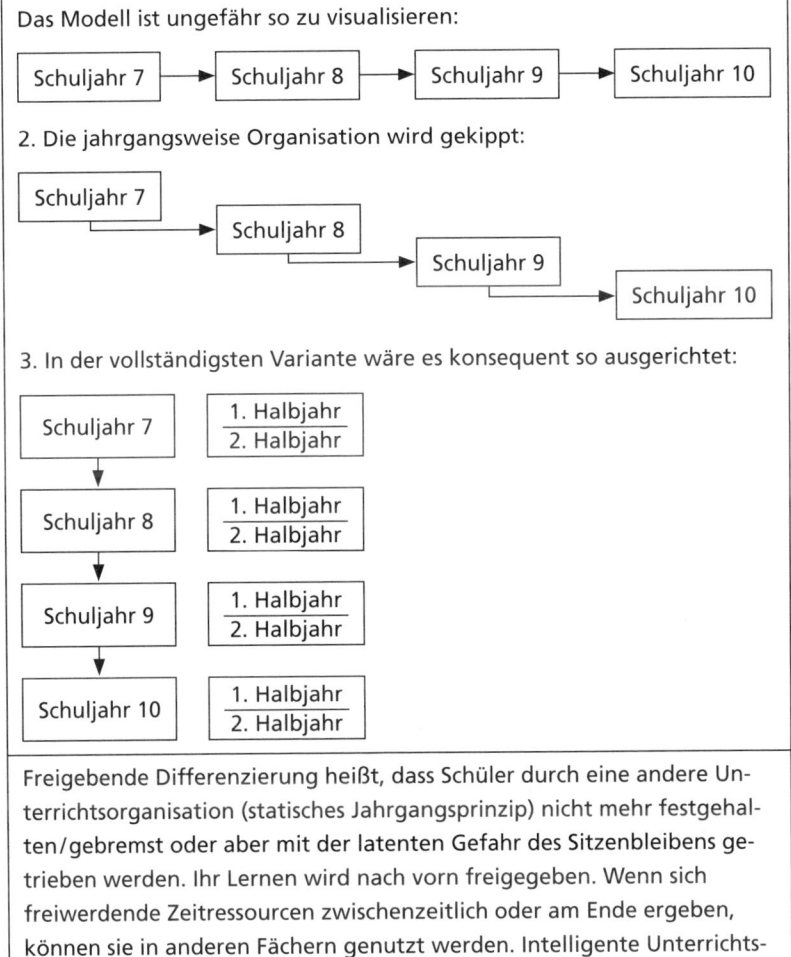

Tab. 24: Lernset „Freigebende Differenzierung"

Kurze Bilanz

Die vorstehenden Ausführungen versuchen das alte Thema „Differenzierung" einem neuen Betrachtungs- bzw. Realisierungsniveau zuzuführen. Die Grundidee dabei ist, nicht das gut ausgearbeitete Repertoir (Paradies/Linser 2001) zu wiederholen, sondern konzeptionell eine Einordnung in die Unterrichtstheorie vorzunehmen. Zufälligkeiten und Begrenztheiten könnten in Zukunft überwunden werden und evtl. neuen Arrangements zugeführt werden. Da die Konsequenzen über die drei Lernsets behutsam entwickelt werden – man könnte mit guten Gründen zunächst beim ersten Lernset bleiben – müsste jeder Unterrichtende die ihm möglichen Differenzierungsansätze finden.

Aber natürlich ist die Verfolgung konsequenterer Ansätze (Lernsets 2 und 3) eine Herausforderung. Da es um ein erfolgreicheres Lernen von Schülern geht, scheint die Negierung der Thematik aber nicht möglich. Die herkömmlichen Gestaltungsmuster von Unterricht sind einfach zu statisch.

10.2 Nachgehende Differenzierung

Das Problem

Wenn es um innere Differenzierung (Binnendifferenzierung) geht, ist die Diskussionslage etwas diffus. Es gibt vielerlei Ideen und Praxisberichte, die sich aber unter systematischer Perspektive häufig schwer einordnen lassen. Eine Grundidee ist immer wieder, dass über Wochenpläne, Freiarbeitsmaterialien, Bearbeitungsvielfalt das Lernen aus einer strengen Linearität (alle folgen nach dem Geleitzugprinzip dem Unterricht des Lehrers) zu befreien, um das selbstständige und eher interessenorientierte Lernen zu fördern. Die Frage ist, ob diese hehre und im Prinzip zu befürwortende Idee ausreicht, um das Thema „innere Differenzierung" entscheidend voranzubringen. Wenn z. B. wohlgemeinte Differenzierungsmaßnahmen ständig durch Leistungsbewertungsverfahren „abgefangen" werden, die von allen Schülern einer Klasse einheitlich und zu immer dem gleichen Zeitpunkt absolviert werden müssen, könnte man diese Differenzierungsaktivitäten unter der Rubrik „aufgelockerter Unterricht" rubrizieren. Ein löbliches, aber zu kurz greifendes Anliegen.

Systematisierung

Es ist daher dringend notwendig, eine Systematisierungshilfe zu entwickeln, die dem Anliegen „erfolgreicheres Lernen durch Differenzierung" folgt. Der Vorschlag ist folgender:

Mit dem Begriff der **nachgehenden Differenzierung** werden alle Maßnahmen gefasst, die dem herkömmlichen lehrerorientierten vermittelnd-erarbeitenden Unterricht folgen und der zentralen Intention dienen, die Lernprozesse der Schüler zu den für alle gesetzten Lernzielen möglichst erfolgreich zu gestalten, um dann die in absehbarer Zeit angesetzten Leistungskontrollen positiv bestehen zu können. Das heißt, differenzierende Maßnahmen sind zweckorientiert. Sie sollen besser als der lehrerorientierte Unterricht gesetzte Lernziele erreichen helfen.

Nachgehende Differenzierung

Der Differenzierungsansatz ist grundsätzlich ein anderer, der über die **Differenzierung der Lernziele** (für die einen anspruchsvoller und komplexer, für die anderen weniger anspruchsvoll und einfacher) Lernprozesse initiiert. In der Konsequenz dieses Ansatzes liegt der Verzicht auf gleiche Klassenarbeiten für alle Schüler einer Klasse (Konzept der Zieldifferenzierung).

Ein dritter Ansatz liegt vor, wenn an eine vielfältige und arbeitsteilige Lernarbeit zu Unterrichtsthemen gedacht ist (**Bearbeitungsdifferenzierung**), wenn interessen- und wahlorientiert gearbeitet werden soll. Das bei diesem Ansatz häufig ungelöste Problem ist mit der Frage zu formulieren: Was sollen denn am Ende alle kennen und können und in welcher Weise sind exemplarisch zu denkende Schwerpunkte (von Gruppe zu Gruppe, von Schüler zu Schüler unterschiedlich) mit elementarem Allgemeinwissen für alle zu verbinden?

Wiederum anders ist der Differenzierungsansatz, der die Ziele, Kompetenzen und Lernbereiche vorgibt und den Lernenden dann freistellt, die Lernwege und -aktivitäten selbstständig in Richtung der Vorgaben zu organisieren, dabei sowohl die Wege wie die Zeit wie die Leistungskontrollen in die Entscheidung / Planung der Lernenden gibt. Mit dem Begriff des **kompetenzorientierten Unterrichts** wird dieser Ansatz belegt. Er wird Zukunft haben. Wenn man ihn konsequent verfolgt, wird sich die Heterogenität der Lernstände (sie ist gewollt) und die Differenziertheit der Lernarbeit in einer Klasse verstärken. Ein Schüler bearbeitet den Mathematikstoff des 5. Schuljahres, ein anderer ist möglichweise schon beim Mathematikstoff des 6. Schuljahres. Es handelt sich um die Variante der sogenannten **freigebenden Differenzierung**.

Die These ist, dass es für die innere Differenzierung diese vier Ansätze gibt. In der konkreten Realisierung müssen sich praktische Differenzierungsmaßnahmen nach dem einen oder anderen Ansatz identifizieren lassen. Sonst wäre Zufälligkeit das Prinzip. Für die äußere Differenzierung ist die Problemlage eine andere. Sie wird hier nicht verfolgt.

Konkrete Subkonzepte nachgehender Differenzierung

Hat man den **Orientierungsrahmen**, kann man sich auf die Frage einlassen, welche Varianten/Subkonzepte für die nachgehende Differenzierung denkbar sind. Einige sollen dargestellt werden.

1. Der UNIT-Plan

UNIT-Plan Gewissermaßen ein klassischer Fall von nachgehender Differenzierung ist der sogenannte UNIT-Plan im Fremdsprachenunterricht. Dieser ist zumeist lehrgangsmäßig organisiert und an einem Lehrwerk orientiert.

Wenn man davon ausgehen kann, dass eine UNIT (eine Unterrichtseinheit, eine Lektion) Lernziele in Bezug auf Wortschatz, Grammatik, Textverständnis, Lesevermögen genügend genau expliziert, können die zur Verfügung stehenden Vokabellisten, Zusammenstellungen von Redemitteln, Tonkassetten, Hörtexte u.a.m. Grundlage für einen Set sogenannter activities (Aufgaben) sein.

activities Alle Schüler bekommen eine Liste mit den activities. Sie enthält Ankreuzungsmöglichkeiten (verpflichtend / wahlfrei). Die activities gliedern sich nach den entsprechenden Inhalten der UNIT, z.B.:

1. Reading (Höre dir den Text an und lies ihn dabei leise mit. Versuche, alles zu verstehen. Wenn du Wörter nicht kennst, schlage auf Seite 159/160 oder im alphabetischen Wörterverzeichnis nach. Usw.)
2. Grammar (Simple past): Es geht darum, den Gebrauch des simple past zu lernen (die Regeln dazu stehen im Buch auf S. 32/33. Gehe sie ggf. noch einmal durch. Schreibe dann die Sätze zu „What things did she do last week? Usw.)
3. Writing (Schreibe einen Text zum Thema „clothes". Die Seiten 92/93 in deinem Buch und S. 43 in deinem workbook geben dir Anregungen. Usw.)

Unter dem Differenzierungsaspekt ist wichtig, dass die activities nicht einfach vorgeschrieben werden (fremdbestimmtes Arbeiten), sondern dass sie ein Angebot sind, aus dem Schüler nach Maßgabe der Einschätzung ihres Könnens / Noch-nicht Könnens, ihrer Fehler activities

214

wählen, die sie zur Vervollständigung ihrer Lernprozesse bringen. Dafür brauchen sie ein verlässliches Instrument.

Das kann ein **Kompetenzraster** sein oder, wenn ein solches noch nicht vorliegt, die **nächste Leistungskontrolle**, die die Anforderungen aufzeigt. Die Grundidee hier also ist, Lernzeiten und Lernangebote für die Nachsteuerung des eigenen Lernprozesses zu geben, um das, was aus der gemeinsamen Erarbeitung noch unvollständig/fehlerhaft ist, zu lernen.

2. Arbeits- und Übungsstunden (Silentium, Hausaufgabenhilfe)

Vor allem an Ganztagsschulen, aber zum Teil auch an anderen Schulen gibt es am frühen Nachmittag Arbeits- und Übungsstunden, Silentien, Hausaufgabenhilfe. Sie werden genutzt an Stelle der sonst üblichen Hausaufgaben, bieten aber auch Zeit für andere Lernanliegen. Bekannt ist, dass Hausaufgaben unter didaktisch-methodischen Gesichtspunkten häufig ein Problem darstellen. Immer wieder wird konstatiert, dass sie kaum Lerneffekte haben. Sie werden häufig recht lieblos und in großer Eile am Ende einer Unterrichtsstunde gestellt. Sie schließen nicht passgenau an die Lernstände der Schüler an und werden routiniert und ohne großes Engagement erledigt. Individuell oder mindestens gruppenweise gestellte Hausaufgaben gibt es selten. Hier liegt also ein ungenutztes Feld nachgehender Differenzierung:

Arbeits- und Übungsstunden

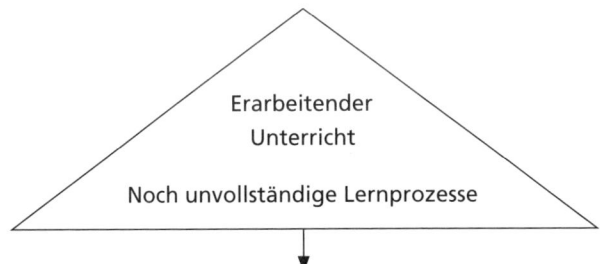

Abb. 40: *Nachgehende Differenzierung*

Die Zeitmargen der genannten schulischen Veranstaltungen sind über das Schuljahr hinweg gesehen beträchtlich. Deshalb wäre es sinnvoll, sie in den skizzierten Rahmen zu bringen mit der Chance, das Lernen nachgehend und gezielt zu fördern.

3. Paralleles Arbeiten – eine Form der inhaltlichen Differenzierung

Paralleles Arbeiten

Immer wieder spannend ist die Frage, inwieweit eine qualitativ-inhaltliche Differenzierung möglich wäre. Diese Differenzierungsvariante ist vor allem für die Sach-Unterrichtsfächer interessant.

Die Grundidee ist hier, unter einer gemeinsamen Fragestellung unterschiedlich schwere Texte anzubieten, die in ihrem Informationsgehalt in den wesentlichen Punkten übereinstimmen, sich aber in der Diktion, in der Fülle der Details und im Abstraktionsgrad unterscheiden. Die Texte könnten als leicht, mittel oder schwer gekennzeichnet werden. Die Schüler sehen sich zunächst alle Texte an, um selbst entscheiden zu können, mit welchem Text sie arbeiten wollen. Die Fähigkeit der Selbsteinschätzung wird dabei immer wieder ein Problem sein.

Aus der Perspektive einer nachgehenden Differenzierung ist aber wichtig, dass es nicht nur darum geht, dass schließlich alle im gemeinsamen Gespräch Beiträge einbringen können, sondern dass auch den Bearbeitern des leichten Textes das Erreichen der Fundamentum-Lernziele möglich wird. Innere Differenzierung heißt nicht „Abkoppelung" in verschiedene Anspruchs- und Leistungslevels, sondern **unterschiedlich anspruchsvolle Zugänge** zu einer Thematik anzubieten, um die Lernzielerreichung zu ermöglichen. An Textbeispielen (nächste Seiten) sei dies zusammen mit den Konsequenzen, die dieser Ansatz hat, verdeutlicht.

Aufgaben für alle:
1. Wähle einen Text aus. Wenn dir die Entscheidung schwer fällt, sprich mit mir darüber.
2. Lies den Text sorgfältig durch. Verschaffe dir einen Überblick über Abgaben und Arbeiten, die die Bauern im Mittelalter zu leisten hatten. Richte dir eine Tabelle ein und fülle sie aus.
3. Welche weiteren Belastungen gab es für die Bauern? Trage auch sie in deine Tabelle ein!

Textbeispiel: Leichter Text
Aus einer alten Urkunde erfahren wir, dass die Bauern des Dorfes Münchweiler am Schwarzwald im 12. Jh. gegenüber dem nahe gelegenen Kloster St. Marien (heute Ettenheimmünster) eine große Zahl von Verpflichtungen hatten. Jeder Bauer, der einen Hof besaß, musste

alljährlich im November den Mönchen ein Schwein abliefern. Dazu kamen im Dezember zwei Scheffel (etwa zwei Sack) Hafer und im Frühjahr Hühner und Eier. Außerdem war er an zwei Tagen in der Woche zur Arbeit auf den Feldern des Klosters verpflichtet. Wer einen Pflug oder Zugochsen besaß, musste damit viermal im Jahr für das Kloster pflügen. Die Frau des Bauern hatte jährlich ein großes Stück Tuch zu weben, bekam die Wolle allerdings vom Kloster gestellt.

Textbeispiel: Mittelschwerer Text
Den Umfang der Abgaben und Dienste kann man einem Bericht des Klosters Prüm in der Eifel aus dem Jahr 893 entnehmen. Zu diesem Kloster gehörten auch 30 hörige Bauern in Rommersheim. Einer dieser Bauern war Widrad. Von ihm schreibt der Abt des Klosters:

Widrad gibt an das Kloster jedes Jahr 1 Eber, 1 Pfund Garn, 3 Hühner, 18 Eier. Er fährt 5 Wagenladungen von seinem Mist auf unsere Äcker, bringt 5 Bündel Baumrinde für die Beleuchtung und fährt 12 Wagenladungen Holz zum Kloster. Dieses Holz dient im Winter zum Heizen. Ferner liefert Widrad dem Kloster jährlich 50 Latten und 100 Schindeln für Dachreparaturen. Sein Brot bäckt Widrad in unserem Backhaus, und das Bier braut er in unserem Brauhaus. Hierfür zahlt er an das Kloster eine Gebühr.

Eine Woche in jedem Jahr verrichtet er Hirtendienst bei unserer Schweineherde im Wald. Er bestellt 3 Morgen Land das ganze Jahr hindurch, jede Woche 3 Tage. Das bedeutet: er muss bei der Einzäunung unserer Äcker und Weiden helfen, zur rechten Zeit pflügen, säen, ernten und die Ernte in die Scheune bringen. Bis zum Dezember, wenn das Getreide gedroschen wird, muss er es zusammen mit anderen Hörigen bewachen, damit es nicht von Brandstiftern angezündet wird. Wachdienst muss ebenfalls geleistet werden, wenn der Abt kommt, um ihn vor nächtlicher Gefahr zu beschützen. Wenn Widrad 15 Nächte den Wachdienst verrichtet, das Heu geerntet und auf unseren Äckern gepflügt hat, erhält er in einem guten Erntejahr Brot, Bier und Fleisch; in anderen Jahren erhält er nichts. Die Frau Widrads muss leinene Tücher aus reinem Flachs anfertigen, 8 Ellen lang und 2 Ellen breit. Sie fertigt daraus die Hosen für die Mönche an.

Textbeispiel: Schwerer Text
In dem Güter- und Abgabenverzeichnis (= Urbar) des Grafen von Ravensberg, dem sogenannten „Ravensberger Urbar" aus dem Jahr 1556, ist über den Besitzer eines alten und großen Hofes in der Nähe von Bielefeld folgendes ausgeführt:

Johann Meier zu Selhausen ist ein Vollspänner (1), er ist dem Gnädigen Herrn (2) zu eigen, aber Weib und Kinder gehören dem Stift

217

Schildesche (3) zu eigen. Die Abgaben bei Erbteilung und Besitzwechsel stehen also meinem Gnädigen Herrn (des Mannes wegen) und dem Jungfrauenstift von Schildesche (der Frau wegen) zu. Die Hofstelle umfasst Haus, Garten und einen Graben um das Haus.

Saatland: 2 große, 6 mittlere und 6 kleine Felder von insgesamt 22 Molt (4) Roggen.

Mast (5): Wenn es gut wächst, hat er für 50 Schweine Mast im Eichenwald; im Buchenwald hat er, wenn es voll trägt, für 200 Schweine Mast. Sieben Männer haben das Recht, zur Mastzeit jeweils 7 Schweine in den Berg der Buchenmast zu treiben, nämlich Johann zur Westerheide, ... Dieselben dürfen auch im Berg abgestorbenes und herumliegendes Holz zum Feuern sammeln ...

Wiese: Eine Wiese von 6 Fuder Heu.

Teiche und Weiher: Alter Hofteich und Backhausteich sowie zwei Wasserlöcher von geringem Wert.

Sonstiger Grundbesitz: 3 Waldstücke.

Jährliche Abgaben: Gibt meinem Gnädigen Herrn 7 Goldgulden (6) und 10 Schillinge, 4 Scheffel Roggen, 1 Molt Hafer, 3 Schuldschweine, 1 Schlachtkuh, 1 Schaf, wenn er es hat, 3 Paar Hühner; dem Jungfrauenstift zu Schildesche gibt er 3 Molt Gerste, 8 Molt Hafer minus 3 Scheffel, 3 Scheffel Weizen, gibt ihnen auch den 9. Teil von einem Fass Butter, 16 Schillinge Opfergeld, 2 Paar Hühner, 4 Schafe. Deshalb zahlt er keinen Zehnten; von den obengenannten Köttern (7) nimmt er den Zehnten.

Dienst: Tut meinem Gnädigen Herrn jede Woche einmal mit dem Gespanne Dienst.

(1): Hof mit vollständigem Pferdegespann, d.h. mit vier Pferden.

(2): Graf von Ravensberg

(3): Damenstift bei Bielefeld

(4): Das Hohlmaß „Molt", dem 12 Scheffel entsprechen, wird hier als Flächenmaß benutzt. Weil es für eine bestimmte Menge Getreide zur Aussaat notwendig war, hat man früher häufig Hohlmaße auch als Flächenmaße benutzt. 1 Scheffel = ca. 41 Liter.

(5): Die Schweine wurden mit Eicheln und Bucheckern der Wälder gefüttert, d.h. „gemästet".

(6): 1 Gulden = 18 Schilling; zur Orientierung: 1 Pferd war 3 Gulden, 1 Kuh 2 Gulden wert.

(7): Bewohner eines kleinen Bauernhauses (Kotten); die sieben Kötter hatten zusammen ca. 15 Molt Saatland.

Man sieht, dass die Textangebote recht unterschiedlich im Anspruch sind (Umfang, Sprache, Detailreichtum). Das Lernziel ist für alle gleich: im Rahmen des Themas „Leben im Mittelalter" – Unterthema „Grundherrschaft" – sind hier die Abgaben und Arbeiten, die Bauern zu leisten hatten, mithilfe der Texte zu identifizieren. Dies soll im Prinzip mit allen drei Texten möglich sein. Natürlich könnte es bei einer sogenannten Bearbeitungsdifferenzierung bleiben (von dem jeweils gewählten Text kann jeder von seinen Ergebnissen berichten).

Ein wesentliches Problem aber bliebe unberücksichtigt: Kann diese Variante der Differenzierung bis zur Leistungsbewertung durchgehalten werden? Nimmt man die innere Differenzierung ernst, kann sie nicht durch eine für alle gleiche Leistungsbeurteilung wieder „eingeebnet" werden (wir arbeiten zwar an unterschiedlich schweren Texten, die Klassenarbeit aber ist für alle wieder gleich). Dieses Problem war früher schon angesprochen worden. In zweierlei Hinsicht entstünden Ungerechtigkeiten: Mit dem leichten Text müsste man alle erreichbaren Punkte erlangen können. Wer sich für den schweren Text entschieden hat, hat im Grunde nichts davon. Deshalb wird hier die Differenzierungsfrage bis zu einer **differenzierten Leistungsbewertung** geführt.

Differenzierung in der Leistungsfeststellung

Der Vorschlag, der im übrigen den Schülern von vornherein mit der Aufgabenstellung und den Texten bekanntgemacht werden müsste, ist folgender: Es wird ein Bewertungsschema folgenden Inhalts den Aufgaben und Texten hinzugefügt:

Bewertungsschema
- Es sind bei der erfolgreichen Bearbeitung der Aufgaben insgesamt 20 Punkte zu erreichen.
- Je 4 Punkte gibt es für die vollständige (dem Text entsprechend) Nennung der jährlichen Abgaben, Frondienste und weiterer Belastungen.
- 4 Punkte gibt es zusätzlich bei der Wahl des mittelschweren Textes.
- 8 Punkte gibt es zusätzlich bei der Wahl des schweren Textes.
- Die Umsetzung in Noten erfolgt nach folgendem Schema:

1	alle 20 Punkte
2	mindestens 16 Punkte
3	mindestens 12 Punkte
4	10 Punkte
5	8 Punkte
6	weniger als 8 Punkte

Das heißt, der Schüler, der sich noch nicht viel zutraut, kann mit der Bearbeitung des leichten Textes bis zu einem „Befriedigend" kommen. Mit dem mittelschweren und schweren Text ist ein „Gut" oder „Sehr gut" möglich. Natürlich könnte man die Punktansetzung auch variieren.

Hier geht es um ein Beispiel, dessen Darstellung im übrigen auch großrahmiger verwendet werden könnte (ganze Unterrichtseinheiten, Module). Die innere Differenzierung – hier in der Variante des parallelen Arbeitens – soll die Chancen des zielerreichenden Lernens verbessern, dem Schüler seine temporär eingeschätzten Bearbeitungslevel sichern.

4. Doppelinstruktionen: Karteisysteme / Computerlernprogramme

Doppel-instruktionen

Bekannt ist das Phänomen, dass bei einer Erstinstruktion durch einen Lehrer – auch wenn sie gut gemacht ist – längst nicht alle Schüler einer Klasse das Neue gleich verstehen, es sich noch nicht gleich aneignen können. Von daher ist eine schnelle nachgehende Instruktion bzw. Übung / Wiederholung für einen erfolgreichen Lernprozess ganz wichtig. Sie ist heutzutage leicht mit Hilfssystemen wie Karteikartensysteme oder Computerlernprogramme zu realisieren.

Instruktions-, Übungs- und Wiederholungskarteien gibt es für verschiedene Lernbereiche (Rechtschreiben, Schriftgestaltung, Mathematik, Sachunterricht). Computerlernprogramme stehen ebenfalls für viele Lernanliegen bereit und sind durch ihre einfallsreiche Gestaltung (Instruktionen, Fragen, unmittelbare Antwortkontrolle, Bestätigung / Lob, systematische Fehleranalyse, Motivationselemente, interaktive Strategien) mehr noch als Karteisysteme für individuelles Lernen geeignet.

Unterrichtlich gesehen sind drei Bedingungselemente wichtig: Einmal sind **regelmäßig individuelle Lernzeiten** (1) einzurichten (bei einem Langfach mit vier Wochenstunden z. B. mit einem 3+1 oder gar 2+2-Modell). Drei oder zwei Stunden dienen dem herkömmlichen Unterricht, ein oder zwei Stunden pro Woche sind für das individuelle / kooperative Lernen reserviert.

Zweitens müssen **genug Lernangebote** (genügend viele Karteiexemplare, genügend viele Computerlernplätze oder Laptops) vorhanden sein (2).

Drittens – und dies wird bis heute häufig vernachlässigt – müssen die temporären Lernstände und die direkt anschließenden Lernangebote zur **Passung** gebracht werden, wenn das individuelle Lernen nicht zufällig bleiben soll (3). Das ist vielleicht der schwierigste Punkt. Wenn ein Lehrer einschätzen bzw. diagnostizieren kann, wo ein Schüler steht (Verständnis, Fehlerhäufigkeiten, Lernschwierigkeiten), kann er die Passung herbeiführen. A la longue ist es sicher besser, selbstreferentielle Kompetenzen zu fördern und dafür selbstdiagnostische Angebote zu machen. Das heißt, dass ein Schüler selbst sein Können bzw. seine Schwierigkeiten identifizieren lernen muss, um zu wissen, zu welchen Karteiteilen bzw. Lernprogrammen er greifen muss. Wenn z. B. in Mathematik mit der Erarbeitung des neuen Stoffes die dazugehörende Leistungskontrolle von vornherein bekanntgemacht wird, kann er an den Aufgaben der Leistungskontrolle ausprobieren, ob er sie schon lösen kann oder eben noch nicht. Wenn die „Schlüssel" zu Lernhilfen (Karteien, Computerlernprogramme) leicht nachvollziehbar sind, kann er zügig die im Moment notwendigen Lernhilfen finden. An den Wänden des Klassenraums hängen in großer Schrift geschrieben die Inhaltsverzeichnisse mit den entsprechenden Fundstellen, sodass der Zugriff ohne längeres und evtl. unsystematisches Suchen möglich wird.

Lässt sich dieses **didaktische Konstrukt** (Selbstdiagnostik und Selbstorganisation des Lernens) mithilfe der genannten Elemente realisieren, bekommt das den Lernprozess vervollständige Lernen eine ganz eigene Qualität, mit Sicherheit eine höhere Effektivität. Erst- und Zweitinstruktion schaffen bessere Voraussetzungen. Im Schema noch einmal verdeutlicht:

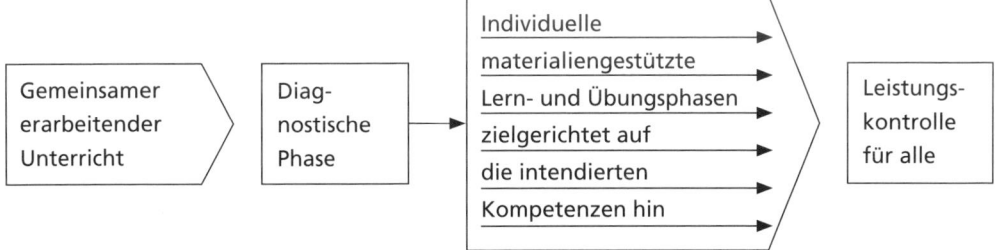

Abb. 41: Selbstdiagnostik und Selbstorganisation des Lernens

Kurze Bilanz

Die Idee der nachgehenden Differenzierung wird sicher häufig realisiert. Sie dient im Grundsatz dazu, noch unvollständige Lernprozesse zu einer den Unterrichtszielen entsprechenden Vollständigkeit zu bringen. Bleibt sie auf die Eröffnung von Wegen beschränkt, ist immer die Gefahr, dass sie nicht besonders effektiv ist. Die hier entwickelten Vorschläge sollen Abhilfe schaffen.

221

Die didaktische Hoffnung ist nicht klein: Wenn der Unterricht nur einfallsreich genug ist, kann der größte Teil der Schüler einer Klasse die gesetzten Lernziele erreichen. Die Infrastrukturen des Unterrichts müssen dafür wohl noch genauer ausgearbeitet werden. Die vier explizierten Vorschläge sollen dafür eine Hilfe sein. Bei näherem Zusehen zeigt sich, dass sie im Detail gar nicht so leicht zu realisieren sind. Um des erfolgreichen Lernens willen aber lohnt es sich, in diese Richtung zu arbeiten.

10.3 Schulische Sets für die Förderung autonomen Lernens

Schulische Sets

Die schulpädagogische Diskussion um die Förderung selbstgesteuerten Lernens hat vielfältige literarische Niederschläge erfahren. Ausgehend von der unbestrittenen Tatsache, dass das Lernen immer eine Sache von Lernenden ist – Lehrende haben es nie in ihrer Verfügung, sie können es mit Unterricht nur so gut wie möglich anregen und organisieren – und der Unterricht in Jahrgängen und Klassen nie genügend auf das individuelle Lernen eingehen kann, liegen inzwischen die **Lernpartituren** für selbstgesteuertes Lernen gut ausgearbeitet vor (Bönsch 2002).

Die Übersicht (Tab. 24) gibt einen knappen Überblick über die Subkonzepte, die in unterschiedlicher Weise von Schulen und ihren Lehrer genutzt werden. So könnte man annehmen, dass die Realisierung selbstgesteuerten Lernens (autonomen Lernens) heute kein Problem mehr ist. Beobachtungen zeigen aber, dass in der Breite offensichtlich doch noch erhebliche Vorbehalte und Realisierungsschwierigkeiten bestehen. Mitunter entsteht der Eindruck, dass Entwicklungen rückläufig sind. Publikationen zur Bedeutung des Frontalunterrichts (z.B. Gudjons 2003) scheinen eine Art Rückgewinnung des guten Gewissens für herkömmlichen Unterricht zu sein.

Im folgenden sollen die Begründung für autonomes Lernen und die Darstellung entsprechender Konzepte nicht wiederholt werden. Es wird vielmehr der Frage nachgegangen, wie über individuelle Bemühungen hinaus Schulen ihre **Organisationssets** für das autonome Lernen von Schüler stärker öffnen können. Es wird damit auf den Einwand eingegangen, dass die mit jedem Schuljahr stärker werdende Fachorientierung selbstgesteuertes Lernen immer mehr einenge und sogar unmöglich mache. An zwei Beispielen seien Entwicklungsmöglichkeiten aufgezeigt, ehe zum Schluss eine kurze Bilanz mithilfe einer

Übersicht gegeben wird. Begonnen aber wird mit einer erinnernden Darstellung der Subkonzepte offenen Unterrichts, die gut ausgearbeitet vorliegen:

Modell	Lerngelegenheiten	Grad der Selbstverantwortung
Wochenplanarbeit	Der Wochenplan (vorher Tagesplan) gibt Aufgaben in einem Fach oder mehreren Fächern vor: Pflichtaufgaben, Wahlaufgaben, Selbst- oder Fremdkontrolle sind gesichert.	Die Schüler können Reihenfolge, Zeitumfang, Bearbeitungsmodi und Kooperationsmodi selbst bestimmen.
Freie Arbeit	Es wird Raum für inhaltlich selbstbestimmtes Lernen gegeben: Übungen, Materialangebote, kleine Projekte.	Die Schüler können in einem gegebenen Zeitrahmen auch Anliegen, Inhalte, Anspruch selbst bestimmen.
Wahldifferenzierter Unterricht	Nach der Einführung in ein Thema aus Arbeitsangeboten wählen und diese einzeln oder in Gruppen bearbeiten, anschließend wird berichtet.	Die Schüler können informiert Teilthemen wählen und bearbeiten. Sie müssen ihre Ergebnisse vorstellen und verantworten.
Stationenlernen	Mehrere Lernstationen (Aufgaben, Materialien, Geräte) bieten Lernaufträge an.	Die Schüler können die Stationen in freier oder gebundener Reihenfolge nach ihrer Arbeitsweise und eigenem Arbeitstempo „abarbeiten".
Lernwerkstätten	Eine Lernwerkstatt bietet mannigfache Lerngelegenheiten an (Druckerzeugnisse, Computer, Medien, Gräte, Lernspiele u.a.m.); sie steht ständig offen als Lernkabinett	Die Schüler können in dafür bestimmten Zeiten völlig frei wählen, sich einer Thematik, die vorbereitet ist, zuwenden (Büffetmodell), sie können Lernwege wählen (z.B. Computerprogramm).

Tab. 25: Subkonzepte offenen Unterrichts

223

Schulische Sets für die Förderung autonomen Lernens

Mit dem Begriff des **schulischen Sets** sind hier inhaltliche und zeitliche Arrangements gemeint, die autonomes Lernen im Alltag auf Dauer sichern und daneben herkömmlichen Unterricht bestehen lassen. Es handelt sich also nicht um Totalveränderungen, sondern um **Partialstrukturen**, die in das Gesamtsystem einer Schule „eingezogen" werden. Die Beispiele werden den Ansatz am ehesten deutlich machen.

Die KLAX-Pädagogik und ihre Grundschule

Die bundesweit noch wenig beachtete KLAX-Pädagogik in Berlin – realisiert immerhin in einer Grundschule, 19 Kindergärten, einer Kinderbildungswerkstatt (KLAX-Institut) und dem Indianerdorf in der Mecklenburger Schweiz – ist ein höchst bemerkenswertes Konzept. Es geht von einer recht konzisen Vorstellung vom Kind und dem Rahmen, den Kinder brauchen, aus.

Das **Bild vom Kind** ist folgendermaßen zu kennzeichnen: Das Kind ist ein selbstbestimmtes, sensibles, handlungsfähiges Individuum, das seine Angelegenheiten gestalten kann, dem Ausdrucksmöglichkeiten zu geben sind und dessen natürliches Aneignungsbedürfnis zu fördern ist. Die Erziehungskonstituanten sind:
- Individualität,
- Selbstbestimmung,
- gesellschaftliche Handlungskompetenz,
- soziale und emotionale Kompetenz,
- Lernfreude erhalten,
- problemlösendes Denken,
- kreatives Gestalten,
- Elternarbeit.

Rituale, Regeln, Reviere

Das Kind ist Quelle, die zum Fluss wird, so ist ein grundlegendes Bild. Die Kinder brauchen einen Rahmen, der Reflexion, Beteiligung, Respekt, Begleitung, Freiraum, Sicherheit (Rituale, Regeln, Reviere), vertraute Strukturen, Räume, Material, Bildung und Authentizität sichern muss. Er wird in eigener Darstellung wie folgt beschrieben:

224

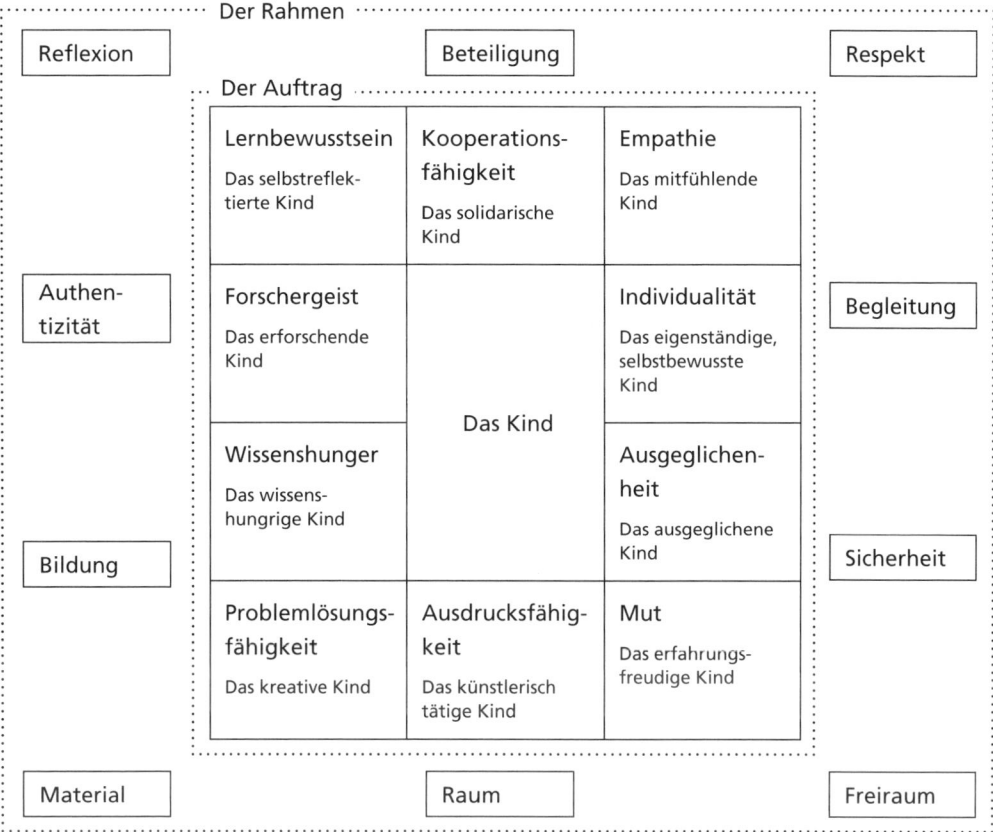

Abb. 42: Der Rahmen der Klax-Pädagogik

Aus diesem Grundgedanken ergibt sich für die Grundschule, die nach den Berliner Gegebenheiten eine sechsjährige mit Eingangsstufe (Eingangsstufe + Schuljahre 1/2), Mittelstufe (Schuljahre 3/4) und Übergangsstufe (Schuljahre 5/6) ist, folgende Zeitstruktur, die für das hier zur Rede stehende Thema ein erstes entscheidendes Beispiel ist:

Zeitstrukturen

Zeit	Tagesplan: Montag bis Freitag
07:00 – 08:00 Uhr	Ankommen und Frühstück (Hort)
08:00 – 08:30 Uhr	**Früh-Flex:** individuelle Lernaufgaben/ „Hausaufgaben"
08:30 – 09:00 Uhr	**Orientierungszeit:** Morgenkreis in der Bezugsgruppe (verbindlich)
09:00 – 11:00 Uhr dazwischen 30 Min. Pause (variabel)	**Bezugsgruppenzeit:** Schlüsselkompetenzen in Mathe, Deutsch, Sach- kunde und Englisch, Kunst und Philosophie; Ver- mittlungszeit
11:00 – 12:00 Uhr	**Saison I** Lernen bei Spezialisten; Anwendungszeit
12:00 – 13:00 Uhr	Mittagspause
13:00 – 14:30 Uhr	**Saison II:** Lernen bei Spezialisten; Anwendungszeit
14:30 – 15:00 Uhr	**Abschlusskreis** in der Bezugsgruppe, immer freitags **Planungszeit** für die kommende Woche
15:00 Uhr	Schulende für Früh-Flexer
15:00 – 15:30 Uhr	**Spät-Flexer:** individuelle Lernaufgaben/ „Hausaufgaben"
15:30 Uhr	Schulende für Spät-Flexer
15:00 – 18:00 Uhr	**Ergänzende Betreuung** (Hort)
15:30 – 16:30 Uhr	**Kursangebote der Schule** ein Sportkurs verbindlich pro Schüler und Halbjahr, alle anderen Kurse fakultativ
16:00 – 19:00 Uhr	Kurse der Kinderbildungswerkstatt in der Schule (in Planung)

Tab. 26: Zeitstruktur für die Grundschule

Bemerkenswert ist, dass über eine eigene Begrifflichkeit die Anliegen markant gekennzeichnet werden. Die Schüler können bei Bedarf bereits ab 7.00 Uhr in die Schule gebracht werden. Zwischen 7.00 und 8.00 Uhr besteht die Möglichkeit, vollwertig zu frühstücken. Die Flex-Zeiten (Früh- und Sport-Flex) dienen der individuellen Förderung und selbstständigen Vertiefung des Lernstoffes in den Fächern Deutsch, Mathe, Englisch und Sachunterricht.

Vier Flex-Zeiten sind in der Woche obligatorisch. Die Schüler legen selbst fest, ob sie den Früh- oder Spätflex besuchen.

Um 8.30 Uhr findet der Morgenkreis (Orientierungszeit) in der festen Bezugsgruppe statt. Er ist verbindlich. Neben einstimmenden Gesprächen dient der Kreis vor allem dazu, in den bevorstehenden Tag planend einzuführen.

Von 9.00–11.00 Uhr findet die sogenannte Bezugsgruppenzeit (Lernen unter vertrauten Gesichtern) statt. Es handelt sich um Fachunterricht, in dem grundlegende Fähigkeiten und Fertigkeiten erworben werden. Pausen werden in dieser Zeit variabel nach Bedarf gestaltet.

Vor und nach der Mittagspause (12.00–13.00 Uhr) gibt es die sogenannten Saisonzeiten (11.00–12.00 Uhr und 13.00–14.30 Uhr). In ihnen steht die selbstständige Arbeit an den fachlichen Zielen im Vordergrund. Die Kinder sind in altersheterogenen Gruppen zusammen, verfolgen anhand einer Checkliste die fachlichen Ziele und die mit dem Fachlehrer für die Saisonzeit vereinbarten Teilziele. Dabei können sie Fächer wechseln: wenn z. B. alle Ziele in Mathematik erreicht sind, können sie sich noch nicht erreichten Zielen in Deutsch zuwenden. In den entsprechenden Fachräumen machen die Lehrer ihre Angebote.

Jeder Schüler hat ein sogenanntes Logbuch, in dem Planung und **Logbuch** Realisierung dokumentiert werden. Für die jüngeren Schüler gibt es, um sie nicht zu überfordern, einen festgelegten Stundenplan.

Die zweite Saisonzeit am frühen Nachmittag kann auch dazu genutzt werden, begonnene Projekte fortzusetzen oder spontan neue Ideen zu verwirklichen. In der Cafeteria (dort gibt es auch das Mittagessen in der Bezugsgruppe und mit dem Bezugslehrer) steht ein reichhaltiges Vesper-Angebot mit Obst und gesunden Leckereien bereit, an dem man sich selbstständig bedienen kann.

In der Zeit von 14.30–15.00 Uhr findet der **Abschlusskreis** in der Bezugsgruppe statt. Es wird über die Ereignisse des Tages gesprochen (Reflexion) und auf dieser Basis ein Ausblick für den kommenden Tag (Anknüpfungen) vorgenommen. Freitags ist der Abschlusskreis vor allem für die Planung der kommenden Woche vorgesehen.

Ist dies der grobe Zeitrahmen, so ist die KLAX-Pädagogik durch etliche weitere Momente bestimmt. Ab der Mittelstufe gibt es z. B. eine dritte Saisonzeit (Morgen- und Abschlusskreis werden dafür um 15 Minuten gekürzt), um der steigenden Zahl von Fächern und Anforderungen gerecht zu werden. Die erste Fremdsprache (Englisch) gibt es ab der Vorklasse, ab der 3. Jahrgangsstufe kann Spanisch als zweite Fremdsprache hinzugewählt werden. Förder- und Verstärkungsunterricht wird bei Bedarf auf der Basis individueller Förderpläne angeboten. Differenzierung wird in der heterogenen Gruppe durch zwei Anspruchslevels realisiert.

Lernkonzepte Es gibt anfangs keine herkömmlichen Zeugnisse. Ein Logbuch und ein Portfolio ersetzen diese. Besondere Lernkonzepte werden realisiert, z. B. der PDSA-Kreis (plan – do – study – act) und das Prinzip SMART (spezifische, messbare, akzeptierte, realisierbare, terminierte Ziele). Einmal pro Schuljahr erfolgt eine Bildungsreise zu einem Bio-Bauernhof oder ins eigene KLAX-Indianerdorf. Die Elternarbeit ist sehr intensiv (gemeinsame Aktivitäten, es gibt jeden Sonntag ein Familienbrunch im KLAX-Familiencafé).

Besonders erwähnt werden muss noch, dass die künstlerisch-gestalterische Förderung der Kinder ein besonderer Schwerpunkt ist. Ein reichhaltig ausgestattetes Atelier steht dafür zur Verfügung. Auch Sport und Bewegung sind wichtig. Und wichtig ist auch die besondere Beachtung des sogenannten dritten Pädagogen: die Räumlichkeiten. Räume müssen hell und freundlich, anregend und altersgerecht eingerichtet sein.

Die Vielfalt ist beeindruckend. Neben dem schon erwähnten Atelier gibt es einen Bewegungsraum, einen Ruheraum, eine Bibliothek, genügend Computerarbeitsplätze, viele Funktionsräume, eine Cafeteria (Ort der Begegnung) und sogenannte Heimatorte (Heimaträume für jede Bezugsgruppe).

Eine kurze Bilanz

Bindungs- Mit der KLAX-Pädagogik entwickelt sich ein Grundschulkonzept, das
strukturen sich hinsichtlich seiner Pädagogik, seiner Temporalstrukturen und seines Angebotsrahmens als ideal für die Förderung selbstständigen Lernens darstellt. Es hat viele reformpädagogische Elemente aufgenommen und realisiert konsequent einen Organisationsset, der die Kinder und ihre Selbstständigkeit bei gleichzeitig verlässlichen Bindungsstrukturen im Blick hat. Die Realisierung erfordert einen hohen Grad von Engagement und Flexibilität. Da die Schule privatwirtschaftlich geführt wird, sind die Kosten nicht unerheblich – sicher ein Problem. Das sollte aber den Ansatz nicht infrage stellen.

Die Offene Schule Kassel-Waldau

Sehr viel besser ist die Offene Schule Kassel-Waldau dokumentiert (Ahlring/Brömer 1999; darin eine Bibliographie, die sich inzwischen ergänzt hat). Da die Intention dieses Textes ist, sogenannte schulische Sets (inhaltliche und zeitliche Arrangements) aufzuzeigen, die der Realisierung selbstgesteuerten Lernens förderlich sind, wird im folgenden kurz die Schule im Überblick dargestellt, um dann den gesuchten Set zu beschreiben. Dies ist insofern sehr interessant, als es sich jetzt um eine Schule im Bereich der Sekundarstufe I handelt.

Es handelt sich um eine integrierte Gesamtschule mit den Schuljahren 5–10. Die Ganztagsschule hat einen Tagesablauf von 7.30–14.35 Uhr, versteht sich als eine Schule für alle Kinder (als annäherndes Abbild gesellschaftlicher Strukturen), also einen beträchtlichen Anteil von Migrantenkindern und Aussiedlerkindern hat, gezielte Jungen – Mädchen-Arbeit praktiziert, behinderte Kinder integriert und den Gedanken der Stadtteilschule verfolgt sowie interkulturelles Lernen praktiziert, kurz: Es handelt sich um eine Schule besonderer pädagogischer Prägung.

Ganztagsschule

Das pädagogische Konzept (gute Schule) schließt an eine Analyse der Veränderungen in der Gesellschaft (Stichwort: Risikogesellschaft) und individueller Entwicklungen (Stichwort: Individualisierung) an und betont Erziehungsziele auf anthropologischer und reformpädagogischer Grundlage: Das Ich der Kinder stärken, Vertrauen schaffen, Verantwortung geben, Orientierung und Klarheit geben, Grenzen setzen, Geborgenheit und Rückhalt geben, Offenheit ertragen lernen, Ganzheitlichkeit fördern und vernetztes Denken kultivieren.

Die Grundkonstruktion der Schule zeigt sich in **Polarität von Überschaubarkeit und Offenheit**. Die folgende Abbildung zeigt die Elemente dafür:

229

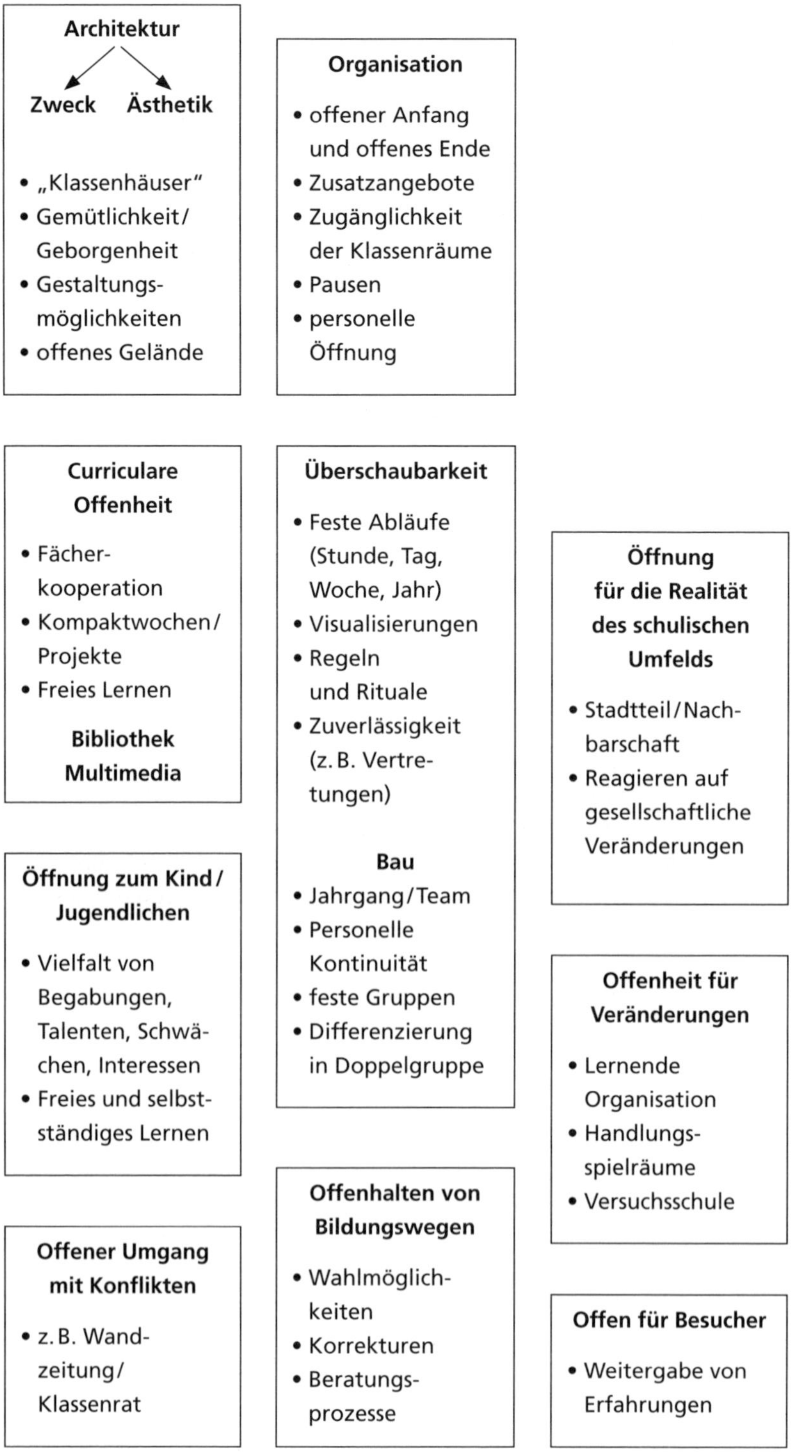

Architektur

Zweck   Ästhetik

- „Klassenhäuser"
- Gemütlichkeit/
  Geborgenheit
- Gestaltungs-
  möglichkeiten
- offenes Gelände

Organisation

- offener Anfang
  und offenes Ende
- Zusatzangebote
- Zugänglichkeit
  der Klassenräume
- Pausen
- personelle
  Öffnung

**Curriculare
Offenheit**

- Fächer-
  kooperation
- Kompaktwochen/
  Projekte
- Freies Lernen

**Bibliothek
Multimedia**

Überschaubarkeit

- Feste Abläufe
  (Stunde, Tag,
  Woche, Jahr)
- Visualisierungen
- Regeln
  und Rituale
- Zuverlässigkeit
  (z. B. Vertre-
  tungen)

Bau
- Jahrgang/Team
- Personelle
  Kontinuität
- feste Gruppen
- Differenzierung
  in Doppelgruppe

**Öffnung
für die Realität
des schulischen
Umfelds**

- Stadtteil/Nach-
  barschaft
- Reagieren auf
  gesellschaftliche
  Veränderungen

**Öffnung zum Kind/
Jugendlichen**

- Vielfalt von
  Begabungen,
  Talenten, Schwä-
  chen, Interessen
- Freies und selbst-
  ständiges Lernen

**Offenheit für
Veränderungen**

- Lernende
  Organisation
- Handlungs-
  spielräume
- Versuchsschule

**Offenhalten von
Bildungswegen**

- Wahlmöglich-
  keiten
- Korrekturen
- Beratungs-
  prozesse

*Abb. 43: Grund-
konstruktion
der Schule
Kassel-Waldau:
Überschaubar-
keit – Offenheit*

**Offener Umgang
mit Konflikten**

- z. B. Wand-
  zeitung/
  Klassenrat

Offen für Besucher

- Weitergabe von
  Erfahrungen

230

Die außerordentliche Vielfalt von Ideen und Gestaltungselementen kann und braucht hier nicht kommentiert zu werden. Der Set „autonomes Lernen" ist folgendermaßen zu beschreiben:

Freies Lernen

Um Selbstständigkeit konsequent zu sichern, wird ein Fach „Freies Lernen" eingerichtet. Sie wird also nicht nur als Unterrichtsprinzip verfolgt, sondern als Fach etabliert. Dieses weitet sich aufsteigend in den Stufen 5/6, 7/8 und 9/10 aus.

- In 5/6 haben die Schüler an zwei Tagen der Woche je eine Stunde Freies Lernen im Stundenplan. Ein Plan dafür (der Wochenarbeitsplan) wird am Montag aufgestellt.
- In 7/8 nehmen die für alle gleich definierten Pflichtaufgaben ab, Anregungen für inhaltlich selbst zu bestimmende Themenbereiche nehmen zu. Zwei Vorhaben mit von Lehrern aufbereiteten Themen und Ideenkatalogen konturieren die selbstständige Bearbeitung größerer Aufgaben (z. B. Fachwerk in Waldau, Porträt eines Künstlers u. a. m.).
- In 9/10 stehen drei Stunden pro Woche für Freies Lernen zur Verfügung. Sie liegen für alle Schüler der Jahrgänge 9/10 im Stundenplan parallel. Projekte füllen diese Stunden inhaltlich:
  - freie Vorhaben zu Themen wie z. B. Graffiti in Kassel, Frida Kahlo – eine bemerkenswerte Künstlerin, Atomkraftwerke – Gefahren und Chancen;
  - feste Vorhaben wie Werkstattkurse, Lehrgänge;
  - Klassenprojekte wie Tanzen, Kinderfest im Asylbewerberheim, Grundsanierung des Spielplatzes.

Lernlandschaft

Ist dies zunächst einmal der Organisations- / Zeitset, so wird dann die Lernlandschaft (Vielfalt der Lernorte) wichtig.
- Der Fachbereich Naturwissenschaften bietet z. B. das „offene Labor" an.
- Im Werkstattbereich gibt es die Keramikwerkstatt, die Druckwerkstatt, das Fotolabor, die Textilwerkstatt, die Vollwertküche, die Holz-/ Metallarbeitsangebote, die Fahrradwerkstatt, Elektronikmaterial.
- Die Streuobstwiese ist ein außerhäusliches Angebot.

Das alles wirkt recht üppig, weshalb man wohl an die kleineren Angebote wie Experimentierwagen, Lernecken, Bücherkisten, Literaturwagen erinnern muss. Hinzuweisen ist auf eigenständig entwickelte Verfahren zur Erstellung von Gutachten für Freies Lernen und Vorhaben.

Der dritte Faktor für die Förderung selbstständigen Lernens sind dann die sogenannten **curricularen Stützen** oder anders gesagt: die Öffnung des schulischen Curriculum. In vielen Publikationen zum Thema

„selbstständiges Lernen" wird vor allem auf Unterrichtskonzepte und auf die Methodenkompetenz der Schüler abgestellt. Beides ist zweifellos wichtig. Wenn aber ein strenger Fächerkanon mit immer zu vielen Unterrichtsinhalten dominiert, sehen viele Lehrer für selbstständiges Lernen im Sekundarbereich kaum eine Chance.

Die Offene Schule Kassel-Waldau hat einmal den **fächerübergreifenden** Unterricht eingeführt. Durch Absprachen im Jahresarbeitsplan schließen sich Fächer in unterschiedlichem Umfang und bei variabler Beteiligung zusammen, um in jedem Jahrgang fächerübergreifend Themen zu bearbeiten, wie z. B.
· im 5. Schuljahr „unsere neue Schule" (Gesellschaftslehre, Deutsch, Kunst),
· im 6. Schuljahr „Wald" (NaWi,GL) oder „Sexualität" (GL,NaWi),
· im 7. Schuljahr „Islam und Europa" (Gl, Religion),
· im 8. Schuljahr „Lateinamerika" (GL, Deutsch) usw.

Projektwochen Dazu kommt ein ziemlich ausdifferenziertes System von Unternehmungen, Einzelaktionen im Jahrgang, Jahrgangsprojektwochen und Schulprojektwochen, wie die folgende Tabelle zeigt:

Unternehmungen	Einzelaktion im Jahrgang	Jahrgangs-projektwochen	Schulprojektwochen
· Klassenfahrten · Betriebspraktika · Wandertage · Kurzprojekte · Schnuppertage in Betrieben · Aktionen vor Ort · Erkundungen · Exkursionen · Rallyes	· Sportfeste · Faschingsfeste · Jahrgangs-gestaltung · Fachtage, z. B.: Träumen (DE) · Learning Stations (E) · Maße und Messen (M) · Römer (GL) · Musik zu Bildern · Der Mensch und seine Organe (NaWi) · Sexualkunde · Planspiele	· Mittelalter · Französische Revolution · Wasser · Wald · Lateinamerika · Kinder in der Welt · Alte Kulturen · Indianer · Umweltgefähr-dungen · Renaissance und Entdeckungs-fahrten · Lebensplanung	· Prima Klima · Europa

Tab. 27: Zusätzliche Unternehmungen u. a. m. der Offenen Schule Kassel-Waldau

Diese sogenannten curricularen Stützen zur Förderung selbstständigen / selbstverantwortlichen Lernens folgen noch anderen Intentionen (Ganzheitlichkeit, vernetztes Denken, fächerübergreifende Einsichten), sind aber für eine Schule, die die Förderung selbstständigen Lernens zum Programm erhebt, sehr wichtig.

Bleibt der Hinweis auf zwei weitere Aspekte: Die Entwicklung von Lernkompetenzen mit vielen Lernhilfen und eine Kultur des Präsentierens, Objektivierens, des Herstellens und Darstellens (performative Didaktik). Der Aufbau von Qualifikationen und Arbeitstechniken ist in Kassel-Waldau sehr ausgeprägt und ausdifferenziert. Der Plan dafür folgt der Ordnungsleiste: **Lern-kompetenzen**

Über Angebote und Planungshilfen zu eigenen Ideen kommen	Informationen beschaffen	Praktisches Lernen	Lernen in Gruppen

Freie Vorträge	Schriftliche Referate	Visuelle Präsentation	Szenische Präsentation	Feedback (Gesprächstechniken)

Lernkarten, Personal tasks im Englischunterricht, Lernstationen, Lernwerkstätten, Schul- und Stadtteilbibliothek, Handapparate zu bestimmten Vorhaben, Nutzung medialer Informationssysteme, Schreibwerkstatt, das offene naturwissenschaftliche Labor, Lernspiele, Experimentierkarteien, Lern- und Arbeitsordner und Fachordner als Dokumentation des Bearbeiteten stellen eine Welt von Lernhilfen und Lernspeichern dar, die das Lernen gut unterstützen.

Der Ansatz einer performativen Didaktik ist in der Schulpädagogik alles in allem noch nicht so stark entwickelt. Er folgt der Grundidee, dass Prozesse des Darstellens, des Herstellens, des Präsentierens, des Vermittelns und des Dokumentierens für effektives Lernen deshalb so wichtig sind, weil sie im Sinn der Ent-Äußerung, der Weitergabe den latenten Lernbesitz aktivieren und gleichzeitig diesen immer zugleich überprüfen. Die Performance zeigt, ob man etwas beherrscht. Zum Vortrag und zur Darstellung können kreative Arbeiten, kleine Theaterstücke, entstandene Gegenstände, Berichte, Dokumentationen, Erzählungen, Computerpräsentationen im Morgenkreis, beim Elternabend, bei Jahrgangsfeiern, in der Schulzeitschrift, am Werkstatt-Abend, **Performative Didaktik** im Vorhaben-Tagebuch, bei Referaten, freien Vorträgen, in freien Texten und bei Textwettbewerben genutzt werden.

Eine kurze Bilanz
Die Vielfalt kann erdrücken. Deshalb ist es vielleicht ganz gut, abschließend den Set mit seinen wesentlichen Elementen in einer Übersicht darzustellen:

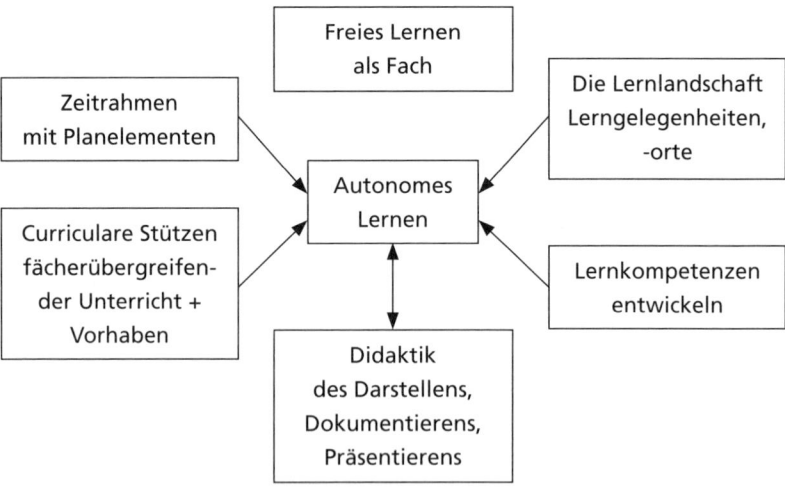

Abb. 44: Die Philosophie der Schule – erzieherische Grundideen

Schlussbemerkungen

Die Prämisse, dass Lernen immer eine Sache von Lernenden ist und Unterricht nur Hilfe und Anregung sein kann, ist hier nicht noch einmal ausgeführt und begründet worden. Wenn man sie aber setzt, wird die Frage nach den Komponenten, die autonomes / selbstständiges Lernen möglich machen und befördern, wichtig.

Relativ gut ausgearbeitet liegen die Subkonzepte offenen Unterrichts vor (Bönsch 2002). Es gibt ausführliche Darstellungen der notwendigen Methodenkompetenzen (Klippert 2005; Realschule Enger 2001).
   Es fehlen in der Diskussion Erörterungen zu einem schulischen Rahmen, der allen Beteiligten (Lehrer, Schüler, Eltern) eine gesicherte Vorstellung des Spannungsverhältnisses von verlässlicher (Vor-)Struktur und innovativer Offenheit für selbstständiges Lernen gibt.

Die Grundschule hat es in dieser Frage leichter, die Sekundarstufe I schwerer. Mithilfe von zwei Beispielen ist der Versuch gemacht worden, mit dem Begriff des „schulischen Sets" Konfigurationen, Arrangements aufzuzeigen, die über individuelle Initiativen hinaus einer Schule ihr Konzept / Teilkonzept entwickeln helfen können. Auf Dauer braucht man überindividuelle Strukturen, um Bestand und Erfolg zu sichern.

Quellen

Zu 10.1

Bönsch, M.: Intelligente Unterrichtstrukturen. Baltmannsweiler 2008

Bönsch, M.: Hauptschule – alternativ bedacht. In: VBE-Magazin 6/2007

Lehmann, R.H. u.a.: Aspekte der Lernausgangslage und der Lernentwicklung. Hamburg 2002

Paradies, L./Linser, H.J.: Differenzieren im Unterricht. Berlin 2001

Zu 10.3

Ahlring, I./Brömer, B.: Schule machen. Das pädagogische Konzept der Offenen Schule Kassel-Waldau. Baltmannsweiler 1999

Bönsch, M. (Hrsg.): Selbstgesteuertes Lernen in der Schule. Braunschweig 2006

Gudjons, H.: Frontalunterricht – neu entdeckt, Bad Heilbrunn, 2003

Klippert, H.: Methodentraining. Weinheim 2005

Realschule Enger: Lernkompetenz I und II. Berlin 2001

Literatur

Zu 10.1

Bönsch, M. (Hrsg.): Selbstgesteuertes Lernen in der Schule. Branschweig 2006

Bönsch, M.: Die Beatenberg-Pädagogik. In: Unterrichtspraxis 1/2008

Bönsch, M.: Differenzierung in Schule und Unterricht. München 2004

Bönsch, M.: Gesamtschule. Die Schule der Zukunft mit historischem Hintergrund. Baltmannsweiler 2006

Bönsch, M.: Praxishandbuch Gute Schule. Baltmannsweiler 2000

Herold, M./Landherr, B. (Hrsg.): SOL. Selbstorganisiertes Lernen. 2 Bde. Baltmannsweiler 2005

Jürgens, E.: Die „neue" Reformpädagogik und die Bewegung Offener Unterricht. St. Augustin 2004

KLAX-GmbH (Hrsg.): Die KLAX-Grundschule. Berlin 2005

Laging, R. (Hrsg.): Altersgemischtes Lernen in der Schule. Baltmannsweiler 2003

Meister, H.: Differenzierung von A-Z. Stuttgart 2000

Müller, A.: Lernen steckt an. Bern 2001

Peschel, F.: Offener Unterricht. 2 Bde. Baltmannsweiler 2006

Wahl, D.. Lernumgebungen erfolgreich gestalten. Bad Heilbrunn 2006

Zu 10.2

Bönsch, M. (Hrsg.): Selbstgesteuertes Lernen in der Schule. Braunschweig 2006

Bönsch, M.: Gesamtschule. Die Schule der Zukunft mit historischem Hintergrund. Baltmannsweiler 2006

Bönsch, M.: Intelligente Unterrichtstrukturen. Baltmannsweiler 2008

Bönsch, M.: Nachhaltiges Lernen durch Üben und Wiederholen. Baltmannsweiler 2005

Bönsch, M.: Praxishandbuch Gute Schule. Baltmannsweiler 2000

Bönsch, M.: Variable Lernwege. Ein Lehrbuch der Unterrichtsmethoden. St. Augustin 2008

Hanke, P.: Öffnung des Unterrichts in der Grundschule. Münster 2005

Hein, A. K.: Differenzierung. In: Jürgens, E./Standop, J. (Hrsg.): Taschenbuch Grundschule, Bd. 1. Baltmannsweiler 2008

Heinzel, F./Prengel, A. (Hrsg.): Heterogenität, Integration und Differenzierung in der Primarstufe. Opladen 2002

Meister, H.: Differenzierung von A–Z. Stuttgart 2000

Paradies, L./Linser, H. J.: Differenzieren im Unterricht. Berlin 2001

Prengel, A.: Pädagogik der Vielfalt. Opladen 2006

Wahl, D.: Lernumgebungen erfolgreich gestalten. Bad Heilbrunn 2006

Zu 10.3

Bönsch, M.: Nachhaltiges Lernen durch Üben und Wiederholen. Baltmannsweiler 2004

KLAX-GmbH: Schulprogramm der Grundschule. Berlin 2005

Moegling, K. (Hrsg.): Didaktik selbstständigen Lernens. Bad Heilbrunn 2004

Index